新装版

観経疏に学ぶ

序分義 2

廣瀬　杲

法藏館

本書は、昭和五七（一九八二）年刊行の『観経疏に学ぶ　序分義二』第一刷をオンデマンド印刷で再刊したものである。

観経疏　序分義二

目次

序分義一

序分義二

第七章　沈黙の光　欣浄縁

第七章　沈　黙　の　光

―欣　浄　縁―

一　通請所求・別標苦界

五就《ニツイテ》二欣《コン》浄縁《ノ》中《ニ》一、即有《リ》二其《ノ》八一。一従《リ》二「唯願世尊為我広説」一下至《ル》二「濁悪世也《ヤニ》」一已来、正明《ス》下夫人通請《ノシヤウシ》二所求《シヨクヲ》一、別標《ヘチメヘウスルコトヲ》中苦界《クヲ》上。此明《ス》下夫人遇《アフテ》二自身苦《クニ》一、覚《サトルニ》二世《セノ》非《ヒ》常《ヲ》一、六道同然《クシカナリ》、無《ナキコトヲ》レ有中安《コトアムスルニ》レ心《ヲ》之地《ヨリトコロ》上。此聞《ハキヽテ》二仏説《ノ》浄土《ノ》無‐生《ヲ》一、願《フ》下捨《ステヽ》二穢身《エヲ》一証《セムトノ》中彼無為之《ムキノ》楽《タノシミヲ》上。（『全集九』八三頁）

厭苦・欣浄

先の「厭苦縁」が、

我宿《むかし》何の罪ありてか此《こ》の悪子を生める。世尊復何等の因縁有りてか提婆達多と共に眷属たる。（『真聖全一』五〇頁）

という愚痴の言葉で終っているわけですが、その愚痴の言葉がそのまま転じて、

唯願わくは世尊、我が為に広く憂悩無き処を説きたまへ。我当に往生すべし。閻浮提濁悪世を

ば楽わざるなり。（中略）唯願わくは世尊、我に思惟を教え、我に正受を教えたまえと。（『真聖全一』五〇頁）

という願求の言葉となる。これが「欣浄縁」ですね。「序分義」が、六縁というかたちで示されていますけれども、その中の非常に重要な部分になるのが、厭苦・欣浄の二縁です。

先の「厭苦縁」のところで善導が終始着目していたことは、「愁憂」という言葉で表わされる人間の問題でした。その「愁憂憔悴」という事実を「厭苦縁」ということで善導は押えてきたわけです。

ところが、厭苦というかたちの中に善導は、

願わくは仏の慈悲、我に径路を示したまへ。（『全集九』八一頁）

という韋提希における至奥の要求というものを見抜いたわけです。その事柄が明らかにされてくるのが、この「欣浄縁」の経説なのでしょう。だから、「厭苦縁」と「欣浄縁」とは、大きな飛躍と言うか、大きな転換を持ちつつ、根源においては一貫したものが流れているわけです。

韋提希が愁憂憔悴するなかから「我宿何の罪ありてか」と、このように問うわけですが、別な表現で言えば、愁憂を背負えるわたしになりたい、それにはどうしたらよいのか、ということを問うているわけです。愁憂から逃げ出していこうとするわたしではなくして、愁憂を背負えるわたしになりたいと、このように問うているわけです。愁憂を背負えるような主体を見出したい、ということでしょう。

厭苦という言葉があるからして、何か逃げ出すように思えますが、逃げ出すという意味の厭苦ならば、無限に逃げ出していって、結局は一歩も逃げることができん、一歩も逃げ出すことができないという逃げ方です。ちょうど孫悟空が、釈尊の手の上を走っているようなものでしょう。

厭苦という言葉で押えているのは、さらに、この「欣浄縁」のところで明らかになるわけですけれども、逆な表現を取るならば、愁憂を本当に背負いきることのできる主体にめざめたい、ということです。そういう根源的要求、それが「願わくは仏の慈悲我に径路を示したまえ」というかたちで、「厭苦縁」の底を貫いているわけです。その愁憂を背負いきる主体にめざめようとする根源的要求というものを、端的に明らかにしていこうというのが、「欣浄縁」の経説になってくるわけでしょう。そういう意味で、「欣浄縁」の経説は、「厭苦縁」の経説から一貫しているわけです。

一貫していると言うても、ただ単に継続しているというのではなくして、表においては絶対の断絶があるわけです。やはり厭苦と欣浄というのですから、完全な断絶があるわけです。しかし、その断絶というすがたをとって、しかも貫いているのは、実は主体へのめざめを願う願いであるということにおいてであります。そこに、厭苦・欣浄という二縁の持つ大きな意味があるわけでしょう。それを「厭苦縁」の経説の中で善導が見抜いたのは、「願わくは仏の慈悲云々」という願です。その願が、「欣浄縁」のところでは、はっきりと顕わになってくるわけです。

その願こそが欣浄という願です。欣浄というのは、願生浄土です。願生浄土という「願」だということが、顕わになってくるわけです。その願生浄土ということは、言い換えれば愁憂を背負いき

る主体に目ざめると言うことです。そうしたことを思いますとき念願に浮んでくるのは、

　仮令い身を諸の苦毒の中に止くとも、我が行は精進にして、忍びて終に悔いじ。（『真聖全一』七頁）

という『大無量寿経』に示される法蔵菩薩の志願であります。ですから、あえて申せば法蔵菩薩に遇いたいということでしょう。いわゆる愁憂を背負いきる主体というのは、自我心ではないわけです。愁憂を背負いきる主体こそ、『大無量寿経』においては、法蔵菩薩として語られた志願なのでしょう。「我行精進忍終不悔」とこういう言葉をもって、自己の志願を表現する、その法蔵菩薩、それへの頷き、そういうことを、ひとつ念頭に置いていいのではないかと思うのです。

　宗教的人間として人間自身が自己にめざめるということが、いかに困難なことであるか。その困難であるということは、努力が不足だから困難だとか、人間の能力が低いから困難だとか、という意味の困難ではなくして、徹底していえば、人間であることにおける困難というような困難なのです。そういう困難を超えて、人間が真に宗教的な存在として自己を見開くことができるかという、そういう問題を非常に精密に明らかにしている。いわゆる観念的な操作でごまかさないで、きわめて具体的に精密に押えているのが「厭苦縁」から「欣浄縁」へという展開のところに有るわけです。

　善導は先の厭苦縁という経説を「愁憂」という言葉のところへ集約して押えて、その「愁憂」からの人間の解放、すなわち愁憂からいかにして自己が解放されていくのか、という問題が実は、仏道の問題なのだということを厭苦縁のところで徹底していくわけですね。

　そういう意味では、人間というものは「愁憂」という、強烈な印象をもって自己にせまってくる

というよりも、むしろ漠然としているが故につかみどころがない。つかみどころがない故にいつでも人間の存在が影を持つ。そういう影のある人間存在の問題を「愁憂」と押えて、その「愁憂」から人間はいろいろのかたちで逃避しようとしているのではないか。したがって、その「愁憂」の根を徹底して解決しようとするのではなくして、いつも何らかの意味で「愁憂」から逃避しようとしている。それがパスカル流の言葉でいうと「気晴らし」ということだと思いますが、気晴らしというかたちで、その「愁憂」という存在の影から逃げだそうとしているのではなかろうか。そういう問題をきわめて精密に押えてきたわけです。

そういう意味では宗教心と普通にいわれているものさえも、その延長上にある限りにおいて、やはり気晴らしの一つでしかない。そういう問題まで押えてきているわけです。それを厭苦縁のところでは徹底していくわけですが、そういう気晴らしが不能になるというところに、始めて人間が人間自身を問わざるを得なくなる。それこそ仏陀の出世を目の前にして韋提希自身が「我宿何の罪ありてかこの悪子を生める」と問うたように、今まで気晴らしでその問いをはぐらかしてきた人間が、まともに自己とは何ぞやと問う。自己とは何ぞや、と意識的に問うのではなくして、自己がわからないというかたち、つまり愚痴というかたちで自己を問わなくてはならないわけです。そういう意味では、仏陀の没出と韋提希の愚痴というところに大きな意味があるわけです。

仏陀は没出というかたちを取り、韋提希のほうは没出の仏陀に向かって愚痴を言うというかたちを取る。そこに仏陀の出世本懐と、韋提希自身の出世本懐への問いかけとの出遇いがある。そういうことがすでに語られているわけでしょう。

出世本懐

われわれが出世本懐を問うというようなことを言いますと、何か立派なこと、見事なことを問うたように思いますけれども、いまだかつて問うたことの無い問いを問うわけです。言葉を換えるならばいまだかつて、その一点だけは見ようとしなかった事実を見て、それこそあたふたする。あたふたする事実が問いとなる。そのようなものです。いわゆる出世本懐というと、肩を張り、「出世本懐を問うのだ」というて、問題をたて直してゆくようですが、出世本懐というものは「私とは何ですか」と問わざるをえずして問うたということ以外にないわけです。それ以外の問いはたとえ出世本懐という意識で問うていても、それが意識的行為を引き継ぐ限りにおいて、やはり気晴らしの行為でしかないわけです。そうすると出世本懐というのは人間の意識内からは起こるはずのないような問いを、存在の底が突き上げるようなかたちで問うているというてもいいかもしれません。だから自我による意識の立場から言うならば、いわゆる、なさけない問いなのでしょう。なんでこんな愚痴を言わなければならないのだろうと、繰り返しても答えのないようなところで問いが出てくるわけです。だから意識的存在、そういうあり方を普通のあり方とするならば、そういう日常的なあり方からすれば、出世本懐を問うということは、具体的にはむしろ、なさけない問いだということもできるのでしょう。

『大無量寿経』を拝読しますと、「今日世尊」と阿難が言いだして、今まで覚ることができなかった阿難尊者が、仏陀の光顔巍々たる相を拝んで座より立って問うた。このようになっています。あの場面だけを意識的にとらえて抽象化しますと、今までぐずぐずしておった阿難尊者が、始めてはっきりと問うたというかたちを取っています。始めて問うたということは、言葉を換えていうならば未離欲といわれ、覚ることができなかった阿難が、はじめて仏陀に問うたということです。仏陀の出世の意味を領きつつ問うたということは、仏陀に遇わなければならない自己自身を問うているわけでしょう。今までは仏陀に遇うてはいたけれども仏陀と自己との必然性がなかったわけですね。ところがもはや仏陀に遇わなくては存在すらも認めることができないような問いを問うた。その問いが、

善いかな、阿難、問える所甚だ快し。（『真聖全一』四頁）

と、仏陀によって誉められるような問いなのです。出世本懐というと人間が誉める問いのように受けとられるのでしょう。人間が拍手喝采をしてくれて、一人の宗教的英雄が誕生するような問いが、出世本懐であるかの如く、われわれはどこかで観念化します。そのことが単なる出来事ということだけに終らなくして、実は宗教というものを特殊化する第一原因だと思うのです。そして、そういう意味で宗教者は極めて特殊な存在だというかたちで自己を誇り、自己を誇ることが他に対しては宗教の普遍性の疎外体になる。私にはそこまで言いたい気持ちがあるのです。

その点では善導がはっきり押えていますように、釈尊の没出というところで、これは他の諸仏に

箇ぶのだ。釈迦牟尼仏の出世だと、このように押えたのは、釈尊の出世本懐がそこに開かれようとしているという押さえかたです。その釈尊に向かって韋提希が問うた問いは、実になさけない問いです。意識的な世界が常識とされている人間から見るならば、問うべくもない問いです。「そんな問いを今更に」というような問いです。しかもそれを問わなくてはおれないわけです。

そういう意味では自己の出世本懐を問うということは、単純な表現をとれば「私とは何だろう」という問いを問うことです。具体的には「私はどうしたらいいでしょう」ということでしょう。「私はなぜ生まれてきたのでしょう」「私はどうして今のこの境遇を生きなくてはならないのでしょう」と愚痴としてしか問えない問いなのでしょう。その問いが仏陀に向かって問われているところに、出世本懐を問うという、深い意味を持っているわけです。

そういう意味では韋提希の愚痴そのものは、愚痴であることを変えるのでなくして、愚痴以外の何物でもないわけです。愚痴以外の何物でもないけれども、その愚痴全体が自己の出世本懐を問うているのだと見出してゆくところに、善導の教典を読んでいく眼の徹底性がある。観念をまじえない具体性が有るのです。

だから出世本懐ということは、決して釈尊のところでも韋提希のところでも特に言わないのです。どこで言っているかというと、極めて抽象的な一経説に語らせているわけですね。それは「釈梵護世の諸天」が天にあらわれたという、極めて抽象的な部分の経説のところで出世本懐の意味を語らせているわけです。これは大事な事ですね。

釈尊が出てきたということが出世本懐だと端的に言わない。また韋提希が問うたこと、それが出世本懐だとも言わない。やはり釈尊は韋提希の心の所念を知ろしめして没出しなくてはならなかったのです。大悲やむことなくして出て来なくてはならなかったという以外の、何ものでもないのです。また韋提希も目の前に現われた釈尊に向かって愚痴を言う。それ以上でもなく、それ以下でもないわけです。仏が仏の権威を捨ててまでして出て来なくてはならなかった出来事ですし、人間が人間の最後の瓔珞《ようらく》を絶ってまでして問わなくてはならなかった問いですから、それ以上でもないし、それ以下でもない。

しかしそのことが仏陀の出世本懐であり、韋提希自身の出世本懐だということを、極めて抽象的な経説を通して言わしめているわけです。それが釈梵護世の諸天が空にあらわれてというあの経説です。仏陀釈尊はこうしてお出ましになったのだからして、やがて希奇の法が説かれるに違いない。われわれは韋提によって未聞の益を得るのだ、と言って待ちかまえている。このように象徴的な経説で、それを語らせているわけです。

そこで、「我宿何の罪ありてか」というあの愚痴を善導は解釈する時に、

願わくは仏の慈悲我に径路を示したまえということを明す。(『全集九』八一頁)

このように押さえた。愚痴以外なにも言うていないのですけれども、その愚痴が自ら瓔珞を絶った愚痴である。「自絶瓔珞」によって愚痴の身をさらけ出したわけです。自ら愚痴の身をさらけ出した事実の中に「願わくは仏の慈悲、我に径路を示したまえ」という願いが表現されている。だから、

愚痴を言うているという事実が、実は願の表現なのです。いわば願を生命とする人間の本念が、愚痴という現象を通して示されているのだとさえ言いたいような内容を善導は見ているわけです。

だからそういう意味では「厭苦」というけれども、ただ単に厭苦ということではないわけで「厭苦」ということが人間には未来際を尽くしてもないことなのです。言葉は苦しみはいやだということはありますが、苦しみはいやだということは、実は苦しみはいやだと言うている同質の世界での楽しみを求めているだけであって、「厭苦」ということは人間にとっては未来際を尽くしても言えないことなのでしょう。

そうすると「私はなぜ生まれてきたのだろう」「私はなぜ私に背くような子の母親として生きていかなくてはならないのだろう」と、どこへ問うても答えのない問いを持ったというところに示されている厭苦は、「厭苦」という表現を取るけれども、その「厭苦」の中にあるものは願である。このように押さえられるわけです。だから願は願として裸で出るわけではなくして、願は厭苦というかたちをとってあらわれるわけです。その願を明らかにしてゆくのが「欣浄縁」の経説であるわけです。その願を「欣浄」と、このように押さえてゆくわけです。だから厭苦が終って欣浄が始ったのではなく、厭苦の中をくぐっておったものが欣浄だというわけです。

世の中はいやになったという話は終った。今度は浄土が好きになったという話に移ってゆくのだということではない。厭苦せしめたところに流れているものが欣浄の願いなのだ。欣浄の願いが厭苦というかたちをとって人間にあらわれる。その欣浄の願いとは何かというと出世本懐を問うということだ。こういう徹底です。これが「厭苦縁」から「欣浄縁」へという展開なのです。

表面には大きな断絶がある。しかし内には連続があるということです。表面は大きな断絶があるわけです。やはり「厭苦」は苦を厭うのですし、「欣浄」は浄土を願うというのですから違うのです。違うからというて、質まで違うのではない。違うというところにむしろ同質だというものが見つかってこなくてはならないのです。

だから経説では、韋提希の言葉の途中で切って、「欣浄縁」だと、善導は見ていくわけです。このように見る善導は、すでに厭苦そのものが仏の慈悲に、我に径路を示してくれることを願うという、その願いの発露が厭苦という姿を取って愚痴の言葉として仏に向かって語りかけずにはおれなかったのだというわけです。その願が欣浄として明らかにされてくる。こういう展開がそこに有るわけです。

「通」と「別」の対応

「欣浄縁」の経説は短い経説ですが、それを極めて短く切って、その展開を八段に分けています。その第一段目は、

唯願わくは世尊、我が為に広く憂悩無き処を説きたまえ。我当に往生すべし。閻浮提濁悪世をば楽わざるなり。（『真聖全一』五〇頁）

これだけの経説です。この経文は、

通じて所求を請し、別して苦界を標する。（『全集九』八三頁）

と非常に明瞭な押え方をしています。このことについては「玄義分」の「定散料簡門」のところで「通」と「別」とについて、すでに玄義、つまり問題を総括して語っています。そして「通請所求」というのは、やがてその次に「通請去行」ということになっていきます。「所求」というのは求むる所ですから、言葉で言うならば浄土です。「通じて」とは、広くです。だから、広く苦悩無きところを説き給《たま》えということです。特にどういう浄土をというていないわけです。とにかく憂悩無きところを説いて欲しいと、このように願うのです。

どのようなところかはっきり押えていないけれども、とにかく憂悩無きところを説いて欲しいと願うのですから、はっきりはしないが、憂悩無きところとはわかっているわけです。ともかく憂悩無きところを通じて求めている。それはやがて経説の展開の中では憂悩無きところへはいかにしてゆくのかという去行、つまり去くべき行を通じて請うのが次に出てまいります。その「通請所求」、「通請去行」に答えて示されてくるのが「光台現国」なのです。

「玄義分」のところでも「通に三義あり」と押えて、一つは「通請所求」、一つは「通請去行」、一つは「光台現国」だと三つに押えております。「光台現国」というのは、その通請に答えたわけです。その通請に「光台現国」というかたちで答えられることを通して、仏陀によって見せしめられた浄土の中から別選して阿弥陀仏の浄土を求めるわけです。

憂悩無きところは阿弥陀仏の浄土だと選んでくるということがあります。と同時に「請求別行」

というて、通じて去行を問うのではなくして、今度は別行を請う。その阿弥陀仏の浄土へはいかにして生まれることができるか。その阿弥陀仏の浄土をいかにして観ずることができるか。憂悩無き世界を選ぶとともに、そこに至る道を選ぶ。別選去行といいますが、その別にも、二つある。その「通」から「別」へ人間を展開せしめるところに「光台現国」がある。このようになっているわけです。そういう意味では「通請所求」というのは最初なのです。だから通請の「通」は、別選の「別」に選んでいるわけです。

「唯願」と「不楽」

ここではもう一つ特に大事なこととして「通」は「別標苦界」の「別」に呼応している事に着眼しなければならないことです。「通請所求、別標苦界」と押えたのですが、通じて所求を請い、別して苦界を標するというのが最初の一段だとこのように押えたわけです。そして通請所求、別標苦界という事を善導は領解を述べて、

　これ夫人自身の苦に遇うて、世の非常を覚るに、六道同じく然なり、心を安ずるに之より地《ところ》有ること無きことを明す。これは仏説の浄土の無生を聞きて、穢身を捨て彼の無為の楽しみを証せんと願う。（『全集九』八三頁）

これだけの説明を加えているわけです。だから通請所求・別標苦界と押えられてきたなかに明瞭になっている事は、経文に従って言うならば、

唯願わくは世尊、我が為に広く憂悩無き処を説きたまえ。（『真聖全一』五〇頁）

と言いましたね。その「唯願」という事です。「別標苦界」ということで言うならば、

閻浮提の濁悪の世をば楽《ねが》わざるなり。（『真聖全一』五〇頁）

とあって「楽《ねが》わず」という事です。「願う」ことと「楽わない」こと、これが明瞭になっているわけです。自分にとって何が願われることなのか、そしてまた自分にとって何が楽うことでないものなのかが明瞭になっているわけです。そういう意味では特に「欣浄縁」の経説を「唯願」と「不楽」という言葉で押え、そのことの徹底が「欣浄縁」の経説を貫いているわけです。

前の「厭苦縁」のところでは「我宿何の罪ありてかこの悪子を生めるや」と、このように問うたわけです。わたしはどういう悪の報いで、このような自分に背く子供と親子として生きてゆかなければならないのですかと、問うたわけです。つまり問いの中に事実が有るわけです。

ところが、そのように問うたことがここへまいりますと、そのまま所求、つまり行くべき世界を求めるという「求め」になっているわけです。そのときには、どうして親子なのかという現実が、「閻浮提の濁悪の世をば楽《ねが》わざるなり」と、はっきり楽《ねが》わない内容になってきているのです。「どうして」と問うた事実が、もはや「どうして」と問うた問いの中にある現実の、どの現実の延長の中にも、その問いに対する答えがないのだという見定めが、すでに予見せられている。予知されているわけです。そういう意味では、この子が死んでくれたら少しは楽になれるだろうというかたちで、延長を重ねていかないというわけです。これは大事なことではないでしょうか。

この頃はよく嬰児殺しというのがあります。嬰児殺しというのは昔は劇になるほどまれなことであったのですが、今では非常に多いですね。嬰児殺しも多いが、親殺しも多いです。それはどういうことかというと、この親さえ殺してしまえば、という意識があるのでしょう。親が死ねば楽になれるんだという意識があるわけです。その意識が現代という時代には蔓延している。ですから『観経』が示すような問いの方向へ行かずに、全く逆の方向へ行ってしまうわけです。だから『観経』が単に昔の経典ではなくして、現代の人間問題に触れていくわけです。

現代の人は、どうして親と意見が合わないと親を殺せばすむとしか考えられないのか。子供が邪魔になると、子供さえ殺せばすむとしか考えられないのか。そういうふうな人間理解しかどうして持てないのか。そういうところに現代人の悲劇があるわけです。

韋提希の場合には、どうしてこの子と親子なのだろうかと問うた、その問いが転じて、「閻浮提濁悪世を不楽」というています。この子と親子であるということの解釈は、その子が死んでくれたら出来るというような意識の延長の上にはないということを予見しているわけです。だとすると、その予見した者は、解決なくしてじっとしておれるかというと、じっとしておれないから問いを起こしたわけです。するとその問いはそのまま願いになるわけです。何を願うかというと「憂悩無き処」を説いてくれということです。

憂悩は愁憂だと言いましたが、憂悩は単なる苦痛ではない。愁憂の悩みなのです。単に苦しいとか痛いという悩みではなくて、愁憂の悩みです。どんな生き方をしておっても、どんな有り方をしておっても暗い。その暗さのない世界を求めるということです。どんなに楽天的な生き方をしておっても、その全体が暗いという、そのような人間的な暗さ、そういう暗さのない世界を広く求める。その世界がどこであるかは明瞭でないけれども、暗さのない世界を求める。それが「広く憂悩無き処を説きたまえ」ということであり「通請所求」なのです。

ただ子供が自分に背くのだから、子供さえ死んでくれたらよいという世界を求めるのではないのです。そういう子供とともにいるという、その全体が暗い。その暗さのない世界を求める。それが「広く憂悩無き所を説きたまえ」という願です。だからしてその暗さのない世界というのは繰返し言いますが子供が死んだら解決するという、そういう考え方の延長上にはないわけです。だから求める世界、憂悩なき世界は何であるか、韋提希には明瞭ではないわけです。これだと押えられるものではない。これさえ見つかれば自分は明るくなれるというものははっきりしていないわけです。

しかし、非常にはっきりしていることは何かというと、もうここに夢を見るわけにはいかない。夢の中にも夢を見てゆくような、夢の連続の中に停滞しているわけにゆかない。この点は明瞭なのです。だから「別標世界」というて、通じて請うている所求は、「通」という意味では不明瞭です。決して明瞭ではない。明瞭ではないというのは、いわゆる質的に不明瞭というのではない。量的な意味で明瞭ではないわけです。やがて「阿弥陀の浄土」と、このように選ばれるほどには、明瞭ではない。しかし憂悩無きところはもはや閻浮提濁悪世ではないことは明瞭である。閻浮提濁悪世のどこを探しても憂悩無きところは無いということは明瞭なのです。

だから苦界の方は別標で、一片の不明瞭さもなく示される。ところが憂悩無き世界はどこなのだということはわからないわけです。始めから憂悩無きところがわかっていたら、宗教はいらないわけです。教えに聞かなくてはならないということは、苦界は明瞭になっても憂悩無き世界は明瞭にならない存在として生きるからです。だから教えに問うてゆかなければならないのです。それが宗教的人間へのめざめです。

苦界もわかった。その苦界の質も明瞭だ。その苦界から自己を開放する世界も明瞭だというならば、聞く必要はないわけです。それが完全に明瞭になった存在を仏陀というのです。宗教的要求とはどんなものかというと、苦界はますます明瞭になる。ここに夢をかけあそこに希望を託して流転して、流転の内にどこにも心を安んずるところがなかったと、このように気付くところに、苦の質が自分にとってはもう疑うことが出来ないものになってくる。そこで、自分ではどこであるかわからないけれども、この閻浮提濁悪世でない憂悩無き世界を求めなければならない。そこに宗教的要求というものがあるわけです。そういう意味で「通請所求」、「別標苦界」と押えたことは非常に大事なことだと思うのです。これ程明瞭に人間における宗教的要求の具体性を押えた人は希有ではないかと思うのです。

だいたいは、最初から別請所求・別標苦界というか、通請所求・通標苦界というかどちらかではないですか。どちらもわからないというか、どちらもわかったというか、そのどちらかなのでしょう。ところがそうではないのです。かた一方は増々明瞭になり、一方は増々わからなくなる。つまり、逃げ出そうとすればするほど逃げ出そうとする意識が、逃げ出すことが出来ないということを明瞭にする。身が覚えているというような、そういう明瞭さですね。だからこそ憂悩のない世界を求めずにはおれない。求める心は切実であるが、その求めるものは一体何かと自分に問うてみると自分の中に明瞭さを欠いている。だから教えに問うてゆかなければならない。そこに宗教があるのです。だからその点をはっきりと押えているわけです。

「苦」との出遇い

このように、この一句は「通請所求」「別標苦界」を明かしていると示して、それは、どういう事柄の上に成り立ったのかということを、

自身苦に遇うて、世の非常を覚るに、六道同じく然なり、心を安ずるに之より地有ること無きことを明す。(『全集九』八三頁)

と、善導は押えております。韋提希が自身の苦に遇うて世の非常を覚ることによって六道同じく然《しか》なりと、このように、「我宿」と問うた事実を自身の内に確かめているからであると言うのです。

もともと愚痴を言うことは答えを要求しているわけではないのです。愚痴を言うことはいつまでたっても愚痴でしかないということを、愚痴をいう人自身が一番よく知っている。ただ聞いて欲しいわけです。聞いてくれる一人の人を見つけることによって、愚痴は愚痴自身の中に愚痴の質を見開いてゆく。それが愚痴を言うことなのです。ですから愚痴を言うということは聞いてくれる人を

求めて遍歴した心の表現です。情緒的な言い方をするならば、どこへ行っても泣かせてくれないわけですよ。泣くな泣くなという声はあっても、泣かせてくれないわけです。どこかで泣きたいわけです。

黙って泣かせてくれる世界はないだろうかというて、遍歴した心が韋提希の場合には「号泣して仏に向かいて白《もう》して言《もう》さく」となったわけでしょう。始めて泣けたというわけです。遠慮しながら、瓔珞をつけて泣いておったけれども、その為に心が晴れなかった。その晴れなかったということを、どこかではっきり言いたかった。そういうところに愚痴を言うということがあるわけです。だから愚痴をこぼすことは聞いてくれる人を求めての遍歴の姿であると思うのです。

そういう意味では、韋提希と仏陀との出遇いは、その遍歴の末に出遇うた出遇いです。だから仏陀は一言も言葉をさしはさまずに、その愚痴を聞くことに堪えたわけです。愚痴を聞くことは堪えなくてはならぬことです。法蔵菩薩が「我行精進忍終不悔」と大変なことを言いますが、あれは、人間の愚痴に堪えることだと言うてもいいと思うのです。愚痴の言葉に最後まで堪える。それを同体の大悲と言うのでしょう。

愚痴を言う人は彼方にはいないのです。愚痴を言わなくてはならない、その人が自己だからです。そこで「我行精進忍終不悔」というのですし、それは言葉を換えれば同体の大悲というわけです。だから愚痴を言っている韋提希自身は、答えを仏陀がすぐに出してくれるとは思いもつかないし、またそのような仏なら、さらにどこかへ愚痴を言いに行かなければならなかったでしょう。そうではなくして愚痴を本当に言い切れたところから、愚痴そのものの中に、もうすでに愚痴の因があらわになっている。それが「自身の苦に遇うて」ということになるわけです。始めて自分自身の苦しみに遇うわけです。

頻婆娑羅王が七重の牢獄に閉じ込められたという出来事も、韋提希自身の苦しみであったに違いない。阿闍世が反逆したということも夫人の苦しみであったに違いない。しかしそれらの全体が韋提希自身の苦しみであるにもかかわらず、頻婆娑羅王の苦悩であり、阿闍世の問題でしかなかった。自身のことではなかったわけです。

だからその時にはいつも世の非常を覚ることはなくして、世の常住に期待する延長上に解決を求めていったわけです。無限に自分の知性を信頼して解決の方法を求めるわけです。賢夫人といわれる韋提希が、その賢なる心を結集して世の常住の延長上に解決を求め続けていったわけです。ところがそのこと自体が韋提希をして幽閉の身とさせていった。そしてついに愁憂という事実に出遇わなくてはならなくせしめた。その時始めて、すべての問題が自身の苦となったわけです。だからわれわれにとって、自身の苦に遇うということは容易なことではないわけです。

苦に遇うことがないから苦を厭《いと》うということがないわけです。この「遇」の字は善導にとっては、非常に大事な字です。「真宗叵遇」の遇です。親鸞の場合には「たまたま」という「遇」です。ただすれ違ったというような「遇」ではなくて、遇い難くして遇うたというような「遇」です。

そうすると自身の苦に遇うということが人間にとっては難中の難なのです。教えに遇うということとが難中の難だということは、自身の苦に遇うということが難中の難だということと等質だと言うてもいい。そうすると自身の苦に遇うということによって始めて、もはや閻浮提においては夢見るところはどこもなかった、人間の世界はすべて非常であった、「六道同じく然なり」で、どこをさがしてみても、迷いの世界の中には夢を託するところはないのだと気付いていくわけです。

苦はなぜ苦であるのかというと、無常だからだというわけです。仏教の論理で言うならばその通りですね。ところが、韋提希はそのことを具体的事実の中で頷いていくわけです。苦というのは、子供が苦しめたとか、夫がどこかへ行ったという現象だけではなくして、そういう現象として現われるのは、無常だからです。

無常だという事実が、自分にとって目の中へ入れてもいたくないはずの我が子が、自分に背くという事実となるわけでしょう。あるいは自分にとって最愛の夫、二世を誓った夫であっても、永遠に別離しなければならないということになるわけです。それは無常ということの現象です。現象化です。現象化をくぐって自身の苦の上に非常を覚った。無常を悟った。その無常に気付いた目は「六道は同じく然なり」で、どこにも夢を託すところはない、無常の世界に常住を求めることはできないことを見開くのです。このように苦界は別標として明らかになるわけです。

ところでここの読み方ですが、

心を安ずるの地有ること無きことを明す。

と普通は読むわけでしょう。地獄・餓鬼・畜生・修羅・人間・天上の六道はどこも非常の世界であると気付いた。非常の世界に心を安ずることはできない。非常の世界は心を安ずることのできない世界だ。こういうふうに読んでいくわけですが、ここを親鸞は、

心を安ずるに之より地有ること無きことを明す。(『全集九』八三頁)

と読んだわけです。これはどうしてこのように読んだのか問題ですけれども、このように読んだということは、二重の読み方をしているのだと思うのです。それはまず第一には文字通り、

六道同じく然なり、心を安ずるの地有ること無きことを明す。

と、このように読んだのでしょう。ところが、それでは「六道同じく然なり」というけれども、六道としてある、その現実の外に、別の世界が有るのかというと、そうではないわけでしょう。それは経説としては釈尊の開口一番の教えが、

汝今知るや否や。阿弥陀仏ここを去ること遠からず。(『真聖全一』五〇頁)

とある。阿弥陀仏を彼方に、彼方に求めていった。閻浮提の彼方に阿弥陀仏を求めておったのです。しかし彼方に求めておった阿弥陀は、実はこの閻浮提濁悪世の大地にあるのだとかえしていくのが『観無量寿経』の経説です。こういうことをおそらく親鸞は憶念しながら、ここより他には安ずるところは無いのだということを押えようとして、このように読んだ。しかし、ここで「之《これ》」というているところの転換を要求しているわけでしょう。

ということは、それはここより他に安ずるところはないのだから、もう一つ他のところに行くという、そういう意味での場所の選びであったならば、これはやはり同じことになるわけですね。か

というてここの延長上にあるわけではない。ここの延長上に有るということなら無常の中に常住を夢見るだけです。無常は無常なのであって、無常は常住ではない。しかし、一転する世界への眼が開けるなら、此処《ここ》こそ常住の場所なのです。論理的にそのように言うのではなくして、その一転を『観無量寿経』は教えていくわけです。

此処を去っていくという願いを押えて、いうならば、此土の絶対否定をくぐって此土の絶対肯定へと、そういう展開を理屈でなくして、「阿弥陀仏ここを去ること遠からず」という教えを通して押えていくわけです。その「遠からず」ということに頷くのが南無阿弥陀仏という念仏のところまで押えられてくるわけです。そういうことを親鸞は考えていたのだと思います。

だからして、

六道同じく然なり、心を安ずるの地有ること無し。

と一度読んで、そして改めて、

六道同じく然なり、心を安ずるに之より地有ること無きことを明す。(『全集九』八三頁)

と、このように、二重に読まれたのだと領解することができるのではないでしょうか。

観念と事実

ここでもう一つ注意したいことは、この「此」です。普通は「これ」と読むでしょう。たとえば、

別して苦界を標することを明す。(『全集九』八三頁)

の次の「此」には送り仮名がうってない。送り仮名のうってない時には「これ」と読むのでしょう。三行後に「此閻浮の捻ては」とありますが、ここでも送り仮名はうってありません。ところが「心を安ずるに之より地有ること無きことを明す」と言うて、その次の「此」には「此ハ」と送り仮名がうってありますね。これは指定の言葉です。上を受けているわけです。

そういう意味では、

心を安ずるに之より地有ること無きことを明す。（『全集九』八三頁）

というて、「そのことは」と押えたわけでしょう。「此は仏説の浄土の無生を聞きて、穢身を捨てて彼の無為の楽しみを証せんと願」っていることなのだと押えたわけです。これで内容が非常に立体的になったですね。

これをただ「これ」と読むのならば、

此、仏の浄土の無生を説くを聞きて、穢身を捨てて、彼の無為の楽を証せんと願う。

と、このように読むでしょう。このように読めば、解りはいいです。説明しているのですから解るのです。

ところが親鸞はそのようには読まなかったのでしょう。「これは」と押えたときには、

自身苦に遇うて、世の非常を覚るに、六道同じく然なり、心を安ずるに之より地有ること無し。（『全集九』八三頁）

と韋提希自身が苦界を別標した、「この事実は」と押えたわけです。こういう韋提希自身の中に明

らかになった苦界の領きは、そのことはただちに、

仏説の浄土の無生を聞きて、穢身を捨てて彼の無為の楽しみを証せんと願う。（『全集九』八三頁）

と、このように願うているとなのだということです。これはすばらしい読み方だと思いますね。

自身苦に遇うて、世の非常を覚るに、六道同じく然なり。（『全集九』八三頁）

「このことは」そのまま「仏説の云々」と押えられるわけです。「仏の浄土の無生を説くを聞きて」ではなくして、「仏説の浄土の無生を聞きて、穢身を捨てて彼の無為の楽しみを証せんと願」っている願なのだと、このように読むのです。そこではっきり選んでいることがある。それは「仏説」ということです。

ただ単なる浄土の無生ではないのです。浄土の無生ということは、われわれの学問を通してでも言えます。浄土は涅槃界だということは簡単に言えることです。いくらでも言うことはできても、私が理解して、私の言葉として言った浄土の無生は私を救わないのです。

とすると浄土の無生が、世の非常を覚《さと》った人間の救いとなり、世の非常を覚った人に無為の世界を願わしめるという願として用くまで具体化するのは、何故かというと、それが仏説だからです。無生の浄土が仏言として聞こえるとき、始めて世の非常を覚った人間に穢身を捨てて「彼の無為の楽しみ」を願わしめる用きを持つわけです。

だから涅槃とか、浄土の無生という問題は仏弟子の姿勢の確立無くしては無いことなのです。たとえ言葉は有っても、それは内実の無い言葉です。無生と言おうが、浄土と言おうが、それは穢土

の言葉です。穢土とは、いわゆる「有漏の穢身」と言われるように、煩悩的存在の世界での言葉であって、穢身を捨てるような言葉にならないわけです。

浄土と言えば言うほど、穢身がますます重くなってくるわけです。無生と言えば言うほど、理知的穢身が重なるわけです。「浄土」と言えば言うほど感情的穢身が重なるわけです。感情的な垢が「浄土」という言葉で重なってゆく。「無生」という言葉では、今度は理知的な垢が人間の上に重なっていく。したがって有漏の穢身は少しも転じないわけです。「浄土」という言葉も「無生」という言葉も穢身の内から出てきた言葉ですから、穢身を捨てるという用きをもたないわけです。有漏の穢身を捨てるというのは自殺するということではない。転捨です。有漏の穢身を転じ捨てて彼の無為の楽において生きる存在になるということです。

親鸞の言葉で言えば、

この心すでに浄土に居す。（『全集三』七〇頁）

という言葉が『末灯鈔』にあります。いわゆる穢身を転捨して、心を弘誓の仏地にたてて生きる人間に成ろうという願い、そういう願いはどうして人間に起きるかというと、人間の中からは百年努力しても起きないのです。起こるのは仏説の無生の浄土を聞くことによって起こる。仏説として無生の浄土が開けたとき、始めて起こるはずもない願、つまり穢身を転捨して、「彼の無為の楽を証せん」という願が起こる。その願の表現が、

自身苦に遇うて、世の非常を覚るに、六道同じく然なり。（『全集九』八三頁）

という韋提希の頷きであり、そういうことが「通請所求、別標苦界」ということなのだということなのでしょう。最後の、

これは仏説の浄土の無生を聞きて、穢身を捨てて彼の無為の楽しみを証せんと願う。

（『全集九』八三頁）

と押えたところに、実は言葉としては「厭苦縁」の最後の言葉を受けて「別標苦界」と言うて、苦界が明瞭になっている。欣浄といいますが、いわゆる欣浄の方が明瞭になっているのではなくして、逆に欣浄を成り立たしめるような苦界の方が明瞭になっているわけです。だからそこには必然的に欣浄ということが出てくるほどに苦界が明瞭になっているわけです。

最後の一句ですが、これは善導の言葉ではいつでもこのように押えられるのです。ただ「無為涅槃界」という言葉を使わずに「極楽無為涅槃界」と言うたり、「西方」という言葉を使って「西方寂静無為の城」と言うたりします。ところが現代人は西方と極楽だけを取り去るとよく解ると言いますが、西方と極楽を取ると一番解らなくなるのですよ。

無為涅槃界と言うと解るが極楽と言うと解らん、寂静無為の城は解るけれども「西方」は解らん、というわけです。西方と極楽を取ったら、無為涅槃界は本当は解らないのです。たとえ解っても解りようが違ってくるわけです。仏説の浄土の無生というかたちでは解らないわけです。そういう意味では善導はいつも「西方」「極楽」という言葉を押えておいて、「無為涅槃界」、あるいは「寂静無為の城」と、こういうふうに押えてくるわけです。こうしたところに無為涅槃界とか寂静無為と

いう言葉が一つの観念に堕していくことへの善導の厳しい批判があるわけでしょう。

いわゆる「西方」とか「極楽」という言葉は仏説としてある言葉なのです。人間の考えた言葉でなく仏説です。極楽も西方も仏説としてあるのです。「西方」「極楽」の言葉のなかに仏説としての浄土の無為が語られているわけです。だから、そのことに触れなくてはならない。「西方」とか「極楽」という言葉は、具象化した表現であって、そのなかで言いたいのは無為涅槃界ということを言いたいのだと説明してしまえば、解ったようでかえって解らなくなるのです。むしろ一番具体的なことは、西方とか極楽という教えの言葉なのです。その西方とか極楽という言葉こそが、無為涅槃界に触れることのない有為を生きる人間に、無為を教える唯一無二の手掛かりなのです。それをはずしてしまったら何も無くなってしまう。そうすると無為という言葉が有為の言葉になってしまうのです。

したがって、寂静無為の涅槃界が極楽と語られ、西方と教えられるところに、有漏の穢身を生きる人間が願生というかたちで、本当に無為に触れることができるわけです。そういう意味で善導のこういう表わし方というのは厳密なのです。厳密というのは具体性をはずさないということです。むしろわれわれの常識からすると、かえって観念的な話をしているのではないかと思うほどに具体的なのです。われわれは最も具体的なものを一番観念的にしか考えないというふうになっております。

そういう点からすれば宗教というようなことは一番観念的なのです。ところが、それこそ押えてみれば、最も具体的なのです。われわれの意識で観念化することを許さないほど具体的な身の事実のところに、宗教の問題が触れてゆくのです。そういう点が浄土教というものの生命であるということを善導は押え尽くしてゆくわけです。そこに古今楷定といわれるような言葉の意味があるわけでしょう。そういうことが善導が最後の一句のところで厭苦を明らかにするような用きとしてある欣浄の心を明瞭にしようとするわけです。

そして厭苦というかたちで人間の現実の上に明らかにされてくる欣浄の心が、始めて人間をして環境の支配から自立せしめるのです。環境によっていつでも右顧左眄せざるを得ない人間をして、その環境の支配から自己を自立せしめるのは、厭苦という事実のところに具体的にあらわになってくる願生心においてしかない。厭苦というかたちをとった願生心というものが、はじめて人間をして環境の支配から自在ならしめてくる。そういう意味では浄土教は人間を自在人たらしめてゆく、具体的教えなのです。そういうことがまず最初の一段で明瞭になってゆくのでありましょう。

二 所厭の境界

二従《リ》二「此濁悪処《シ》」《ト》云二下至《ル》二「不見悪人《ニンニ》」一已来、正明《ス》三夫人挙《ヨチ》三出所厭之境《コトヲシヨエムノキヤウヲ》一。此明《ス》五閻浮捴悪《エンフノスヘテノ》、未《タ》四レ有《ラ》三《サルヲ》一処《ショトノヘキコトトムス》可二レ貪三。但《タヽシテ》以二幻惑愚夫《クエムワクノクフナルヲ》一、飲《ノム》二斯長苦《ノクワヲ》一。

言《フ》二「此濁悪処《シ》」《ト》一者《ハ》、正明《ス》二苦界《クワヲ》一也。又明《ス》二器世間《キヲ》一。亦是《レ》衆生依報処《ノエノトコロナリ》、亦名《ク》二衆生所依処《ノショト》一也。言《フ》二「地獄」一等《ト》二已下三品《ノハ》、悪果最重《モトモオモケレハナリ》也。言《フ》二「盈満《ヤウマント》」一

者《ハ》、此《ノ》三苦聚《クシュ》非《ス》二直《タヽ》独《ヒトリ》指《サス》一閻浮娑婆《ニエムフ》一、亦《マタ》皆遍《ナアマネク》有《リ》。故言《ニフ》二「盈満《ト》」一。言《フ》二「多《タ》不《フ》善聚《ト》」一者《ハ》、此明《ス》下三界・六道不同《ニメ》種類恒沙《ルイコウシヤナリ》、随レ心差別《ニシヤヘチナルコトヲ》上。『経《ニ》』云《ク》。『業能《ク》荘《カサル》二識《ヲ》一、世一世処一処各《ニオノ〳〵》越《オモムイテ》、随レ縁受《ニウク》二果報《ヲ》一。対面《タイメムメ》不《ス》二相知《ヒラ》一」。言《フ》二「願我未来《ト》」一已一下《ハ》、此明《レス》下夫人真心徹到《テツタウメイトイクノ》《トヲリイタリ》厭《ハラ》二苦娑婆《ヲ》一、欣《ネカフ》二楽無為《ノ》一、永帰《ヲナカクキスルコトヲ》中常一楽《ニ》上。但無為之境《ノキヤウ》、不《ス》レ可《ラ》二軽《ケイ》《カロ〳〵シ》尓《シトメ》即階《チカナフ》一。苦悩《クナウノ》娑婆無《シ》レ由《ヨシ》二輒然《テウネトメ（ママ）》得《ルニ》レ離《ハナルヽコトヲ》。自《ヨリハ》レ非《ス（ママ）》レ発《スニ》二金剛之志《ノコヽロサシヲ》一、永《ナカク》絶《タヽムヤ》二生死之元《ノクエンヲ》《モト》一。若不《シサラマシカハ》三親《シタシク》従《シタカハ》二慈尊《シニ》一、何能《ナンソク》勉《マヌカレンヤ》二斯長歎《ノタンヲシカモ》《ナケキ》一然「願我未来不聞悪声悪人《ト》」者《イハ》、此《レ》明《ス》下如《キ》二闍王・調達《ノ》一、殺《コロシ》レ父破《ヲスヲ》レ僧、及《ヒ》悪声等、願《クハ》亦不《スカ》レ聞不《シト云コトヲ》中見上。但闍王既是親生之子《ニレシムノコナリ》。上於《ミヲイテ》二父母《ニ》一起《オコス（ママ）》二於殺心《ニセツヲ》一。何況《ニムヤウトキ》疎人而不《サラムヤ》二相害《ヒセチセ（ママ）》一。是故《ノニ》夫人不《ス》三簡《エラハシム》二親一疎《ソヲ》一、摠《ソウメ》皆頓《ナトムニ》捨《スツ》。（『全集九』八三頁）

はじめに

経文は、

　この濁悪処は地獄・餓鬼・畜生盈満して不善の聚多し。願わくは我未来に悪声を聞かじ悪人を見ざらん。（『真聖全一』五〇頁）

とあります。これだけの経文を善導は随分長く、この第二段では解釈をしています。「欣浄縁」の経文についての善導の領解は、随分厳密に押えていこうとしているわけです。まず、

　唯願くは世尊、我が為に広く憂悩なき処を説きたまえ。我当に往生すべし。閻浮提濁悪世をば楽わざるや。（『真聖全一』五〇頁）

という一番最初の一段のところを善導は、「通請所求、別標苦界」という非常に簡単な言葉で押え

ています。この一句は韋提希夫人が求むべき世界を通じて請求したのであると、こういうわけです。「通請」という「通」は、やがて、この「欣浄縁」の中で「別選所求」といわれるように、その「別」ということに対応しているわけです。その「通請所求」という「通」ということは、確かに求めるということでは、やがて韋提の別選ということに応じている。応じているというよりも、通請が韋提の別選を開いてくる大きな門になっている、という意味で相応じているわけです。

けれども、ここで特に大事なことは「通請所求・別標苦界」ということで、直接には通請と別標という、求める世界は通請であるけれども、厭《いと》うている苦界は別標である。その別というところに、問題があるということです。

だから求める世界は決して韋提希の中にあって明瞭ではない。自己の問題を解決する世界がここにあるということが、真に明瞭になって求めたのではなくして、明瞭であるのは何かというと、自己が今、苦悩しているという、その苦悩の根源まで見つめる程に、苦悩そのものについては明瞭である、ということです。いわゆる「別標苦界」という言葉がそこでは大きく意味を持ってくるわけでしょう。

厭苦として表現せる欣浄

苦界という言葉で韋提希が言おうとしている、そういう苦の性格を明瞭にしているのが、この第二段の経文に対する善導の領解であるわけです。だから、

この濁悪処は地獄・畜生盈満し不善の聚多し、願はくは我未来に悪声を聞かず、悪人を見ざらん。（『真聖全一』五〇頁）

と、こういうふうに韋提希は経文の上で言うています。それを善導は押えて、

正しく夫人、所厭の境を挙出することを明す。（『全集九』八三頁）

とこういうふうに領解しています。だからこの一句のところに、「所厭の境」、厭うべき世界が何であるかが「挙出」されている。つまり、明瞭に示されているのだと、こういうことです。

韋提希が所厭の境として挙出した、その「所厭の境」とはいったい何なのか、ということの徹底がこの第二段の中心になるわけです。実は、その所厭の境、厭うべき世界とは何であるかということを徹底することによって、厭うということの深さと本質とが逆に明らかにされてくるわけです。

言うてみれば「この世はいやだ」と、こう言うわけですよ。その「この世はいやだ」と言うているところの、「この世」を明らかにすることが、「いやだ」という、その事柄の本質を明瞭にしていくことになるということです。これがこの一段の中心問題であるわけです。

やはり厭いやすい境界を厭うたのではなく、未来際を尽くしても人間によって厭うことのできない世界が厭われている、という問題があるわけです。言うならば、無限に責任転嫁をし、自己弁護をしながら、それを厭うことを拒み続けるような、その世界の根底を廃捨していく、というような厭い方です。苦を厭うという、その出来事の中に善導は先立って欣浄という事柄を見ていたわけです。だから「ここはいやだ」、「だから、あそこへ行きましょう」と、そういう厭い方ではないのです。

そういう意味では決して、その人間が厭うべくして厭うているのではない。厭うべくもない世界を厭うているのだということです。善導はそのことを一言で押えているわけでしょう。そのことを、

この閻浮の総て悪にして未だ一処として貪ず可きこと有らざるを明す。（『全集九』八三頁）

と、こういうふうに言うているわけです。ここの読み方は、

これ閻浮の総て悪にして、未だ一処として、貪ぼるべきこと有らず、但し幻惑の愚夫なるを以って、斯の長苦を飲むことを明す。（『全集九』八三頁）

と、このように読むのが普通の読み方でしょう。このように読めば普通の読み方ですし、よくわかります。何処かというと「この閻浮提濁悪世は」と、こういうふうに言うているけれども、それはいったい、何かというと、所厭の境を明らかにしている。つまり厭うべき世界を明らかにしている。するとと厭うべき世界というのは人間にとってどんなことになるのかというと、閻浮提、この人間世界というものは、総て厭うべき悪なるものであって、本来一処として、そこに執着すべき何物もないはずである。にもかかわらず幻惑の凡夫は貪じている。

幻惑の凡夫とは、夢見る衆生でしょう。夢見る衆生は、その貪るべき何物もない世界に夢を描いて、夢を描くことによって無限に幻滅の悲哀に沈んでいかなくてはならない。そういう人間の生き方全体がここでは厭われていくのだと、こういうふうに説明していけば非常にわかり易いわけです。

ところが親鸞は、善導が所厭の境と押えた精神に触れて、このように随分無理な訓点をつけて読んでいこうとするわけでしょう。ここの文を親鸞は二重に読んでいるのだと思うのです。二重とい

うのは、韋提希夫人は厭うべき世界を明瞭に、自らの口をもって語ったのだと、こういうふうに押えておいて、

これ閻浮の総て悪にして一処として貪ずべきこと有らざるを明す。（『全集九』八三頁）

と、こういうふうに言うています。

実は韋提希が所厭の境を語ったという、その気持ちは、

この濁悪処は地獄・餓鬼・畜生盈満し不善の聚多し。（『真聖全一』五〇頁）

と、このように言うている。そのことは、もはやこの現実においては、どこにも自分自身の愛着すべき世界はない、と、このように言い切ったのだという説明ではないわけです。「この閻浮提濁悪処は」と言うた韋提希の気持ち、そして、それを所厭の境と押えた善導の領解を、説明句として説明するのではなくして、むしろ、その所厭という言葉を親鸞は端的にここに示している。いわば、厭うということの質をこの一句で明瞭にしたわけでしょう。

経文にこういう言葉で、厭う世界が示されているけれども、その厭うという言葉は普通に誰でも言う言葉ですよ。「もう、この世の中には何にも楽しみがなくなってしまった」と、こういうでしょう。ところが言うている言葉と現実とは全く裏腹なのです。どこかに楽しみの境界があるだろうという気持ちが、そのように言わしているわけでしょう。

そういう時の表現と、この経典の表現と違いますか。表現としては変わらないでしょう。だから、そういう表現をそのままで押えるならば、この世には何にも、わたしは希望を持たない、こんな世

界には生きておりたくはない、という言葉で同じように語られることだけれども、ここで語っている言葉の質を親鸞は善導の領解を受けて押えたわけです。

押えられたことは何かと言うと、閻浮の総ては悪にして一処として貪ずべきこと有らざることを明らかにしている。いうなれば、本当の絶望です。一片も夢を持つことが無いという、その世界からの発言なのだ。夢を持ちつつ、夢が叶えられないということにおいて、この世を厭うと言うている、その言葉とは質が違うのだというわけです。一片の夢もない。もう、どこにも夢を持つことがない。そういう世界から韋提希の口をついて出た言葉なのだ。こういうふうに親鸞は読みきるわけです。

このように一度、読みきって、文字通り厭苦の質を明らかにしておいて、そうして、もう一度、そこを説明句に従うようにして読みなおしてゆくわけなのでしょう。だから、

閻浮の総て悪にして、未だ一処として貪ずべきこと有らざることを明す。但し幻惑の愚夫なるを以って斯の長苦を飲む。（『全集九』八三頁）

と言うています。

「但し幻惑の愚夫なるを以って斯の長苦を飲む」ということが、実は真に厭う質を決定する事実なのです。言葉を換えて言いますと、「何という長い夢を見ていたのだろうか」ということでしょう。一片もこの現実の中には貪るもののないという、こういう感情の中からこの言葉が出た。その言葉が出たというなかにあるものは何かというと、長い夢を見ておったなという、既にめざめがあ

るというわけです。

自分の境遇について、自分の地位について、自分の力量について、そして自分の子供の愛情について、全てのものに夢を見ておった、つまり長苦を飲んできた凡夫である韋提希の流転していたことへの頷きというものが裏付けされて、そして「この閻浮提濁悪世は地獄・餓鬼・畜生盈満して、不善の聚多し」と、このように言うたのだというわけです。

このように所厭の境として、ここに示されている善導の読み方を親鸞は明瞭にしたわけです。これは、大事なことだと思います。何故かと言いますと、これが「厭苦縁」の経文のところの解釈ではないということです。「欣浄縁」の経文のところの解釈だということです。いわゆる、浄土を欣うということを明らかにする最初に、逆に厭苦が語られているわけです。浄土を欣《ねが》うということの不明瞭なところで厭苦が語られるのではないのです。浄土を欣う、願生ということを明らかにする、その出発点に、この言葉があるわけです。

もし、これが普通に、厭苦というのは苦を厭うことなのだから、苦を厭う言葉のあるところは全部、厭苦だというのであれば、ここも全部、「厭苦縁」の中に入っていいわけでしょう。あの愚痴の言葉で終らずに、もっとこの経文のあたりまで「厭苦縁」のところへ入れるのが当然でしょう。それを、凡夫が初めて仏に遇うた時に発した問いという、そういう「請求」というところで切って、ここから一転して「欣浄縁」だと、このように見開いてきた善導の領解というものを本当に受けとめてみると、これはあくまでも欣浄の心、願生の心がこういうふうに言わしめているのです。いうならば願生心の自己表白です。
「ああ、いいところへ行きたい」というようなのは願生心の表現ではないのです。いわゆる「極楽は楽しむと聞いて生まれんと望むものは仏にならず」と、蓮如が言っています。曇鸞は「自身住持の楽を求めず」と、このように言うていいます。浄土は楽しいというかたちで浄土を求めるのは、夢の中にあって、更に夢を見るようなものなのでしょう。それを為楽願生というのです。
本当の願生とは何なのかというと、一処としてここに貪ずべきものはないと、言い切ったところに願生があるわけです。ということは、願生されるところの彼国《かのくに》は、もはや、貪ずべき世界の中にはないのだということです。貪の世界全部が厭われた彼方である。文字通り彼国だということです。そのことを、親鸞は明瞭にしていこうとするわけです。
この経文とあの善導の領解とをただ読んでいくだけならば、一つの文章の説明に終っていくわけですけれども、その説明として終りそうな一句を親鸞は、敢えて二重に読むことによって、欣浄の具体的事実として語られている厭苦の言葉の質を明瞭にしているわけです。厭苦という、人間の本音としては決して言えるはずのない言葉が、何故発せられるのかということへの着眼があるわけです。
韋提希に即して言うならば、
但し幻惑の愚夫なるをもって斯の長苦を飲む。（『全集九』八三頁）
というように、長い夢の中にあって、更に夢を見続けてきた韋提希の夢が、仏に遇うことによって

「我宿、何の罪ありてか、この悪子を生める」と、このような問いとなって、それが全部壊れたわけです。

「この悪子」と言いますが、その子を生んで生きている世界を、なんとか夢の中で解決しようと悪戦苦闘するのが人間の流転です。しかし解決がない。解決がないけれども、なおかつ解決を求めていこうと、こういうことでしょう。それが、没出の仏陀を目の前にした時に韋提希夫人の自意識を超えて、あの言葉が発せられた。そこに、欣浄の心というものが内に動いてくるわけです。そういうことを、ここでは押えているわけです。

「苦」なる事実

そうすると、そのように言われる所厭の境、厭うべき世界とはいったい何か。それのことを、その次にたたみかけるようなかたちで善導は押えていくわけです。経文としては、

この濁悪処は地獄・餓鬼・畜生盈満し不善の聚多し。（『真聖全一』五〇頁）

という言葉ですが、このなかの「此濁悪処」というこれだけの字を見て、そこに所厭の境の質を見抜くという善導の眼のするどさを思うのです。

「此」と押えて濁悪処というているところですが、「この」というのは何をいうているのかということです。これは言うまでもなく、「欣浄縁」なのですから、彼国《かのくに》ということへの一つの跳躍台として、「この」という一句が強くあるわけです。だから、「この」の字がなくして、ただ「濁悪

処」ならば地獄・餓鬼・畜生盈満して不善の聚多し、ということであって、先程から言うているように、普通に皆が言うていることです。しかし「この濁悪処」とは誰も言わない。

われわれも「この世は」というていますが、この場合の「この」は本当の「この」ではないわけです。わたしたちは「濁悪処は」とは言うています。「いやな世の中に生まれてきたなあ」とは言います。ところが「いやな世の中」を「この」と押えたことがあるかというと、一度も無いのです。だから「いやな世の中だな」と言いつつ、それこそ、いやな世の中に無限の夢を見続けていこうとする。つまり、そういう質を見る目を自ら覆っていくという問題があるわけです。

ところが「この」と押えた「この」に、善導は着眼しているわけです。そうすると「この」と言うたところには、単なる客観的な事実を押えて言うているのでもないし、かと言うて単なる主観的な観念が語られているのでもない。まさに現前している事実が押えられている。言うならば主体と環境との統一的事実が押えられているということです。だから、それを徹底していくわけでしょう。

「この濁悪処」という言葉は何かというと、「正しく苦界を明す」と言うています。これは実に恐しい押え方だと思いますね。何にも、そこには説明も前後の言葉もない。苦しいと言うている事実を端的に言うているだけです。「苦しい世の中だな」とこう言うている。そのままを端的に言うたわけです。

普通はそうではないでしょう。「あいつが居るからいやなのだ」「こういうことがあるから苦しいのだ」と、その理由を先に言うておいて、「だから苦しいのだ」とわれわれは言うのでしょう。

ところが「この」と押えられた濁悪処を語るときに、善導は自己弁護としての理由を払っているわけです。「正に苦しい」と言うている端的な事実、その苦界を明らかにしたのだというところから出発して、なぜ、苦界なのかということを、

又器世間を明す。（『全集九』八三頁）

と、こういうふうに押えていきます。だから苦界というところには、先程、主体と環境の事実と言いましたが、文字通り、主体と環境との深い係わりの事実が苦として押えられているわけです。しかし、その主体と環境との深い係わりの事実を、「苦」と、このように感ずるときの問題はどこにあるのかというと、それを器世間として受けとめているということです。器世間として受けとめるということは、わたしが苦しめられていると、そのように受けとめるということです。衆生世間として受けとめないのです。社会が悪いというかたちでしか受けとめえないのです。そういうふうに考える人は間違いだとか正しいとかいう意味ではなくて、そのように考えるところに人間の思考の本質的な問題があるということです。

だから、苦界というのは、文字通り苦しんでいるのはわたしだし、そして苦しんでいる世界というのはあくまでも、わたしにおいてあるところの環境です。主体と環境との事実が苦界なのです。主体だけが苦しむということは無いし、環境が苦だということもありません。主体と環境との事実が苦であるわけです。その事実をわれわれは器世間であると、こういうふうに見るわけでしょう。

現実は苦しい、なぜ苦しいか。外なる世界がわたしを苦しめるからと、こういうふうに押えてい

くわけです。確かにそういうふうに受けとめていくのだけれども、その器世間というのはいったい何なのかと言うと、衆生の所依のところである。器世間というても自分と係わりがなければ、何にも苦しみはしませんね。器世間がわたしを苦しめるということはありません。松の木がわたしを苦しめるというようなことはないのです。そこに生えている松の木がわたしを苦しめるというようなことはない。

しかし、松の木でわたしが苦しめられるということがあるのです。松の木そのものは苦しめはしないでしょう。しかし松の木で苦しむということはあります。桜の木を見て、時には楽しくてうかれるけれども、桜の木は時には自分にとって最も嫌なものであるわけです。器世間というのはそういうものです。

何故そうなるのか。主体と環境の事実が苦という事実だけれども、それを器世間がわたしを苦しめると言うたときに、その器世間が何故、わたしを苦しめるのかと押えてみると、衆生の所依処だからだと、こういうわけです。その器世間において人間が生きているからだ、世界において人間が生きているからだというわけです。だから器世間というのは人間の主体にとって無関係な一つの世界ではなくて、人間そのものがそこに生きていると言うような、そういう世界です。だからして苦であると、このようにいうわけです。

だから、衆生の所依処というたときには、もう単に外なる環境ではないわけです。外なる環境と一応そういうふうに苦という事実のなかで受けとめるわけです。しかし、外なる環境はわたしを苦しめるはずがない。にもかかわらずわたしが苦しむという事実がある。とするとその環境は何かというと、単なる外ではなくして、わたしの環境だからわたしを苦しめるわけです。衆生の所依処となっている環境です。あなたの環境ではないのです。あなたの環境はわたしを苦しめません。あなたの環境がどれほど深刻であっても、あなたの環境がわたしを苦しめるということは絶対ないのです。そのあなたの環境によってわたしが苦しむというような苦しみは、決定的には仏にしかできない苦しみです。

仏の苦に代受苦という苦がありますね。また逆にあなたの喜びがわたしの喜びだということもありません。あなたの喜びがわたしの喜びになれるというのは、これも決定的には仏にしかないわけです。それを随喜といいますね。随喜と代受苦は仏陀にのみある苦楽なのでありましょう。

ところが案外、われわれにでも随喜もできるし、代受苦もできると思っているところに、やっかいなことが持ち上がるのではないかと思うのです。その辺を、明確に押えていくわけです。器世間、つまり環境がわたしを苦しめるという、しかし、わたしを苦しめる環境とはいったい何かというと、それはもはや単なる外ではなくしてわたしの環境なのだと、こういうわけです。

我執・我所執

ところが善導は、そのことをもう一度押える。そのわたしの環境というのはいったい何かというと、

また是れ、衆生の依報の処なり。また衆生の所依処と名づくなり。（『全集九』八三頁）

と押えるわけです。なぜ苦としてあるのかと言うと、衆生の所依処となるということです。言うならば、そこに、苦ということの構造が示されているのです。我執・我所執という構造が衆生の所依処というところで押えられているのです。衆生が、それに依って生きているというわけです。苦しむという衆生がそれによって生きている。それによって苦しむ衆生が生きているというような係わり方で、環境と主体とが係わっているというわけです。

ここではそういうふうに一つ一つ押えているわけです。だから人間にとって所厭の境とは、単なる外なる境遇ではない。外なる境遇でないということはどういうことか。それは衆生にとっての環境なのだ。衆生にとっての環境、わたしにとっての境遇とは、いったい何かというと、苦悩するわたしがそこにおいて成り立っているような、そういう世界なのだと、こういうわけです。

そういう環境、つまり、主体と環境との深い係わりにおいてあるような苦の現実、その苦の現実を「総じて厭う」というところに、「此濁悪処」という言葉があるのだと、このように押えてくるわけです。このように器世間というのは単に外なる境遇ではない。ところが外なる境遇だと自分はしたいのです。外なる境遇がわたしを苦しめるのだと、したいわけです。苦しむのはわたしです。しかし苦しめるのは外なるものだとしたいわけです。外によって苦しめられるのだとしたいのだけれども、そのようにしていこうとする意識がますますもって苦しむという事実を助長していくわけです。そういう問題をいったいどうするのか、ということです。それが、ここで押えられてくることです。

そうすると、この「欣浄縁」の中で語られるところの厭苦、「一処として貪ずべきところが無い」と、こういうことを明らかにしているのだと押えた。苦を厭うということは、いうまでもなく場所を変えることではない。境遇を変えるということではないわけです。そうではなくして、外なる境遇を限りなく自己の内なる苦悩の内境に変えていくような、そういう自我構造から自己を解放しようというのが「厭」なのだというわけです。

苦しめるものなくして何故、苦しむのかというと、外なるものを自己の内なる境遇であるかの如く取り込んでいく、そういう自我構造が問題なのです。いわゆる我執・我所執です。我に執着する限りにおいて、全ての外なるものは我の所有物としてしか受けとめられない。その所有物として受けとめたものが我の思う通りいかないという、そういう構造なのです。我に執着すれば、全てのものは何らかの意味で、その我の所有するものとしての執が起こってくる。そういう構造をもっているのです。自我において、外境を内境に転じて、そうして苦悩していくという、そういう存在構造全体からの脱却、全体からの解放、それを求めるのが「厭」という一句なのだと、このように押えてきます。

この辺のところは、ずいぶん大事な問題が含まれているのではないでしょうか。そういう意味では、衆生における所依処としての器世間、いわゆる人間を苦悩せしむるところの根拠となっているところの世界、その世界を厭うというときの言葉が、

地獄・餓鬼・畜生盈満し不善の聚多し。願わくは我、未来において悪声を聞かず、悪人を見ざらん。(『真聖全一』五〇頁)

ということです。そうすると言うまでもなく、「地獄・餓鬼・畜生盈満して」という言葉は外的な、物質的な境遇として、それを押えているのでないことは明らかですね。その外的な、物質的な、いわゆる自己の外なる境遇として閻浮提濁悪世を楽《ねが》わないと言うたり、この濁悪処を押えて、地獄・餓鬼・畜生と言うているのではない。どこで、それが言えるのかというと、善導の領解で言うならば、経典そのものが「盈満」という一句で押え、それを見つめていく、その点であると見定めていくのです。

好悪感の破綻

ここで善導は、地獄・餓鬼・畜生等という三品は悪果もっとも重いからして、こういうふうに書いたのだといいます。ということは地獄・餓鬼・畜生に代表させて、この閻浮提の全てを語っているのだということでしょう。だからここに盈満という言葉が出てくる。その盈満というのは、

この三苦聚は直だ独り閻浮・娑婆を指すにあらず、また皆徧く有り。(『全集九』八三頁)

と、こういうふうに解釈していますね。この読み方ですが、

直だ閻浮・娑婆を指すにあらず。

と、こういうふうに普通は読まない。

直だ独り閻浮を指すのみにあらず娑婆また皆偏く有なり。

とこういうふうに普通は読んでいきます。

普通は閻浮提と娑婆とを分けて解釈するわけです。そうすることによって娑婆という表現の方が閻浮提という表現よりも広いと、こういうふうに言うわけです。そうすると閻浮提濁悪世と言うている言葉は、閻浮提だけを指しているのではない。「閻浮提濁悪処」と書いてあるから、「人間世界というものは」と、こういうふうに言うているように見えるけれども、その閻浮提だけを指しているのではない。娑婆全体がみな、地獄・餓鬼・畜生のないところはどこにもないと、こういうふうに言うているのだと、このように普通は読んでいるのです。それを親鸞は、

閻浮・娑婆を指すにあらず、また皆偏く有り。(『全集九』八三頁)

と、こういうふうに読んだ。そうすると、ここでは閻浮も娑婆も一緒にしているわけです。後の方に須弥山説が出てきますけれども、須弥山説にひっかかるような意識というもので親鸞は読んでおらないわけで、ここで、はっきりと押えられていることがあるのです。

いわゆる地獄・餓鬼・畜生・修羅・人・天等という、いわゆる十界という考え方がある。人間の生きていく生きざまというものを段階的に規定しているのですが、その段階的に規定したことに実体的感情を持たせて、その実体感に縛られていくというような傾向が、仏教の学問の中に出てきたということがあります。そのような傾向を、親鸞は問題にしないわけです。ですから閻浮提と娑婆とどちらが広いかというような問題は、親鸞にはなくなってきているわけでしょう。

そうするといったい、何を言おうとしているのかというと、三悪趣というても、もはや三悪趣はその上に修羅の世界があって、その上に人の世界があって、その上に天の世界があって、その上に二乗があって、その上に菩薩があって、その上に仏があるという、そういうものの見方をここでは払うわけです。

いわゆる主体と環境のあり方ということで押えるならば、「皆徧く有」と、こういうふうに押えています。もうどこにも三悪趣でない世界はない。だから三悪趣というのは単なる境遇を語っているのではない。主体と境遇とのありようを、三悪趣という言葉が語っているのだというわけです。極端な表現をとるならば、浄土のまん中に行っても、そういうあり方のなかで言うことになるならば三悪趣なのですよ。だから親鸞はそういうことを明瞭にするために、

直だ独り閻浮・娑婆を指すにあらず、また皆徧く有り。（『全集九』八三頁）

というわけです。夢見る世界はどこにもない。夢見る世界の皆無性です。それが「此濁悪処」と押えて「地獄・餓鬼・畜生盈満し不善の聚多し」と、こういうふうに言うた、そのことなのだと、こういうふうに押えていくわけです。ずいぶん、厳密な押え方だと思います。さらに、

多不善聚と言うは三界・六道不同して種類恒沙なり、心に随って差別なることを明す。『経』に云く「業能く識を荘《かざ》る、世世処処におのおの趣いて縁に随いて果報を受く、対面して相知らず。（『全集九』八三頁）

と、こういう『華厳経』の取意の言葉を引いて、その「閻浮提」とか「不善の聚多し」とか言うて

いる全体を「業の果報」と押えるわけです。

世界とは何か。世界とは業の所感だと、こういうのが仏教の考え方ですね。世界とは実体ではない、ましてや世界とは物質性ではないわけです。世界とは何かと言うと業の所感である。だからわたしの世界とあなたの世界は一つにならないというところに苦界があるわけです。わたしの世界とあなたの世界とは違うと、それだけではないのです。今日のわたしの世界と、明日のわたしの世界とも違う。徹底して「業能く識を荘る」のです。

その人が今日どのように生きているのかということが、その人がどういう世界に生きているかということになるわけです。だから極端に言いますと、その人が楽天的に笑っている時には世間も笑っているわけですよ。その人が悲歎にくれている時には、世間も闇黒なのです。それが事実というものです。いわゆる客体と主体とに弁別しない。あくまでも、

業能く識を荘る、世世処処におのおの趣いて縁に随いて果報を受く、対面して相知らず。

と言うことである。すごい言葉ですね。いわば、わたしがわたし自身にも二度と会うことはできない。ましてや他の人と相会う世界を夢見ることはできない。冷厳このうえもない言葉ですね。

「また、明日会いましょう」というようなことは言えない。相会うということのない別々の世界に生きている。そこに厭われるべき質として押えられた苦界というものがあるというわけです。

どこにも共通の広場を夢見ることができない。にもかかわらず共通の広場を夢見て「同志よ」と、こう言いつつ生きていきたいという、無限の夢を見ていく。そういう苦の現実構造、それを完膚な

きまでにあばいたわけです。ということが前の厭苦の「厭」を転じて、欣浄の中に説かれる「厭」の性格を明らかにすることです。とすると、その徹底した「厭」の性格のなかから願われるべき世界は何であるかいうことは、自ずから明瞭になってくるわけでしょう。

そうすると、その厭うということが、もはや、われわれにとっては難中の難なのです。人間の努力では不可能なことでしょう。厭うても、厭うても、なお愛しているというわけです。

そうすると、不可能が可能になるような「厭」です。不可能が可能になるような「厭」とはいったい、いかなることかと言うと、主観によって好悪を決めていこうとするような、そういう世界の底を破るということです。

主観によって「これは好い世界、これは悪い世界、これは楽しい世界、これは楽しくない世界」だと、こういうふうに選ぶ。その選ぶことによって、かえって選んだ世界によって支配されていく。こちらが選ぶことによって、選ばれた妄想の世界によって選んだわたし自身が支配されてゆくという、そういう構造をもった苦悩です。そういう主観による好悪の底を破る。その破るというところに厭穢欣浄ということの質がある。このように押えていくわけです。

こういうことが善導の領解では、極めて明瞭になっていくのであります。

根元的主体の変革

その次の、

「願我未来」と言う已下は、これ夫人真心徹到して苦の娑婆を厭い、楽の無為を欣う、永く常楽に帰することを明す。但無為の境、軽尒《けいじ》として即ち階《かな》うべからず。苦悩の娑婆は輒然《ちょうねん》として離るることを得るに由なし。金剛の志を発すに非ず自りは永く生死の元を断たんや。若し親しく慈尊に従わざらましかば何ぞ能く斯の長歎を勉れんや。（『全集九』八四頁）

と、このように真心徹到というかたちで、この問題を押えていくわけです。

願わくは我、未来に悪声を聞かず、悪人を見ざらん。（『真聖全一』五〇頁）

と、経文では言うています。善導はそれを、

夫人真心徹到して苦の娑婆を厭い、楽の無為を欣う、永く常楽に帰することを明す。

（『全集九』八四頁）

と、こういうふうに押えるわけです。そしてさらに、但し無為の境は軽尒として階《かな》うことはできない。苦悩の娑婆は輒然として、たやすく離るることを得るに由なしと言うています。理由がないというわけです。金剛の志を発《お》こすに非ず自《よ》りは、永く生死の元を断たんや。もし親《まのあた》り慈尊に従わざらましかば、何ぞ能《よ》く斯《こ》の長歎を勉れんと、こういうふうに言うています。ここで、明瞭に確かめて示されていることは、苦の娑婆を厭い、楽の無為を欣うということの質です。

前にも苦というのは何であるかというて、苦の質が明らかにされたのですから、その苦の質をもって欣《ねが》われていく欣浄願生とは、いったい何かというと、「苦の娑婆を厭い、楽の無為を欣う」と言うてますね。娑婆の苦を厭いと言うてはいません。娑婆の苦を厭いとこう言わず、苦の娑婆を厭

うと言うています。

善導の文章というのは、今まで読んできて解りますように、対句が多いわけです。ところがここは対句になっていない。表現は対句ですが、いわゆる対句になっていない。なぜかと言うと、苦の娑婆を厭い、楽の浄土を欣うと言わないのです。「苦の娑婆を厭い、楽の無為を欣い、永く常楽に帰することを明す」と、こういうふうに言うわけです。

そうすると、ここで明瞭にされていることは娑婆の苦を厭うて浄土の楽を求めているのではないのだということです。娑婆の苦しみが嫌になったから浄土の楽しみを得ようという、そういうことではない。娑婆における苦しみが嫌になったから、娑婆における楽しみを求めるという意識で、娑婆の苦を厭い、浄土の楽を求めるというのではないということがはっきりしているわけです。

このように、娑婆の苦ではなくして、苦の娑婆を厭い、楽の無為を欣うているのだ、ということは、雑染堪忍の土といわれている娑婆という、われわれの使っている内容が実は明瞭になっているわけです。それは何かというと、娑婆とは有為だということです。だから有為なる世界は、もはや、どこにも求めないということです。

有為というのはいったい何なのかというと、言うまでもなく、有為というのは普通言われるように、造作為作の意です。いわゆる、因縁の和合によって造作され、因縁の別離によって壊れていくということが有為です。だから有為転変の世の中と、このように言うでしょう。有為というのは転変する世界です。無常の世界です。常であることを許さない世界です。それが娑婆なのです。

だから因縁の世界が苦として押えられている。したがって苦の娑婆が厭われて、欣われる楽はもはや、有為の楽ではない。「有為の奥山今日越えて浅き夢見じ酔いもせず」と言うでしょう。あの有為の奥山今日越えてということです。だから、その楽の無為を求めるのである。楽の無為を求めることのみが、永く常楽に帰するという世界を開いていく。だから有為の世界に生きて、有為を生命として生きている人間が無為を欣うのです。

それは欣うことのできない世界です。人間の自我意識、つまり自意識のなかから欣うことのありえない世界です。無限に欣うても、欣うた全体が有為の世界でしかない。無限に観念を重ねても、観念全体が有為の観念でしかない。そういう在り方のなかに生きていく人間にとって、苦の娑婆を厭い、楽の無為を欣うということはありえないことなのです。だから文字通り、ありえないということを、

但し無為の境、軽尒として即ち階うべからず。苦悩の娑婆は輒然として離るることを得るに由なし。（『全集九』八四頁）

とこのように言うわけです。だから無為の世界は「即階」できないのです。無為の世界というものは、有為の世界に生き、有為を生命として生きている人間にとっては、即時的に求められるということはないというわけです。有為の世界の人間が、どれだけ求めても有為の世界のものでしかない。だから彼岸というても此岸でしかない。そういう在り方です。だからして、苦悩の娑婆を離れるということも、輒然として離るることを得るに由なしです。理由がないわけです。人間の方に娑婆を

離れるということを自己自身に明らかにする理由が一点もない。一点もないから自殺するのでしょう。自殺というのは自己に対する暴力ですね。嫌だという事実があって、その嫌だということに対して、本当にそれを払うことができない。嫌だという意識が徹底して執着というかたちをとっている。しかし嫌だという事実は厳然としてあるというたとき、もはや、それ以上の判断を中止していこうというわけです。理由無きところに立たされるわけです。

そうすると、有為の世界を生きていく人間にとって無為の楽というものを求めることは即時的にはありえない。したがって、また、有為の境を厭離していくことには理由がないというわけです。そういう在り方のなかに生きている人間が、文字通り不思議にも苦の質を転じて、無為の楽を欣うという事実が、この経説の中では示されている。いったいこれはどういうことなのかという押え方ですね。そこで善導は、その一点を押えるのに、

これ夫人真心徹到して苦の娑婆を厭い、楽の無為を欣う、永く常楽に帰することを明す。但し無為の境、軽尒として即ち階うべからず。苦悩の娑婆輒然として離るることを得るに由なし。金剛の志を発こすに非ず自りは、永く生死の元を絶たんや。若し親しく慈尊に従わざらましかば、何ぞ能く斯の長歎を勉れんや。（『全集九』八四頁）

という言葉で言うわけです。いわゆる、人間にあっては不可能なことが、韋提希の上に可能となっているという事実を、真心徹到ということと、金剛の志を発こすということと、慈尊に従うという、これだけのことでそれを説明しているのです。つまり真心徹到ということと、金剛の志を発こすと

いうことがないならば不可能である。その金剛の志を発こすということは、押えて言えば、仏陀の教えを聞き得なかったならばありえない。この三つのことで押えられているわけでしょう。

そういう意味では、韋提希は娑婆を苦なりと見つめているのですし、真に楽なるものは無為であるとして求められているというところには、すでにして娑婆の苦の質と真実の常楽の世界というものが、不思議にも韋提希の意識の上で、というよりも、むしろ、存在の中に明瞭になってきているわけです。そうすると、それはいったいどういうことなのか。何故そのようになったのかということを善導は「真心徹到して、苦の娑婆を厭い、楽の無為を欣う」と言うて、「真心徹到」という言葉の中に全部収めてしまっているわけです。

願の自己開顕

ここで注意したいのは、われわれは真心徹到というと、すぐに如来に結びつけてしまうのです。如来の心が衆生に徹到したから、できないことができたのだと、言うてしまうわけでしょう。そういうことが間違いだと言うのではないのですが、ただ如来の心が衆生に徹到したとは、どういうことなのかと尋ねたいわけです。

いわゆる真心徹到というのは、やはり真実の心の徹到であって、別に最初から如来ということが予想されているわけではないのでしょう。そうすると、やはり真心徹到は言葉で言うならば、韋提希夫人の真心が徹到していったと読んでいくべきでしょう。韋提希夫人の真心が底を尽くしていったということです。徹到というのは、やはり究極でしょう。極限、限界までということであり、底を尽くすという言葉です。

そうすると韋提の真心が、底を尽くしていったのです。どこで底を尽くしていったのかと言うと、韋提の経験する事実そのもののなかで、韋提の真心が底を尽くしていったと、このようにみていくべきなのでしょう。そしてその底を尽くしていくことが、実は経験の蓄積である世界に、もはや気晴し、いわゆる夢を見ること不能の大地を見開いていくということです。それが凡夫の真心の徹到です。

凡夫の真心の徹到のことを無効と言うのでしょう。凡夫の真心の徹到の事実を親鸞の言葉で言うならば、「いずれの行もおよび難き身」とこう言うのでしょうし、自力無効と言うわけです。だからそういう意味では、あくまで先ず最初に読んでいかなくてはならないことは、凡夫の真心、つまり韋提希の経験の蓄積のなかで徹到していく、その歩みが無効にまで徹する。有効の世界に徹到していく真心が、無効にまで徹する。ところが無効にまで徹した時、不思議にも、無効の大地に願が明らかになるのです。無効にまで徹した時、その無効に徹したところに清沢満之先生の言葉で言えば「人心の至奥より出ずる至盛の欲求」という、願自らが明らかになる。そういうことをここで明らかにしようとするわけです。

だからそういう意味では、韋提希が韋提希の経験のなかで、韋提希の真心が底を尽くしていく。無効にまで底を尽くしていく時、その無効の大地に、生命を支えている願が自己開顕されてくるというわけです。だからその願の自己開顕の事実を「金剛の志を発こすに非ず自りは」と、こういうふうに読んだわけです。ここでは「自」の字を、

金剛の志を発こすに非ず自りは、（『全集九』八四頁）

と、こういうふうに読んでいますけれども、そこまで読まないのが普通でしょう。

自ら金剛の志を発こすに非ずば、永く生死の元を絶たんや。

と読むのが普通でしょう。つまり真心徹到して苦の娑婆を厭い、楽の無為を欣うていく。それはどうして可能なのかというと、文字通り、自ら金剛の志を発こすに非ずんば、永く生死の元を絶つことはできないであろう。もし親《まのあた》り慈尊に従わざらましかば何《いずくん》ぞ斯の長歎を勉れん。このように読めば、よくわかりますね。

人間の真心が徹到していく世界、そこに厭苦欣浄という世界がある。だから厭苦欣浄というのは容易なことではない。難中の難だ。難中の難であるからして、自ら金剛の如き志願を発こすのでなかったならば、それは成就しないであろう。自らが金剛の志を発こすだけではなくして、金剛の志を発こす自分自身がまた教えの中に導かれるということがなかったならば、それは成就しないであろう。このように読めば、それで筋は通っていくわけですし、感情も一応通っていくわけです。

普通なら、「自ら金剛の志を発こすに非ずんば」と、このように読むべきなのです。自ら真心が徹到して苦の娑婆を厭い、楽の無為を欣うのである。その真心徹到とは何かというと、自ら金剛の志を発こすということなのです。それでいいわけなのです。「自」はあくまでも、主体をあらわし

ている字です。
ところが、主体をあらわしている「自」そのものを、そこに置いて、しかも主体をあらわす「自」をそのまま理由の「自」にしているわけです。だから、「金剛の志を発こすに非ず自りは」という理由づけの文字として読んでいるわけです。
身近なところでは『教行信証』の、
夫れ以《おもん》みれば信楽を獲得することは、如来選択の願心自り発起す。真心を開闡することは大聖矜哀の善巧従り顕彰せり。(『全集一』九五頁)
という親鸞の文があります。あの場合に「信楽を獲得することは、如来選択の願心より発起す」の「より」は「自」です。ところがその発起することを可能にするもの、それは「大聖矜哀の善巧より顕彰す」る時の「より」は「従」ですね。教えによって、という時の「より」は「従」ですし、本願によって、という時の「より」は「自」です。「自」と「従」と分かって表現しています。
この善導の場合「金剛の志を発こすに非ず自りは」という時の「より」は「自」です。ですから金剛の志というのは、どこか他のところにあって、それが自分の方に来たという話しではないわけです。しかし、自我によって発こすというふうに意識することがない。自我においていうならば、無根なのです。根がない。発こしたという、その事実としては、あくまでも人が発こしたのではない。しかしわたしの上に発こったわけです。わたしの上に発こったけれども、わたしが発こしたのでないということです。

他人の上に発こった金剛の志でわたしが救われることはないことであって、あくまでもわたしが浄土を求める人間になるということは、わたしの上に発こった金剛の志によるわけです。しかし、わたしが発こした金剛の志でない。いわば否定と肯定が一つのところにあるわけですね。それを回向というのでしょう。

この「自」の中に、いわば回向ということの意味が示されているわけです。だからあくまでもわたしに発こってくる信心、わたしに発こってくる金剛の志によってわたしが救われる。ところがわたしが金剛の志を発こして浄土に生まれるのではなくして、わたしに発こった金剛の志がわたしを救っていくのです。そういう問題がここに明瞭にされているわけです。

そうするとあくまでも、まず正直に、夫人の真心が徹到していくと、このように読んでいかなくてはならない。それは、大人の真心が経験の蓄積のなかをくぐって、自己とは何ぞやと問う。清沢満之先生の言葉で言うならば、

自己とは何ぞや。是れ人生の根本問題なり。（『清沢満之全集七』三八〇頁）

という、「自己とは何ぞや」という問いを根本問題として、その人生の蓄積のなかで、問うていく、それが真心徹到の歩みです。そしてその真心徹到の歩みが、清沢満之先生の言葉で言えば「無知無能の私」というところまで真心徹到していく。その時、虚心平気にここに生死せしむるような、その願に触れていくわけです。

真心徹到から始ってくるのは、その構造を語っているわけでしょう。だから「金剛の志を発こす

に非ず自りは、永く生死の元を絶たんや」と、明確に押えていますね。金剛の志を発こすのでなければということを「自」という字で押えておいて、そして「生死の元を絶たんや」と言うています。

ここでは「元」というていますね。単に生死を絶たんやとは言うていません。人間の力では生死の苦の根源を絶つことはできないというのです。人間の解釈で絶つことができる部分はたくさんあるわけです。いろいろ解釈しつつ問題を解決していくということはできないことはない。しかし、生死の根源を絶つということはできない。人間の経験は無限の解釈を許すけれども、解決を解釈から導き出すことはできないわけです。ですから金剛の志によらなければ生死の元を絶つことはできないと言うのでしょう。

だから「厭」とは何を厭うておったのかというと、生死の現象を厭うていたのではなくして、生死の根源を厭うておったわけです。生死の根っこをいかにして根切りするかということを問い続けてくるのが、人間の生命の底を流れている、いわば人間をして人間たらしめているような、その願なのです。だから人間の自我心がいかに絶望しましても、人間の生命はそこで終らないわけです。そうすると絶望した自我心の終りをもって、終らない生命を支える根源に目を開いていくという方向を持たなくてはならない。それが、ここの大きな問題なのです。

慈 恩

しかしそういうことは、果してどうしてできるのか。そこに宗教的なめざめという問題があるわけです。そのことを、わたしという人間の上に積極的に成就してくる縁は一つしかないのです。その縁は何かというと「親しく慈尊に従わざらましかば、何ぞ斯の長歎を勉れんや」と言うていますように、教えに遇う、ということのみが縁なのです。他のいかなることによっても、金剛の志を発こして生死の元を絶つということはできない。そうすると、その不可能を可能にする唯一の縁は何かというと、慈尊の教えに聞くということ以外にない。こういう人間構造をくぐって言われた時に、宗教的生き方のみが人間における唯一無二の生き方だということが証しされてくるわけです。親鸞も、

　　曠劫多生のあいだにも　出身の強縁しらざりき
　本師源空いまさずは　このたびむなしくすぎなまし。(『全集二』一二八頁)

と、このように和讃していますね。「本師源空いまさずは」と、言うところに「親しく慈尊に従わざらましかば」ということがあるわけでしょう。善導でいえば「この長歎を勉れんや」ということ、また親鸞では「このたびむなしくすぎなまし」ということが、曠劫多生のあいだにも出離の強縁をしらずして、自らの力において、自己の課題を解決できずして生きてきた長い流転の歴史を背負うて、その流転の歴史を一挙に転ずるような、いわゆる精神革命の成就が、本師源空に遇いえたというその一点で決ってくるというわけです。

それが善導の場合には、韋提希夫人という一人の人間の上に起こってきた、経説に示されている出来事として、没出の仏陀に遇わなかったならばということが見られているわけです。韋提希の心

の所念に従って没出したもうた仏陀、その仏陀に遇うて「我宿《われむかし》」というあの一句を吐かなかったならば、絶対に韋提希の上に苦の娑婆を厭い、楽の無為を欣うて、永く常楽に帰するということはなかったであろうというわけです。そういう意味で真心徹到ということは、如来の真心徹到であり、如来回向の真心であるということが、初めて明らかにされてくるわけでしょう。

そして、次には、阿闍世王は親生の子、阿闍世王も提婆達多も、父を殺し、僧の和合を破すということをした人々だけれども、阿闍世王は親生の子、つまり自分が生んだ子だというわけです。ここら辺が、「我宿何の罪あってか」と、このように言ったことと呼応しているわけです。何で、この子と親子なのかというたことと、その親生の子であるものが自分に返逆をしたとすると、親子でないものは信頼がおけるのかというわけです。いわば完全な人間不信ですね。腹を痛めた子供が自分に背いた。なのに他人がどうして信用できるかと、いうようなことです。そこで子供に背かれたという一つの事実を通して、韋提希夫人は、世の非常を覚ったのです。その世の非常を覚ったという内容は、子供に背かれたという具体的事実です。これが浄土教というものが持っている現実性であるわけです。

竹にカチンと石が当たって、世の非常を覚ったというのとは違うのです。子供に背かれた。信頼していたものに裏切られたというような生臭い事実のなかに、世の非常を覚るというわけです。そこに泥沼の中で世の非常を覚らざるをえない人間の問題があるわけです。それを通して、実は、「総じて皆頓に捨つ」と、押えられるわけです。随分くどいようですが、総て・皆な・頓に・捨てると、厭捨の「捨」という字を三つの言葉で押えているのです。

ここに、欣浄の縁の最初に示されている厭苦の「厭」の質が明らかになることによって、厭苦・欣浄ということが、真心徹到の事実だと、こういうふうに示してきた善導の深い領解が読みとられてくるわけです。そういう意味では、この一段はさして長い経文ではありませんけれども、非常に深い注意を払いながら解釈が施されているわけです。

さらに親鸞は、それに注意深い領解をしながら読んでいこうとしているという意味で、非常に大事な一段であるわけです。

三　通請去行

三従《リ》二「今向世尊《コムカウ》」《ト云》レ下至《ル》二「懺悔」《ニ》一已-来《ハ》、正明下夫人之《ノ》行《ヲ》上。言《フ》二「仏日」《ト》一者《ハ》、法喩《ユ》雙《ナラヘテ》標《ヘウスルナリ》也。譬《タトヘハ》如《シ》二浄土《ノ》妙処《ハ》非《サレハ》レ善《ニ》不《ス》レ生《セ》、恐《オソラクハ》有《テ》二余《ヨ》愆《ケン》《ツミトカ》一障《サヘテ》不《ス》レ得レ往《ユクコトヲ》、是《コヽヲ》以《テ》求《ク》-哀《アヒノ》更《ニ》須《スヘカラク》中《ヘキコトヲ》懺悔《ス》上。四従《リ》二「唯《ユイ》願仏日《ト》」一下至《ル》二「清浄業処」《ニ》一已-来、正明《ス》三夫人通請《ツウノシヤウスルコトヲ》二去《コ》行《ヲ》一。此明《ス》下夫人上《ニ》即《チ》通《ノ》請《シ》二生処《ヲ》一、今亦通請《ノスルコトヲ》中得-生日出《ヒイテ》、衆-闇《アムコト／＼ク》《ヤミ》尽《ノソコルカ》除一。仏智輝《カヽヤカ》レ光《ヒカリヲ》無-明之《ノ》夜日《ニチ》朗《ホカラカナリ》。言《フ》二「教我観於清浄」《ト云》一已下、正明《ス》四既《ニ》能《ク》厭《イトヒ》レ穢《ヲ》欣《ネカフ》レ浄《ヲ》、若-為《イカンカ》安心《アンシム》注《シチユ》-想《ソウ》得《ノエムト云コトヲ》三生《コトヲ》二清浄処《ノ》一也《ニ》。

（『全集九』八四頁）

韋提の求哀

「欣浄縁」の三段目ですが、量としては非常に短い分段です。経文としても、

今世尊に向かいて、五体を地に投げ求哀し懺悔す。(『真聖全一』五〇頁)

これだけの経文です。ただ、善導はこの「欣浄縁」のところの経説は、ずいぶん丁寧に文段を切りながら、その内容を明らかにしていこうとしているのです。その文段を切るということも、いわゆる、機械的に切っているのではないわけです。例えば、経文の長さというようなことで切るのではなくして、切るべき所で切っていくわけです。ここでは、八段に切らなくては明瞭にならないような問題を、経文の上に読みとっているわけです。だから、「今世尊に向かいて、五体を地に投げ求哀し懺悔す」という、これだけの経文を一段に切って、そして、その内容を明らかにしていこうとするわけです。次の四段目もやはり、非常に短いですね。

第二段目のところは真心徹到という、いわば『観経』のさわりのような場所であったわけですね。そうすると真心徹到の次に大事な箇所と言えば光台現国です。そこへ、すうっと行きそうなものなのに、なぜ、こんなに細かく各駅停車をしているのかということですが、実は、ここに、善導の非常に注意深い着眼があるわけなのでしょう。

そこで前の段は浄土を欣うということの性格を明瞭にする大切な一段であったわけです。ところが、この三段目へまいりますと、一見逆転のようなかたちで、問題が展開してくるわけです。つまり徹底して語られてきた、欣浄厭穢の精神、いうてみれば、人間存在の絶対否定というてもいいような、そういう転換が語られてきた。その欣浄の精神を明らかにしてきた経説が、やがて、次にどういうふうに移っていくかというと、まるで逆転したかのように、今度は、今世尊に向かいて、五体を地に投げ求哀し懺悔す。

という言葉になってくるわけです。ここに、どういう問題があるかというと、そこまで徹底した欣浄の精神がなぜ、なおかつ「今世尊に向かいて、五体を地に投げ求哀し懺悔す」というふうに言うたのかという問題です。

韋提希は、

世尊、我が為に広く憂悩無き処を説き給え。我当に往生すべし。閻浮提濁悪世をば楽はざる也。この濁悪処は、地獄・餓鬼・畜生盈満し不善の聚多し。願わくは我未来世に悪声を聞かず、悪人を見ざらん。(『真聖全一』五〇頁)

と、こういうふうに言うた。いわゆる「通請所求、別標苦界」というて、別標された苦界が徹底して示されてきたわけですね。それが真心徹到として語られてきた。にもかかわらず、そこまで徹底した韋提希が、なおかつ、なぜ世尊に向かって求哀懺悔すると言わなくてはならないかということです。

「求哀」というのですから、哀愍摂受を求めるわけです。そして、「懺悔をしています」と、なぜ言うのかということです。懺悔の無効になるような世界で、「我宿」と言うた韋提希が、また改めて「私は仏様に向かって、お慈悲を求め、そして懺悔をしています」と、なぜ言うのかという問題です。その点に善導は、注目したわけでしょう。そうして、その一段を解釈するのに、

夫人浄土の玅処は善に非ざれば生ぜず、恐らくは余愆有って障へて往くことを得ず。是を以て

求哀して更に須らく懺悔すべきことを明す。（『全集九』八四頁）

と、こういうておりますね。心憎いような領解だと思いますね。

韋提希が、釈尊に、我今、五体を投地して、そして求哀し懺悔しているのだと、こういうふうなことをなぜ言うたのかということです。これは押えてみると、どういうことなのか。浄土という処は妙処である。浄土は、真に涅槃界である。真に浄妙の世界である。だからして、おそらく浄土に生まれるには、善を持ってせずんば、生まれることはできないであろうと、こういうふうに韋提希は思うている。ところが自分をかえりみると、おそらく余愆《よけん》有って、その浄妙の世界の浄土には生まれることはできないであろう。このように思うて、仏の慈悲を求めて、そして懺悔するということを、ここでは語っているのだと、善導は言うわけです。

とても手がでないということを、仏の前で暴露した韋提希が、その挙句にこのように言うわけです。浄土はおそらく浄妙の世界だろう、ところが、わたしには、まだ、どうも罪が残っているようで、不安で仕方がない。その不安を払うために、仏にすがって、そして懺悔して、その浄妙の世界に行けるようなわたしになりたいと言うわけです。大きな矛盾ですね。もう手離したというた人間が、もう一度、手離しのままで行けるような方法はどこかにないか、というようなものですね。そういう問題を善導はここで押えているわけです。

娑婆を絶対に否定したという、存在の否定というかたちをとる。つまり、未曽有の出来事であると押えていきながら、なおかつ、そういう事実を生きている韋提希自身の自我の認識は、その存在の事実に触れることを、なお厭うているという問題です。

自意識の底を破る訴え

そこで、一つハッキリさせておきたいことは「金剛の志に非ず自りは、永く生死の元を絶たんや」とか、あるいは、「真心徹到」とかいうかたちで、この前のところで語られてきた事柄は、決して韋提希自身の自意識が認識していることではないということです。自意識の認識によってとらえられた存在の事実ではないというわけです。

だいたい「真心徹到」とか、「金剛の志に非ず自りは」ということを人間が自意識で認識していたら、それは化物ではないですか。自意識で認識して生きていると思っている人がいたならば、そんな人のそばには、とても寄りつけないのではないか。それこそ、「わたしは仏だ」ということですからね。「真心徹到」とか、「金剛の志を発こすに非ず自りは」という言葉が、自意識で認識されているということであるならば、そういうことにならざるを得ないわけです。そうすると、その事実は、存在を転回せしむるような事実であるけれども、韋提希自身が自意識を持ってとらえている事実ではないわけです。

そうすると、その前のところで「我宿何の罪ありてかこの悪子を生めるや。世尊、亦、何等の因縁有りてか提婆達多と共に眷属たるや」と、このように言うた言葉は、韋提希の自意識から出てきた言葉ではなくして、自意識が最後まで言うまいとして覆っておった言葉が、意識の底を突き破るようにして出てきたわけです。いわば、その意識の虚構を破って、事実が自己を表現したというような言葉です。

ところが、そういう意識の表面を破って存在の事実が突き破るようにして、「我宿何の罪有りてか」と、このように言うたのは、やはり韋提希なのです。やっかいなことを言うているようですが、よく考えてみて下さい。言うたのは韋提希に違いないのです。他の人間が言うたのではないわけです。

「我宿何の罪有りてか」と口を動かして言うたのは韋提希だけれども、韋提希の意識が言うたのではない。韋提希が認識して言うたのではないのです。認識をするという。そういう世界が突き破られるようにして、あの言葉がでてくるわけですね。だから、経典そのものは、あの言葉の時に、「自絶瓔珞、号泣向仏」と、このように言います。自ら瓔珞を絶って五体を投地して、号泣して仏に向こうてもうして言さく「我宿何の罪有りてか」と、間髪を入れずに押えています。身も世もあらぬ姿で仏の前で、ワーッと泣いて「我宿」というた。そんな状態では考えている余裕はないわけです。だから、経典は事実を端的に語っているわけです。

しかし、それを領解した善導は、

やや久しく少しき惺めて始めて身の威儀を正しくして合掌して仏に白さく。（『全集九』八一頁）

と、こういうふうに言うている。その善導の領解は、人間の意識内容として、それを解釈したのではなくして、意識を破るような根底から突き上げてくる事実は、実は、願の言葉なのだと、このように押えたわけです。

表面で、表われた事実、つまり人間の現実としては、身も世もあらぬというかたちなのですが、身も世もあらぬという姿をとって出てきた言葉が、自力無効の底からでてくる願の言葉だったのだと、このように受けとめたのは善導です。

だから、そういう意味では、そこから、ずうっと一貫していることは、意識そのものはその事実をいつでも、取り直していくということです。だから、そういう意味では、韋提希自身が「我宿」とこう言うたのです。言うてみて驚いたわけですよ。言うべくして言うたのではなくして、未だかつて、思いもつかなかった言葉が自分の口をついて出た。出たということによって、その言葉の重さに、韋提希自身が耐え難くなるわけです。

この子となぜ親子として生きなくてはならないのかという、最後まで言うことを恐れていた言葉が口を突いて出た。出たことによって、そういうことを言う自己自身の重みが、韋提希の上に重く被さってくるわけです。そういうものを、今度は、意識がとらえるわけです。そこから、この一段の言葉が出るわけです。

いわば、あの一言を言うまでの韋提希はどうであったかというと、子供に背かれているというような、そういう苦しみを何とか自分の善根、自分の意志の力、自分の智慧の力、など、あらゆる自分の能力を持って解決しようとする賢夫人です。その悪戦苦闘を続けてきた韋提希が、あの一言のところで断ち切られたわけです。断ち切られたことを通して、今度は逆に、仏の力によって、その現実を背負うていけるわたしにして欲しいという意識が動くと言うのです。

仏に遇うまでは、わたしの力で、この現実をなんとかしていこうとして努力してきた。その努力が仏との出遇いで断ち切られた。断ち切られたということは、仏の前で、未だかつて、言うはずでなかった言葉が自分の口をついて出たという事実がある。その事実を通して、今度は、仏の力を借りてまでして、さらに自分の力で、この現実を受けとめていこうという、そういう転換があるわけです。

仏に遇わざる間の自分が、仏に遇うことによって、根切れしたのではないのです。仏に遇うたことによって、仏に遇うたというかたちの人間として、また、自力の執心というものが、それを促えていこうとするわけです。

その意識を、善導はここで明確に押えていこうとする。だから僅か十数字あるかないかの一句の経文ですが、その一句の経文に善導は深い注意を注いでいるわけです。しかし、その深い注意は、もっと的確に次の言葉で明瞭になってくるわけです。

今度の一段のように、五体を地に投げて求哀懺悔するというような言葉、それだけ聞いておれば殊勝な言葉です。本当に、流石にといわれるような言葉です。ところが、流石にという言葉の中に、次にどういうことをその人間が要求するか、ということがあるわけです。それが次の経文です。

懺悔の手段化

この第四段も極めて短い経文ですけれども、善導は注意しています。経文はどうかというと、

唯願わくは仏日、我を教えて清浄業処を観ぜしめ給え。(『真聖全一』五〇頁)

これだけの経文です。この経文に善導は、経文の量に対するならば、比較的長い解釈をつけて領解しようとしています。そういう意味では大事な句なのです。「通請去行」といわれますが、「通」という言葉で、その願いが表現せられてくるわけです。

前のところでは「通請所求」と言いましたですね。閻浮提濁悪処は願わない。だからして、悪声を聞かず、悪人を見ないような世界に生まれたい。それは何処《どこ》か、わからないけれども生まれたいと言うていました。

その「通請所求」が今の所へ来ると、通じて去行を求む。つまり、悪声を聞かず、悪人を見ざらん世界へ行く方法を求めるというのが、この一段だというのです。

この一段の経文は僅かに「唯願わくは仏日、我を教えて清浄の業処を観ぜしめ給え」と、これだけですけれども、問題として善導が注目していることは、もうすでにして、韋提希自身が何をもって、その浄土へ生まれるのか知っているということです。それは、何をもって生まれるのかというと、「観」ということです。「観」という方法をもって自分は行くのだということを韋提希はすでに知っているわけです。どういう「観」かわからないけれども、やはり「観」という方法をもって生まれるのだと、こういうふうに韋提希は言うているわけです。

だから、善導は押えて、「夫人上に即ち生処を請し」と言います。前のところで閻浮提濁悪処は願わないと、こう言うて、「願わくは我未来に悪声を聞かず、悪人を見ざらん」と、こういうふうに願ったわけでしょう。いわゆる生まれるべき世界を願うた。今また通じて得生の行を仏に求めている。どうしたならば、そこに行けるかという、得生の行を求めていると、こう言うわけです。

ところが、その得生の行というのは、いったい何であるかと言うと、得生の行というのは、「観」である。決して他のことではなくして、浄土を観ずるという方法を教えてくれと、このように言うています。

そこで非常に明瞭になってくることがあるのです。前の三段目でわたしは今、仏に向かって五体投地して求哀懺悔している、と、このように言うたでしょう。だから求哀懺悔ということだけでいうならば、本当に麗しい姿なのです。ところが、その次の言葉が出たとたんに、その質がはっきりするわけです。その次は、何を言うかというと、得生の行を求めるわけです。その得生の行は、いったいどんな得生の行かというと、「我を教えて清浄業処を観ぜしめ給え」とこのように言うたのです。

いわゆる清浄業処、つまり浄土を見せて欲しいと、このように言うたのです。このように言うたとたんに、前の求哀懺悔が、偽物とは言いませんけれども、何のためであったのか、というわけです。求哀懺悔は、浄土を見ることのできる自分を建直すための方便としてあったというような問題ですね。

乱暴な言い方をしますと、わたしは頭を下げた、頭を下げたからして浄土を見る方法を教えてくれと、こういうようなものです。だから、求哀懺悔ということが、その懺悔は本当の懺悔にならずして、懺悔を方便として、「観」を成就しようとする意識です。懺悔ということを方法として、その方法の上に仏の力を借りて、浄土を見るわたしになろうというわけです。だから、懺悔は懺悔ではなくして、「観」の方便になってしまうわけです。

そうすると「五体投地、求哀懺悔」ということは、次の、いわゆる「浄土を観ぜしめ給え」という「観」の方便になってしまっている。いわば方便をもって、「観」を成就できる私であるという、その自意識から一歩も出ていない、という問題があるわけです。この点に善導は注意を向けているわけです。

だから「唯願わくは仏日、我を教えて清浄業処を観ぜしめ給え」と、こう言うたのは、あくまでも浄土を願うのであるが、それは、どのようにして安心注想したならば清浄業処に生ずることを得るか、ということを願ったのだと押えています。どのように想いを一つに凝らしたならば、浄土に生まれることができるのかということを韋提希は求めたのだ、というわけです。

ということは、安心し注想することができるという自己があり、したがって求哀懺悔すれば安心し注想することのできるわたしになれるはずなのだ、という予測があるというわけです。予測無効の世界から出てきた言葉の重みを自分が背負おうとした時に、また予測の世界で背負おうとするというわけです。

人としての限界

わたしと阿闍世と、なぜ親子なのか、という問いに対する答えは「生まれた」ということ以外に無いのです。親子であるということを代わるわけにいかない。子供を殺せば親子でなくなるかというと、そうではない。子供を殺した親として生きていかなくてはならないのです。親を殺したら子供でなくなるのかというと、やはり親殺しという烙印を押された子供として生きていかなくてはならない。したがって、親子であるということは、親子であるという事実を徹回させることはできないわけです。言うならば、生まれ変らなくては成就しないような問題であって、どのようにしても解決不可能の問題なのです。

しかし、そう言うた韋提希自身が、その重みをさらに自分で背負うた時に、仏の力を借りて、そういう現実から自己を超脱せしめていく方法を得ることができるであろうという予測の所に、また、問題をもち帰ってくる。ここに大きな問題点があるわけでしょう。

ただ、その厭穢欣浄という願いの成就する道を安心注想という、そういう世界に求めていくという韋提希の心、そこに、経典そのものが『観無量寿経』という名で語られる意味があるわけです。だからして善導は、このあたりから注目をしながら『観無量寿経』という経典は観仏三昧をもって宗とする、また、念仏三昧をもって宗とするという、一経両宗という意味深い領解をすることになったわけです。

一つの経典に宗が二つあるというようなことはありえないことです。中心点が二つある円みたいなものですから、そんなことはありえないわけです。ところが一つの中心点に深さがあるというわけです。二つの点があるのではなくして、点は一つだ。しかし、打った点は一つであって、点が、その深さを語ることはできない。点が深さを表現することはできない。深さを表現しようとしたら線になってしまう。そうではなくして、点でありつつも、点に深さがあるという問題です。観仏三昧から念仏三昧へと、時間的移行をしていったということになりますと、これは点が線になったというわけでしょう。

そういう意味では、人間の本来は、観仏三昧しかないのです。しかし「観」は、人間の能力において可能である「観」であるかぎり、それがどんなに深い「観」であっても、浄土ではないのです。観浄土ではないのです。観穢土なのです。

人間が、それこそ、超能力を発揮して安心し注想しても、線としての長さは無限に長くなるかもしれないけれども、深さにおいては同質性を免れないわけです。だから、どんなに努力をしても、どんなに超能力を発揮しても浄土を見ることはできない。浄土という装いを持った穢土を見るのです。その浄土という装いをもった穢土で安んずることができたとしても、それは縁がくれば消えていくというわけです。とすると、「観」しか求めることのできない人間が、「観」をやめて念仏になるのではなくして、「観」が、実は、「観」の深みにおいて「念」という世界を開くということでなくてはならないのです。これが『観経』を読む場合の大事な視点であろうと思います。

四　光台現国

五従二「尒時世尊放《ハツ》眉《ミ》間光」一云《ト》下至《ル》二「令《リヤウ》韋提見《ケンニ》」一已一来、正明《ス》下世尊広《ク》現《ノ》二浄土《ヲ》一酬《コタヘ下コトヲ》中前《ノ》通請《ヲ》上。此明《ス》下世尊以《テ》レ見《ヘルヲ》中夫人広求《ノクモトムルコトヲ》中　浄土《ヲ》上。如来即放《チハナテ》二眉間《ミノ》光《ヲ》一、照《テラシ》二十方国《ノヲ》一、以《テ》レ光摂《ヲセフシ》レ国《ヲ》、還《カヘシキタメチヤウ》二来頂上《ニ》一化作《ノナス》二金台《タイト》一、如《シ》二須弥山《ノ》一。「如《ニヨ》」之言《ノコンハシナリ》似、似《ニタリ》二須弥山《ニ》一。此《ノ》山《ヤマノコシハ》響《ホソク》細《ミハヒロシ》上闊。所有《シヨウ》仏国並《ナラヒニ》於《ワイテ》レ中《ニ》現《ス》。種種不同《ニシテ》荘厳有《リ》レ異《コトナルコト》。仏《ノ》神力《ノ》故《ニ》了了分明《ナリ》。加《カ》二備韋提《ヒノ》一《ニ》、尽《コトゴトク》皆得《ナエタリ》レ見《コトヲ》。問曰。韋提上請《ニシヤウス》二「為我広説無憂之《ウシ》処《シヨト》」一。仏今何《マナンカ》故《ソ》不《スメ》二為広説《ニクトイ（ママ）》一、乃《下ハチナメ》為二金台《ヲ》一普現《クセルハ》者有《ル》二何《ナンノ》意《カ》一也《ヤ》。荅曰。此彰《ハアラハス》二如来意密《ノイミチヲナリ》一也。然《シカモ》韋提発《ノ》レ言《コトハヲイタス》致レ請《ヲ》。即是広開《レクナリ》二浄土之門《ノヲ》一。若為《シニ》レ之摠説《コレカソウメトカハ》、恐《オソラクハ》彼不《レスメ》レ見《ミ》心猶致《ニナホイタサンコトヲマトヒヲ》レ惑。是《ヲ》以《テ》一一顕《ニ》一現対《ノタイメ》二彼眼《ノマナコノマヘニ》前一、信《マカセテ》二彼所須《ノシヨシユニ》一随《ニ》レ心自選《ラエラハシム》。

（『全集九』八五頁）

象徴的表現

第五段目は、いわゆる「光台現国」といわれるところで、今までの小刻みに押えてきた経文とは違いまして、「欣浄縁」の経文の分段としては一番長いわけです。

その時世尊、眉間の光を放ちたもう。その光金色にして偏く十方無量の世界を照らし、還って仏の頂に住し、化して金台となる。須弥山の如し。十方諸仏の浄妙の国土、皆中において現ず。あるいは国土有り、七宝もて合成せり。また国土有り、純らこれ蓮華なり。また国土有り、自在天宮の如し。また国土有り、玻瓈鏡の如し。十方の国土、みな中において現ず。かくの如きら無量の諸仏の国土有り。厳顕にして観つべし。韋提希をして見せしめたもう。

（『真聖全一』五〇頁）

これだけです。『観経』の「序分」の中で「光台現国」と言われている一段というのは、言うてみれば『観経』の「序分」の頂点であって、「光台現国」を「分水嶺」にして問題が展開してくる。そういう意味でこの一段は頂点なのです。

善導の領解を通してみますと一つの特徴が見られます。それは何かというと、『観無量寿経』という経文のなかには、ところどころに極めて象徴的な場所があるわけです。その象徴的な場所は、普通に読んでまいりますとよくわかりにくいわけです。わからないところとして、通っていってしまうわけです。ところが、その極めて象徴的な、ある意味では人間の理知的な意識で解釈しようとしても解釈できないところへくると、善導は全力を傾けて、解明していこうとする。それが善導の『観経』の領解の一つの特徴です。

たとえば最初のところをひるがえってみますと、頻婆娑羅王が釈尊に対して、目連尊者を求めて受戒しようとした。そしたら釈尊は、求めた目連尊者を遣わすだけでなく、富楼那尊者を遣わしたということがありました。また、韋提希が阿難と目連を求めたら、釈尊自身がこっそり出てきた。こっそり出てきた時に、諸天が天華を雨ふらすというかたちで釈尊の出世を讃嘆したと、そういう箇所がありましたね。そういう何かわけのわからないと言いますか、領解のゆきとどかないような、そういうところへ善導はいつでも鋭い着眼をしていく。それがここまできますと、「光台現国」というかたちをとって示されてくるわけです。

それで「光台現国」はやがてまた、新たに展開していって、この次の「散善顕行縁」のところで、初めて釈尊が口を開くというところへきますと、

汝今知るや不や。阿弥陀仏、ここを去ること遠からず。（『真聖全一』五〇頁）

というような、よく理解し切れない言葉が出てくるわけです。それがもっと進められてきますと、「正宗分」の方へ入りまして、「華座観」のところで「住立空中」というところがある。そのようなことがずうっと一貫しているわけです。その一貫しているところを善導は、また一貫した領解で受け止めていこうとしている。それが善導の『観経』領解のひとつの基本線でもあるわけです。

別選する凡夫の誕生

そうすると、ここの場合にも「光台現国」ということを通して、善導は何を明らかにしようとしていたのかと言うと、「通」としてあった欣浄が「別」としての欣浄へ転換するということを、この「光台現国」という極めて表現としては象徴的な教説の上に見開いていこうとするわけです。いわばその「通請」というかたちで浄土を欣求していた韋提希が、「別選」というかたちで浄土を欣う存在へ、という転換です。その転換点として「光台現国」というものが出てくると、このように着眼してくるわけです。いわば別選する凡夫の誕生です。別選する凡夫を誕生せしむるものは「光

台現国」だ、というのが善導の領解です。

だから、そういう善導の精神に触れて、親鸞も『観無量寿経』全体のキーポイントをこの「光台現国」に置くわけでしょう。だから『観無量寿経』の和讃の一番最初は、

恩徳広大釈迦如来　韋提夫人に勅してぞ
光台現国のそのなかに　安楽世界をえらばしむ。（『全集二』四六頁）

という言葉から始められて、九首の「観経和讃」が示されるわけですね。「恩徳広大釈迦如来」という、経典の展開からいうならば中途半端なところから始まっているわけです。そして「観経和讃」の一番おしまいになりますと、

定散諸機各別の　自力の三心ひるがへし
如来利他の信心に　通入せむとねがふべし。（『全集二』五〇頁）

という和讃で終っているわけです。それまでの八首は全部『観経』の序分に依っているのですけれども、その「序分」に依る和讃の出発点を韋提の別選というところにおいて、韋提をして別選せしめた「光台現国」こそ、実は、仏陀釈尊の広大な恩徳なのだと讃嘆して、そして韋提の別選ということを具体的に「正宗分」の中で見るならば、いったいどういうことになるのかと言うと、定散諸機各別の、自力の三心をひるがえして、如来利他の信心に通入するということなのだと、こういうふうに言っていくわけです。

だから「観経和讃」だけで親鸞の『観無量寿経』という経典への領解をうかがうと、「光台現国」

経』だと、こういうふうに親鸞は言い切ってしまうわけです。

それは「化身土巻」でもやはり、

達多闍世の悪逆に縁って、釈迦微咲の素懐を彰わし、韋提別選の正意に因って、弥陀大悲の本願を開闡す。（『全集一』二七六頁）

と、述べていますし、それだけではなくして、『愚禿鈔』でも言うています。そこでは、『観経』に「選択」ということが二種類あると言うています。釈迦如来の選択と、韋提夫人の選択と、二種あると言うています。だいたい「選択」という言葉は『大無量寿経』の言葉ですね。もっとも、正依の『大無量寿経』というよりも、むしろ、法然が『平等覚経』から見つけてきた言葉です。「選択本願念仏」と言うていますね。だからあくまでも「選択」という言葉は、本願を表わす言葉なのです。

ところがその本願を表わす「選択」という言葉を、そのまま持ってきて、『観無量寿経』の上に「選択」が二つあると、こういうふうに親鸞は言うわけです。『観無量寿経』の上に現われた「選択」と言うたのは、いったい何かと言うと、「釈迦の選択」と、そして「韋提の選択」だと、このように言うわけです。

そうすると本願を表わすところの「選択」という言葉をもって、『観無量寿経』の上にそれを見るならば、どこにあるのかと言うと、釈尊の選択と韋提の選択だ。その釈尊の選択と韋提の選択というのは、どこを指して言うのかと言うと、端的には「光台現国」を指して言うわけです。「光台現国」を出発点として、「華座観」を通して流通付属まで流れてくる。したがって、本を押えてみれば、この「光台現国」を指して言うわけです。だからそういう意味では「光台現国」という経文が、実は「通請」の欣浄から、「別選」の欣浄へという、大きな展開を示しているということになるわけです。

大悲ゆえの沈黙

だから「光台現国」を、善導は明瞭に、

正しく世尊、広く浄土を現じて、前の通請を酬えたもうことを明す。(『全集九』八五頁)

このように言うわけです。「前の通請」と、こういうふうに言うているのは何かと言うと、いうまでもなく、

ただ願わくは世尊、我が為に憂悩なき処を説きたまえ。(『真聖全一』五〇頁)

と言うた言葉です。そうすると「唯願世尊、為我広説無憂悩処」と言うたのが通請ですね。通請を代表する言葉です。その通請を代表する「広く説きたまえ」という願いに答えたのが「光台現国」であって、その「光台現国」はあくまでも、

世尊広く浄土を現じて、前の欣浄を酬えたもうことを明す。(『全集九』八五頁)

ということがあるわけです。ここでは「広現」といいます。だから「広く憂悩なき処を説きたまえ」

と言うたのが、韋提の通請であって、「光台現国」は、「広く現わす」というかたちでそれに答えている。「説いてくれ」と言うたことに対して、答えの方は「現わす」というかたちで答えている。こういうふうに述べているわけです。

だから、そういう意味では「光台現国」という、このひとつのできごとは、言うてみれば、韋提希を目の前にして立った釈尊が、初めて韋提希に向かって説法した相です。ところがその説法は説きたまえという要請に対して、説くというかたちで説法したのではなくして、現わすというかたちで説法しているわけです。いわゆる身業のかたちです。口で説くという口業の説法に先立つ身業の説法です。

身業の説法というと、神通力をあらわすかのように思いますけれども、身業の説法というのは、そこにその人がいるということが、問いを持った人間の、問いに対する答えになるということなのです。そこに仏陀ましますという認識がその問いを持った人間の、問いそのものを内に問わしめて明瞭にしていくということです。だからそういう意味では、この「光台現国」に先立って、韋提希がいろんなことを言うわけですが、実はそのあいだ釈尊は沈黙を守っているわけですね。だからあの長い沈黙というのは、この「光台現国」と深い関わりを持っているわけです。

仏陀の沈黙と仏陀の光台現国とは極めて深い関わりを持っていると思うのです。いわば仏陀が沈黙せざるをえなかったのは何故なのかと言うと、それは仏陀の忍従なのです。韋提希のために王宮へ没出した釈尊、いわゆる霊鷲山上において大比丘衆を目の前にして広説する能力を持った釈尊が、韋提希の愚痴の前に没出した時、釈尊自身はその広説の能力を無化していかなくてはならなかったわけです。語る能力が、一人の人間の愚痴の前に失われていくわけです。そして語りえない人間として、語るべき世界の開かれる時を待ち求めていかなくてはならない。それが、あの沈黙です。いわば仏陀が仏陀になるための忍従です。それが沈黙です。

だからそういう意味では、沈黙というのは、それこそ王宮に没出した釈迦牟尼仏の、大悲ゆえの沈黙なのです。いわば、当然なことですが、仏説、つまり仏の言葉は仏にしか説くことはできないわけでしょう。いうならば、仏の言葉を凡夫の関心で説けば仏の言葉でなくなるわけです。人間というのはやっかいなもので、覚者の言葉を凡夫が聞くと、凡夫が覚者になるのではなくて、覚者の言葉を凡夫の言葉にしてしまうのです。そういう超能力を人間は持っているわけです。覚者の言葉を凡夫が聞きますと凡夫が覚者に成るのなら、問題はないわけです。ところが、逆に覚者の言葉を未覚者の言葉に変えてしまうのです。ここに問題があるわけです。

そういうことはなんでもないことのようですが、大きな問題ではないですか。宗教の言葉が世俗の中で、世俗の関心で語られた時、世俗が宗教性を回復するよりも、宗教そのものを世俗化するということが常のできごとです。だから仏の力の方が、神通力があって強いように思いますが、凡夫の力の方がそういう意味では強いのですよ。仏の覚りの言葉を、凡夫は凡夫の認識の中で、凡夫の言葉に変えてしまうわけです。いわば凡夫の持っている業です。それこそ深広無涯底という智慧をもってしても、測ることのできないほど深い凡夫の業障です。

そういう凡夫性というものをみそなわす大悲の眼というものは、また、軽々しく仏説を説くことのできない眼でもあるわけです。そこに沈黙ということがあるのです。

だから仏陀は仏陀に向かってしか教えを説くことはできない。覚の言葉は覚性に向かってしか語ることができない。それが仏仏相念ということです。だから、言葉を換えれば、無上菩提からの説法は、無上菩提の心に向かってしか説けないわけです。その無上菩提へ向かう心というのは、欣浄の心です。

そうすると、その欣浄の心が真に欣浄の心を成就するまで沈黙が守られていかなくてはならない。まさに時機純熟の時まで大悲の沈黙が守られていかなくてはならない。こういうかたちをとって長い沈黙があったわけです。それが実はこの「通請所求、別標苦界」ということから、「別標苦界」ということの徹底の中に、仏陀釈尊が韋提希の心をじっと見つめてくるわけです。

その「別標苦界」という上に立ちつつ、なおかつ限りなく浄土を仮説しようとする韋提希の最後の問題点のところへきて、「光台現国」という相が現わされてきた。だからいわば「光台現国」というのは大悲の忍従が、やがて逆に韋提希自身の心の中に、仏陀を拝むことのできる心を明らかにしていった。そのように言うてもいいと思うのです。

だからそういうことで言いますならば、「光台現国」という、この一段は、釈尊の最初の説法なのです。ここで説法というのは、口で何か言い出したというのが説法ではなしに、目の前に忍従の釈尊ましますということに、韋提希自身が気づいたというところに始まる説法です。いわゆる身業の説法ですから「広く浄土を観じて、前の通請に酬えたまうことを明す」と、こういうふうにまず押えるわけです。

無言の応答

前の押えを通して、次に、

これは世尊、夫人の広く浄土を求むることを見たまえるを以って、如来即ち眉間の光を放ちて、十方の国を照らし、光を以って国を摂し、頂上に還し来って化して金台と作すこと、須弥山の如きなることを明す。（『全集一』八五頁）

と押えていきます。普通の読み方ですと、このように読むべきでしょう。だから「光台現国」というのは何かと言うと、それはまさしく、前の通請に対して世尊が広く浄土を現じて答えた。それを世尊について言うならば、韋提希夫人が広く浄土を求めた心というものをみそなわし、知ろしめしたがゆえに、釈迦如来はすなわち眉間から光を放って十方の国を照らして、その光をもって諸仏の国を摂して、そして自らの頂上へ還し来って金台を作った。それはあたかも須弥山のごとくであったと、こういうふうにひとつの情景を描写したわけです。情景を描写して説明をしているわけです。

ところが親鸞は、その情景描写というかたちで普通なら読まれていくところに、一つの意味を適確に押えていこうとして、随分困難な、やっかいな読み方をしていったわけです。それはどういうことかというと、二重に読んでいるわけです。

これ、世尊、夫人の広く浄土を求むることを見たまえるを明す。（『全集九』八五頁）

と、まず親鸞は読もうとしたわけです。つまり最初は「以って」を読まないつもりではないでしょうか。この読み方で言うと、「光台現国」ということは、釈尊が韋提希夫人の広く浄土を求めている心の根を、明らかに知見したもうたということの証しなのだ、ということですね。だから仏知見の内容として、韋提希の欣浄というものが領かれていった。領かれたからこそ身業の説法として、「光台現国」が現われたのだと、こういうわけです。

つまり通請所求であって、広く浄土を求むる心を知ろしめしたことを、この「光台現国」が明らかにしているのだ、と、このように「光台現国」の性格を親鸞は押えたわけです。

そのように押えておいて、その光台現国の様相を説明する言葉として、もう一度読み直したわけでしょう。

これ世尊、夫人の広く浄土を求むることを見たまえるを以って、如来は即ち眉間の光を放って、十方の国を照らし、光を以って国を摂し、頂上に還し来して、化して金台と作す。

（『全集九』八五頁）

こういうふうに読みます。こうなりますと二重に読んでいくわけですね。だから「光台現国」とは何かというと、それは釈尊が、韋提希夫人が広く浄土を求むるその心根を知ろしめしたという証しが「光台現国」なのだ。ではその韋提希の広く浄土を求むる心を知ろしめした、証しとしての「光台現国」というのは、どんなことなのかと言うと、眉間より光を放って十方の国を照らして、光の中に国を摂めて、そして自らの頂上へ戻していって、金台を作った。そして、その金台の上に諸仏の世界を現成した。こういうことが韋提希の「通請所求」の心を知ろしめした釈尊の答え方だったのだと、こういうふうに押えていくわけです。だからこの辺りを非常に注意深く押えていくわけでしょう。

大乗菩薩の授記

ところがさらに二重に読むだけでなくして、もうひとつここで注意したいことがあります。前にも読みましたように、

頂上に還し来って化して金台と作すこと須弥山の如くなることを明す。（『全集九』八五頁）

とこのように読むのが普通の読み方ですね。つまり眉間から光を出したと、そして眉間から光を出したものが十方の国を照らした。そして光の中に国を摂めて、その光は再び釈尊の頂上へ還ってきた。そして、そこに金台ができた。それはあたかも須弥山のごとくである。それが「光台現国」ということなのであり、それを明らかにするのだと、こういうふうに読んでいくわけでしょう。

ところがここでも親鸞は独特な読み方で押えています。「金台と作す」というて、切ってしまっています。そして「須弥山の如し」と言うています。

そうすると「須弥山の如し」ということに何かの意味を見出していこうとするわけです。それは次のところに「須弥山の如し」の「如」の字について、

「如」の言は似なり、須弥山に似たり。(『全集九』八五頁)
と、善導の解釈があるものですから、その「如の言は似なり、須弥山に似たり」という意味を親鸞は探ろうとするわけでしょう。だから、

金台と作すこと須弥山の如くなることを明す。

というように、金台はたとえば須弥山のようだという、譬喩として使ったのではないということですね。金台と作した世界は須弥山の如しである。「如し」という言葉で押えられている。その如しというのはただ須弥山のようだと言うのではなくして、実は「如」の字は「似」だと言うわけです。須弥山に相似して示されているのだと、こういうふうに押えることで何かを言おうとしているのではないかと思うのです。

このようにわたしが思うについては、一つの根拠があるのです。「光台現国」ということはいったい何を表わしているのかということは、ここでは別に説明はしてありませんけれども、このすぐあと、「散善顕行縁」のところの最初に光についての善導の解釈があります。仏陀の口から五色の光が出た、それが頻婆娑羅王の頂を照らした、そして阿那含果《あなごんか》を成就したという。そこを説明するところで、「光台現国」のところの説明まで兼ねて、仏の光とはどういうものであるかを語っていますね。これは『大智度論』に出ている言葉から善導が見てきたのです。

そこには、足の下から出てきた光は地獄道を照らす、膝から出た光は畜生道を照らす、陰蔵から出た光は餓鬼道を照らす、臍から出た光は修羅道を照らす、心蔵から出た光は人道を照らす、口か

ら出た光は二乗の人を照らす、眉間から出た光は大乗人を照益すると、こういうふうに言うています。だからして眉間から出た光というのは大乗の人を照らし、大乗の人を利益するのであると、こういうふうに言うています。そして「仏頂より入る」いわゆる眉間から光が出て、そして仏の頂きより入るということは、すなわち「菩薩の記を授ける」ということである。こういうふうに解釈しています。

そうすると「光台現国」ということは、ひとつの象徴的な事柄であるけれども、それが何を語っているかと言うと、「大乗人を照益する」ということである。いうならば大乗の人間を生産することを象徴するわけです。そしてその光がただ出っ放しでどこかへ行ってしまったのではなくして、眉間から出た光が仏の頂上へ還ってくるということはどういうことかと言うと、大乗菩薩人であるということを授記する、認可する、印可するということなのだというのです。

いわば、このようなできごとが一人の凡夫、韋提希の上に「光台現国」として成就しているというわけです。つまり一人の凡夫、韋提希の欣浄の心の徹底は、実は凡夫をして大乗菩薩道を歩む人たらしめるのだ。そしてそれは大乗菩薩道を成就するものであるという、仏の印可を受ける存在たらしめるというが、欣浄の心に答える「光台現国」の意味なのだと、こういうことなのです。

こういうことも決して善導は勝手に言うているわけではないのです。当時は眉間の光というものは何かということが、仏教学者の間で常に問題にされてきておったわけです。そして天台とか、華厳とか、そういう仏教の教学からいうなれば、眉間の白毫というのは「中道実相」を語るのだと言うのが、仏教の学問からの領解であったわけです。
「光台現国」は眉間の白毫ですから、ここをもって釈尊仏陀の中道実相を象徴するわけです。だからそこから光が出たということは、中道実相の法が流出してきたということである。したがってその中道実相の法によって、全ての人間の上に中道実相の教えというものが開顕されていくということを語っているのだと、こういうふうな領解をしていくのです。
ところが、そのように領解するだけでしたならば、ここの「光台現国」とは直接関わりがなくなる。なぜそこで中道実相が出てくるのかわからなくなるわけです。
中道実相を語るのでないと言おうとするのでは決してないのです。やはり中道実相を語ることを象徴していることなのでしょう。それを善導は『大智度論』に求めていきまして、中道実相を語るというふうに解釈をするのがまちがいではない。では、中道実相が語られるということは具体的にどういうことなのか。人間の上に中道実相が具現する、開かれるということはいったいどういうことなのか。このように問うていく時に、それは一人の人間を大乗人たらしめていくことである。そして大乗の菩薩道を成就するということを、仏陀によって印可されるということである。こういうふうに具体的に押えるわけです。
『観無量寿経』について善導が「玄義分」のところで、
菩薩蔵に収める、頓教の摂である。(『全集九』一二頁)
と、こういうことをわざわざ言うのは、このような問題を踏まえているからです。これが「光台現国」ということのひとつの領解であります。

存在根拠

ここでわたしが問題にしたいと思っていることがあるのです。

「如」の言は似なり、須弥山に似たり。この山、腰は細く上は濶《ひろ》し。所有の仏国並に中に於て現ず。種種不同にして荘厳異なること有り。仏の神力の故に了了分明なり。韋提に加備して尽くみな見ることを得たり。（『全集九』八五頁）

という、ここのところの「如の言は似なり、須弥山に似たり」というところで、こんなことが考えられはしないだろうかと、思うわけです。

須弥山説というのがありますが、須弥山ということは天文学の用語のように領解されているむきもありますが、これは仏教における世界観なのでしょう。だから善導だとか、あるいはその当時の中国の人々が、須弥山というものを単に天文学的な解釈のような、そういう事柄として考えていたのではないのです。

少なくとも仏教によってものを考える時に、表現は、あるいは具体的な、または天文学の対象となるような現われ方をしておりましても、そのことが何らかの意味で仏道に関わらなければ意味がないわけなのです。そうすると天文学的事柄を語っているからと言って、天文学者に任せておけばいいという問題ではないのです。

ところが明治時代に入った頃に、それが分離したわけでしょう。須弥山説は仏教における天文学だというふうに考えていた学者もあったわけです。そうではなくて、一つの世界観であったわけです。

『大無量寿経』の中におもしろいところがある。それは法蔵菩薩の成仏について阿難が仏陀釈尊に質問をするところです。

阿難仏に白さく。法蔵菩薩は已に成仏して滅度を取りたまえりとやせん、未だ成仏したまわずとやせん、今現に在すとやせん。(『真聖全一』一五頁)

この経文ですが、阿難が、法蔵菩薩はもうすでに仏になったか、まだ仏になっておらないのか、それとも今現に仏になっているのか、と、こういう質問を出す。それに対して仏が、

法蔵菩薩は今已に成仏して西方に在す。ここを去ること十万億刹なり。其の仏の世界を名づけて安楽という。(『真聖全一』一五頁)

と、このように言うておりますね。いわゆる法蔵菩薩は、今すでに成仏して現に西方に在す。それは、ここを去ること十万億刹であって、その国を安楽と言う、極楽と言うのだと、こういうふうに言うている。ところが極楽について釈尊が説明するところでは、このような説明をしています。

其の宝は猶し第六天の宝の如し、又其の国土には須弥山及び金剛・鉄囲、一切の諸山なく、また大海・小海・谿・渠・井・谷なし。仏神力の故に、見んと欲すれば則ち現ず。また地獄・餓鬼・畜生・諸難の趣なく、また四時春・秋・冬・夏なし、寒からず熱からず常和調適なり。

(『真聖全一』一六頁)

この経文を見ますと浄土には須弥山がないと言うているわけです。

浄土という世界は第六天宝の如き宝でできているけれども須弥山がない。したがって須弥山を中心とするという「金剛鉄囲《こんごうてっち》」等はない。しかし、ないのに見ることができるかというと、仏の神力の故に見ようと思えばすなわち見ることができる、というています。つまり、見ることはできるけれども山はないと言うのです。おもしろい問題だと思いますね。見ることはできるけどもない。だからしてそこには地獄・餓鬼・畜生の諸難の趣はない。そして春夏秋冬もない。だからして、寒からず熱からず常和調適であると、こういうふうにいうてあります。

浄土は須弥山がないからして差別がない、須弥山がないからして悩みがない、こういうふうに言うているのです。ところがそれに対して阿難が質問を出しています。

世尊、若し彼の国土に須弥山なくば、其の四天王及び忉利天は、何に依りてか住する。

(『真聖全一』一六頁)

と、禅問答みたいなこと言うています。そうですか、浄土には須弥山がないんですか。もし須弥山がないとすると、天として象徴される人間、つまり、そういう幸福な存在である人間というものは、いったい何に依って生きるのですか。何に依って存在するのですか。こういうふうにひとつ質問を出しています。だからそういう意味では、須弥山がなければ存在の所依がないではないですかと、こう言うわけです。

ですから須弥山というのは、そういう意味では、単なる山の話でもないし、宇宙の話でもないのであって、いわゆる世界の根拠なのでしょう。

ところがそれに対して釈尊の答えは、

行業果報、不可思議なればなり。(『真聖全一』一六頁)

こういうふうに答えて、

行業果報、不可思議ならば、諸仏世界も、また不可思議なり。其の諸の衆生、功徳善力をもって、行業の地に住す。故に能くしかるのみと。(『真聖全一』一六頁)

こういうふうに答えています。おもしろい答えだと思いますね。存在の依り所がないではないですかという問に対して、仏が答えるには「行業の地に住す」というわけです。つまり、業というものは不可思議である。だから諸仏世尊もまた、業が不可思議であるが故に、業の果報もまた不可思議である。そうすると、すべてはその業によって受けた果報をもって生きている。それなれば、諸仏世尊もまたその不可思議の行業によってそこに生きているのである。そして、その諸仏の世界に住むところの諸の衆生もまた、功徳善力をもって行業の地に住する。だからして、須弥山がなくても行業において生きると、こう言うています。これがお浄土だと言うわけです。

ところが、もうひとつ経典でおもしろいのは質問を出した阿難自身が最後にこのように言うています。

阿難仏に白さく。我れはこの法を疑わず。但、将来の衆生の為に、この疑惑を除かんと欲する

が故に、斯の義を問いたてまつるのみと。（『真聖全一』一六頁）

阿難が「私は初めから知っていたのだ」と言うわけです。「ただ将来の衆生が須弥山がないとどうして生きていくかというて心配するだろうからして、わざわざ質問を申し上げて確認をしておいただけです」と、このように言うていますね。

この『大無量寿経』の教説を通して、阿難がわざわざ知っているにもかかわらず、浄土とはいかなるところかを確認をして、未来世の衆生の疑いを除かんがために自分は問うたのだと、こう言うた。このような問答までして、確認していることは、浄土というところは須弥山がない、須弥山がなくして何に依って生きるのか、業の果報をもって生きるのだというのです。つまり、浄土は業の果報に随順する世界なのだと言うわけです。

そうすると、ここで「須弥山に似たり」という言葉で押えられるところに、何か非常に深い問題があると思うのです。それは、この須弥山というのが単なる、天文学とか宇宙論とかの話ではなくして、実は人間の存在論の問題になっているからです。『大無量寿経』でも『観無量寿経』でも、須弥山という山を中心とする世界、いわゆる現実とわれわれが言うている世界、その世界が実は問題になっているわけです。そうするとこの「如は似なり、須弥山に似たり」ということで『観無量寿経』は「光台現国」、仏によって現わされた諸仏の世界というものを須弥山を中心とする人間世界に相似せしめて、表現されているということなのです。

国を喪失した存在

『観無量寿経』においては、須弥山を中心とする人間の世界、その全体が韋提希夫人にとっては、

この閻浮提濁悪処は、地獄餓鬼畜生盈満して、不善の聚多し、（『真聖全一』五〇頁）

と、こう厭《いと》われたわけです。だからそれは端的に言ってしまいますと、須弥山のある世界はいやだと言うわけです。ところが『大無量寿経』と照し合わせてみるとひとつ問題があるわけでしょう。いわば『大無量寿経』の経説から言えば、須弥山がなければ国がないではないかというわけです。ところが『観無量寿経』の方では、須弥山のある世界はいやだと、こういうわけです。そうすると、ここで考えなくてはならない問題が隠れているのでないかと思うのです。それは、「国」の問題です。それで四十八願そのものもやはり、第一願は「地獄餓鬼畜生有らば正覚を取らじ」とあるように、国の建立ですね。国の建立ということが本願の第一番目にあるわけです。そうすると、その願に報いた世界が浄土であるということは、国が建立された世界なのです。

この辺から少し問題の設定は飛躍するかも知れませんけれども、いわゆる韋提希自身は国を失ったわけです。「地獄・餓鬼・畜生盈満して不善の聚多し」と言うて、その国、世界というものから脱出しようということを欣《ね が》ったのですから、もはや自分の身を安立せしむる国がないという、いわば亡国の歎です。だからそういう意味では、国を失った人間が求める国は、もはや現実の国のごとき国であってはならないという問題があるわけです。

ところがこのことについては随分いろいろのことが思われるのですが、だいたいわれわれに国と

いうものはあるのでしょうか。その辺まで問題を考えてみたくなるのです。

本願の出発が国である。そして須弥山というのが国の問題としてある。そして須弥山のない国というかたちで浄土が押えられる。しかもその国は、一切の存在が、そこにおいて安んずる国だというふうに表現されている。このように国という問題がわれわれには非常に大きな問題としてあるのではないかと思うのです。端的に言うてしまいますと、浄土に往生し得ないと、われわれには国がないのではないのですか。浄土に往生するということが成り立たなければ、われわれには国がないのではないかと思うのです。

だからそういう意味では「愛国心」というようなことが問題になりますけれども、たとえば、国と言うた時に、われわれはそれを何か物質性というかたちでしか押えられませんですね。いわゆる国という言葉で語ろうとした時に、やはり何か物質的客体というようなかたちでしか押えることができない。だからわれわれは、自己と国という物質的客体との関わりにおいてしか、国というものを持たないわけですよ。だから物質性としてしか領解できない国と、わたくしとの関わりというかたちで、国というものを考える限り、その国はやはりどこかで抽象化されているわけでしょう。にもかかわらず母国を愛するというようなことを言い出した時に、どういうかたちをとるかと言うと、その物質性というものを無理やりに精神化するわけですよ。その一番徹底したのが神国というものです。

いわゆる戦争時代における国、愛国という問題はいったい何かと言えば、物質性を極度に精神化したわけです。精神的な物質として抽象化したわけです。そして、その抽象化されたものに自分の存在を依託していくような、そういう人間になろうというかたちで、愛国ということが語られてきたわけです。

ところが、その愛国という問題が、どうしても未定着な問題になりますね。その証拠に戦後になると、そういう抽象化というものが破れてしまうわけです。結局は精神化されていたけれども、中味としてあったものは、物質としての客体の領解を一歩も出ていなかった、というところへ叩き落とされた時に、国の幻想というものが完全に失われてしまう。と同時に国に対する愛の心というものも一緒に失われていったわけでしょう。そういう意味では、戦争中の愛国というものを思う時に、やはり国のない人間だということを思うわけです。

そこで思うことは、国を愛するのも物質性としてしか考えることができない。そういう物質的な客体としてしか考えられない国を愛するということは、人間にとってはできない。にもかかわらずそこにおいて生きている限り、その国というものを愛する存在でありたい。愛する存在でなくてはならないという自他ともの要請があるわけです。それを精神化していくというかたちで愛国ということが強調されてきたのでしょう。ところがその精神化がいわゆる抽象でしかないということを、戦争というかたちをとって暴露した時に、実はやはり客体としての物質に対する愛というようなことが、いかに観念的なものであったかということを露呈したわけです。

ところが、もうひとつ社会主義の国という国の考え方があります。充分な確かめをしているのではないのですが、そこではそういう象徴を払うということがあるのではないですか。払うことで物質的客体としての関わりを、極度に徹底していこうとする。そうすると利害関係でしかなくなるわけですね。国と自己との関わりを、利害という関わりに集約していくわけでしょう。そういうことで利害というところで強調できるような、そういう共同の国、つまり、利益共同体としての国というかたちで、愛国という人間の連帯の絆というものを、見つけていこうとしているのではないかと思うのです。

ところが両方ともやはり客体として領解されている限りにおいて、やはり国がないのだと、わたしは思うのです。国と自己との関わりというもの、したがって国というかたちの下に総合される人間の共同体というものは、そこにはないのだと思います。

そういう問題を第一の本願として「国に地獄・餓鬼・畜生有らば正覚を取らじ」というて、国の建立ということを押えたのではないのではないかと思うのです。

存在根拠の回復

いわば国というのはひとつの風土でもなければ、あるいは単なる観念でもない。具体的であって、しかも自分の生命と深く関わるところに、国という言葉の持っている大切な意味があるのだと思います。そういう国を作りたい。だから国が建立されることは、初めて人間の共同が成就する場所を建立するということであると言うのが、阿弥陀の本願の第一願に置かれている「無三悪趣の願」の意味であろうと思います。

そうすると、ここで須弥山というような問題を通して明らかにしようとしていることは何か。おそらく「須弥山に似たり」という言葉をもって、善導が注目し、親鸞が押えたということを、今の問題の辺までずっと、紐を引っ張り出してきますと、いわゆる人間における真の共同体、真の共同社会、共同関係というものの成り立つ社会というものはいったいいかなるものであろうか、ということが、ここの問題になっているのではないかと思います。

ここで言うのは浄土ですから、浄土は浄仏国土です。仏国土というのは諸仏の国土です。そうすると、諸仏の国土というのは、ここの「光台現国」のところでは、まさしく白毫から出た光の台の中に現成する世界なのです。それを通して韋提希夫人が、諸仏の浄土は「浄妙」であるけれども、わたくしは極楽世界の阿弥陀仏所に生まれたいと楽うと、こういうふうに別選するわけです。ですから、韋提希夫人は須弥山によって代表されるような物質世界の中に、自分の安立する場所がない。というかたちで、それを厭うて欣浄したわけでしょう。浄土を欣うたわけです。

ところがその欣浄の心に答える身業の説法として示されたのは何か。それは須弥山のないような世界と言うけれども、いったいそれはどこにあるのか。それはまさしく逆に須弥山を中心として考えられているような、そういう世界の抽象化というものを超えるような、そういうところにしか真実の諸仏の世界はない。だから精神が物質化したり、物質が精神化したりする世界ではなくして、精神と物質の分限が明瞭であるような世界であるわけです。

だからそういう意味では宗教の世界というのは、いわゆる物質性を離れた精神界ではないと思うのです。物質性を離れずして、その物質の世界というものを生きぬくことのできるような、そういう生き方として仏国土というものが明らかになってくるわけです。いわばその物質性を離れない精神世界の現成、そういうことが考えられていいのではないだろうかと、いうことを思うのです。

物質世界に生きる身であるわれわれは、あくまでその物質世界に生きているわけです。決して霞を食って生きているのではないということは、肉体も物質性を持って生きているし、そして、世界も物質的であるわけです。したがって国土というものも物質なのです。具体的にあるものは全て物質性なのです。

しかしその物質の世界にあり、物質として生き、物質をもって生きているという、その生き方が三悪趣として厭われるということは、物質の世界を精神化してみたり、精神を物質化してみたりする混乱が「地獄・餓鬼・畜生盈満の世界」というものを造っていくわけです。

ここで「地獄・餓鬼・畜生盈満して不善の聚が多い」から三悪趣の国、いわゆる須弥山を中心とする国は厭わずにはおれないと韋提希は言うわけです。ところが、やがてその厭う心の彼方に開かれてくる世界は、地獄・餓鬼・畜生のない国として開かれてくるわけです。そうするとそこには国を厭う人間に国が与えられるということがあるわけです。

須弥山を中心として生きる、そういう国を生きる人間が、その国を厭うて欣浄する。その欣浄の心に答えるものは、実は須弥山のない国を空想として描くのではなくして、逆に須弥山のある国に似せしめて、真実の自由の世界に開眼せしめていく。それが「須弥山に似たり」という「似」という一言で押えられる意味なのでしょう。

だから物質界、つまり、物質的関係で生きるのは嫌だ、だからして、どこか精神の世界へいきたいと言うのではなくして、物質的関係で生きるということを完全に受納できるような、そういう精神を持って生きるということです。それが実はこの仏国土なのでしょう。そういう意味で善導は、「須弥山の如し」という譬喩として経文に語られていた、その「如」の字を押えて、

「如」の言は似なり、須弥山に似たり。（『全集九』八五頁）

という、一見何のことかわからない一句のところに力点を置いて、

須弥山の如くなることを明す。（『全集九』八五頁）

とこういうふうに上から読み下さないで、金台と作した、その金台こそは須弥山に相似する世界であると、こういうふうに押えてきたのだろうと思います。

「思います」と言うのは、その辺はまだまだ考えていかなくてはならないところだと思うからです。

あの『大無量寿経』でわざわざ、阿難が釈尊に、法蔵菩薩が浄土を建立したということはどんなことかを問うて、そしてその須弥山を中心として問答をして、自分はわかっているのだけれども、後の者はわからなくなるからということで、釈尊と問答をしている。この『観無量寿経』の中では、諸仏の浄土を欣浄の心に答えて見せる「光台現国」のところに、やはり「須弥山に相似する」とい

う言葉で押えているということは、何か深い関わりがあるのではないかと思うわけです。

如来の意密

次に「光台現国」ということのなかで明らかにしていることは、

唯願わくは世尊、我が為に広く憂悩なき処を説きたまえ。（『真聖全一』五〇頁）

という欣浄の欣いに対して、広く説かずして広く現わしたということを問題にするわけです。それに対して善導は問答を設けています。

問うて曰く。韋提上に「為我広説無憂之処」と請す。仏、今何が故ぞ為に広く説いたまわずして、乃ち金台を為して普く現ぜるは何の意か有るや。（『全集九』八五頁）

韋提希は説いてくれたというたのに、なぜ釈尊は説かないで見せたのか、とこういうふうに問うて、

答えて曰く。これは如来の意密を彰わすなり。然も韋提言を発して請を致す。即ち是れ広く浄土の門を開くなり。若し之が為に揔じて説かば、恐らくは彼れ見ずして心に猶惑いを致さんことを。是を以って一一に顕現して彼の眼の前に対して、彼の所須に信せて心に随って自ら選ばしむ。（『全集九』八六頁）

とこういう、ひとつの解釈をしています。

韋提希の求めた欣浄の言葉は「憂悩なき処を説きたまえ」と、こういう言葉だったわけですね。

これは最初からの問題ですけれども、「憂悩」「愁憂」ということがずっと一貫しての問題だっ

たわけです。つまり、人間が真に解決すべき問題は何かと言うと、苦痛でもなければ困難でもない。憂悩から解放されるということだったわけです。ところが、憂悩なきところを求めるにもかかわらず、その憂悩なきところとはいったい何であるかということが、韋提希自身にはわかっていない。その韋提希自身の憂悩なきところという、その欣いに答えたのが、諸仏の国土というかたちで答えられているということです。だからそういう意味では、須弥山の問題と合してみたならば、憂悩なき処とは、現実の人間の存在している世界、その世界の全体的な否定ですね。憂悩というのは、人間を覆っているのです。愁憂が人間を覆っているのですから、人間の生きている、どこかに愁憂なき世界があるのでなくして、いかなる生き方をしておりましても、その生き方の全部が愁憂という非常に気分的なもののなかで人間のいろんな問題が起こっている。そういう全体を厭うと言うわけです。いわば、憂悩ないところもあり、憂悩あるところもあるという、そういう有無の問題ではなくして、全体的な否定なのです。

ところがこの全体的に憂悩なきところを求めた韋提希の欣いに対して、これが憂悩のない世界だということを即時的に説くことはできない。なぜかと言うと、説いたものは説いた途端に、聞く存在自身が憂悩のただ中に在って聞く限りにおいて、その説かれたものが真に「憂悩なき処」であるかどうかということは頷けないわけです。

いわば憂悩の心をもって憂悩なき世界の説かれた言葉を聞くわけでしょう。いうなれば、聞いた者自身がなおかつ憂悩のところで聞いているのですから、憂悩の絶対否定の欣いに対して、これが憂悩なき世界だということを即時的に説くことはできない。そこに「広現」、広く現わすという問題があるわけです。

そしてその広く現わした世界というのはいったい何か。憂悩の否定として、求められる世界が広く現わされたということはいったい何かと言えば、憂悩の世界がなくなって別な世界が現われることではなくして、憂悩の根源が転ずるということ以外にないわけです。

「この閻浮提濁悪処」と言いましたように、須弥山に依って生きている世界全体が、憂悩のところとして厭われて、憂悩のない世界を求めたのです。そうするとその憂悩のない世界はどこにあるのか。人間が生きている世界にはどこにもないということになります。だとすると人間は死ぬより他にしょうがないわけです。しかし、死んだのでは問題の解決にはならない。

そうすると、憂悩のない世界とはいったいどこにあるのかと言へば、憂悩として受け止めていかざるを得なかった世界そのものが転成すること以外に、憂悩のない世界はないわけです。だからその憂悩なき世界を求める欣いに答えるのに、まず答えとして現わされたものは何かと言うと諸仏の世界です。それは仏の光の中に現成した諸仏の世界であって、しかもその諸仏の世界は須弥山と無関係の世界ではない。須弥山に相似した世界として、諸仏の世界というものが現成せしめられている。いわばそこに憂悩の無い世界ということは、具体的には須弥山によって語られる、その現実が転成するということの他にはないわけです。

だからそういう意味では、仏の大悲の光の中に諸仏の世界として転成する事実、それを韋提希が見るか見ないか、そのことひとつが、実は憂悩なきところを明らかにする鍵なのです。その転成された世界、それが実は諸仏の世界なのでしょう。しかし諸仏の世界は聞くというわけにいかないのであって、諸仏の世界を見るということがなくてはならないわけです。だから転成の事実は見るということがなくてはならないのです。

たとえば具体的に申しますと子供で苦労しているということがある。その子供で苦労している人間が、子供で苦労しない世界を求めたいと言って求める時、それならば子供のいない世界へ行ったらいいではないかと言うが、子供のいない世界へ行くと、子供がいないというかたちで、子供で苦労するということになる。ではいったいどこへ行ったらいいのかと言うと、子供を持っている人間そのもののなかに、子供を持っていることを憂悩と感ずる、その感ずる世界が転じなくてはならないわけです。しかし、転じたということは、どこかで聞いたという話ではないのであって、転じたという頷きがその人自身の内になければ、転じたということにならないわけです。

だから諸仏の世界はあくまでも見るということを通してしかない、いわば認識です。だから憂悩の世界も事実であるけれども、その憂悩の世界が憂悩の世界でなくなるということはいったいどういうことなのか。それは、憂悩の世界が諸仏の世界として認識されるような、ひとつの認識の転換、その転換が成就するか成就しないかということが「通請所求」に答える「光台現国」の意味なのでしょう。

そうすると、その転成の世界こそ諸仏の世界なのであって、現に憂悩として感じられた世界が転じて、諸仏の世界として拝まれるような、そういうひとつの転成の認識ということを潜るわけです。転成の認識として領解されてくる、いわゆる智慧です。

そういう意味で、「光台現国」というのは、問いが徹底されてきた韋提希を目の前にして、釈尊自身は身業をもって転成の世界を見せしめたわけです。見せしめたということは、スライドのように見せたようですけれども、韋提希自身の心に即していうならば、気づいてみたら目の前に自己のために没出して、自己の言葉を聞き続けている仏陀が在した、ということへの頷きなのです。その頷きが、やがて韋提希自身をして欣浄の心を成就する道が、釈尊の教えの下に開かれてくる現実の中にしかないのだということを認識していくわけです。それが「光台現国」というかたちをとるわけです。

そうすると諸仏の世界ということは、韋提希の前に存在したもう釈尊の相のなかに韋提希自身が拝んだ世界です。その拝んだことを通して韋提希は、なぜ憂悩の世界が諸仏の世界として転ずるのか、その転ぜしめる根源はいったい何なのかと問い求める。その転ぜしめる根源を求めていこうとするところから、「別選」ということが始まるわけです。

だから「通」というかたちで欣浄が語られてきたのが、「光台現国」という釈尊の身業の説法のなかに転成していく現実を認識する。認識することを通して、その転成の智慧は何に依って起こってくるのか。その憂悩の世界を諸仏の世界に転ぜしめるような光の根源は何なのかと問うた時に、今度は諸仏の世界ではなくして、諸仏の世界を現成せしむる根源、それを「別選」というかたちで、極楽世界の阿弥陀仏の所に生まれんと願うということになるわけです。つまり「通」は「別」というところへ転じていくわけです。だから「別選」は、あくまでも「韋提希別選」であって、韋提希自身の自らの選びなのです。

たしかに韋提自身の認識を潜って、韋提自身が諸仏の世界を現成せしむる根源を求める人間になるということは、自らの選びです。しかし、その自らの選びがそのまま釈尊の存在の中に選ばしめられているというかたちで、領解されている。だからそういう意味では釈尊の説法はもう始まっているわけです。言葉としての説法は始まっていないけれども、釈尊の存在が既に、憂悩なき処を求めた韋提希に向かって、諸仏の世界を現成するというかたちで説法が始まっているわけです。

透明な現実

そうすると釈尊の現成せしめた世界は、いったいどのような世界なのか。善導の領解の文では、

所有仏国並に中に於て現ず。種種不同にして荘厳異なること有り。（『全集九』八五頁）

という言葉になっています。いろんなかたちの世界が現われたと書いてあります。ところが経典の方は四つ書いてありますね。それは代表させて四つ書いたということかも知れませんが、ともかく四つの十方諸仏の浄妙の国土が説かれています。

一つは「七宝合成」です。金・銀・瑠璃・玻瓈等、「七宝合成」の世界だと言います。「七宝合成」というのは、言うてみれば満足性を表わすわけでしょう。

「純らこれ蓮華」は、言うまでもなく清浄性を表わします。「蓮華」というのは、無垢清浄を語るものですから、その無垢清浄が「純」という字をもって押えられてあります。いわば、純ら浄らかという純浄性です。

「自在天宮の如し」は無碍です。無碍性です。

「玻瓈鏡の如し」は澄清性です。透明さです。濁りのなさです。

このように経典に四つの徳で光台に現われた諸仏の世界を示しています。そうすると、それ全体は一言で言うならば、透明な現実です。言葉をかえて言うと、人間の自我の執着に依って捉えられ、色づけされた現実ではなくて、透明な現実です。透明な現実とはいったい何なのかというと、それこそ光に依って照らし出され、光に摂められ、光の世界として現わされた国、それが透明な現実なのです。

そうすると韋提希自身は濁りの現実を厭うた。その現実を完全に厭うた韋提希に対して、仏は透明な現実を見せることをもって答えとした。そうすると問題は、現事実は少しも動いていないということです。ただそれを濁りとして厭うた、その厭いに対して、澄んだものとして見せた。

するとそこで問題は何かと言うと、何が濁したのか、何が澄ましめていくのかということだけが、大乗菩薩道の課題になるわけです。韋提希が問うていかなければならないのは、濁った世界だから嫌だと逃げ出すことではなくして、濁ったという世界に生きている人間が、いかにしてその濁りから超脱するのかという問題だけが、唯一の問題なのです。それは濁った世界に生きている人間にここに濁らない世界があるということを説いてもだめであって、その人自身に見られなくてはならないわけです。いわばその人自身の認識の事実として清澄の世界というものが明らかにならなくてはならない。そのために釈尊は韋提希の「無憂悩処」を求める、その求める心を知ろしめして、光の中に浄土を現成した、ということで示されているわけです。

沈黙の光

そこでもう少し付け加えておきます。その「光台現国」という全体が、身業の説法だ。口を開いての説法ではなくして身業の説法だと言いました。仏の身が清澄の世界を韋提希に見せたという意味で、身業説法の内容であると言いました。

では身業説法というのは、押えていうならばいったいどういうことなのか。身業説法というのは、そこに人在《ましま》すということに依って、全てが明確に見えるということを言うのでしょう。何にも聞かなくても、いわばそこに人在すという認識が世界を変えるわけです。そういうような説法が口業の説法に先立つ説法なのです。

では、韋提希にとって、そこに人在すということに依って世界が変わったというような、その人は誰なのか。いわゆる濁悪処なる閻浮提が、光台の国として現成するというほど世界が変わったという、その身業説法をした人は誰か。それは韋提希のために耆闍崛山上の説法の座を捨てて、没して王宮に出でたもうた仏陀です。そして王宮に出でたもうたことを通して、韋提希の言葉を沈黙をもって聞き続けておった、その人です。

我、宿何の罪ありてか、（『真聖全一』五〇頁）

というあの言葉から始まって、欣浄の、

唯願わくは世尊、我がために広く憂悩なき処を説きたまえ。閻浮提濁悪世をば楽わざるなり。

こういう言葉の発せられるまで、じっと黙って聞いている、いわば忍従の仏陀です。「忍従」というのは言葉をかえて言うならば、「祈りの仏陀」だと言うてもいいと思うのです。欣う韋提希を知ろしめして、その韋提希の根源の開示を祈っているような仏陀、それを大悲の仏と言うのでしょう。

そういう存在は、実に具体的な存在です。韋提希にとって、山の上においでになった仏ではないのです。目の前に立っておって、自分が厭うていることを、じっと聞いている人ですね。イライラして聞いているのではなくして、じっと耐えて聞いている人です。全て言い尽くすまで聞いておれる人です。

いわば、その聞いているという沈黙の中に祈りがあるわけです。山を捨ててまでして出てこなくてはならなかった仏陀の祈りがあるわけです。祈りがあればこそ「我、宿」という言葉に始まる一人の凡夫の言葉を、一言も口を挾まずに聞き続けることができたのです。いわば釈尊自身が自己を虚しくして、凡夫の言葉の全てに耳を傾けているわけです。全身耳にして凡夫の目の前に立っておられる人です。それは隙があったら、突っ込んで喋ってやろうと思って狙っているというようなことではない。全身耳にして凡夫人が何を本当に言いたいのかを聞き取ろうとして、沈黙をしている人です。そのために自分の仏の座を捨てた人です。

その存在に韋提希は初めて気づいたわけでしょう。その人に気づいたという、気づいたことのなかに、実は世界を一転するような説法があったわけです。いわゆるそれを象徴的に言うならば、大悲の光の中に閻浮提が諸仏の浄土として転成していくわけです。

大悲の光の中に、濁悪の閻浮提として厭うた世界が、諸仏の国土として転成している。それは言葉として聞くのではなくして、その一人の人の存在に触れた時に、そういう世界が現成してくる。そのことが「光台現国」なのです。だからそういう意味では「光台現国」と言うのは、沈黙の光だと、このように言うてもいいと思うのです。

もっと突き詰めて言うならば、韋提希が初めて仏に遇った世界でしょう。師に遇うた世界でしょう。師に遇うたということは、自分のために出世された仏に遇うたということです。それを「応化の身」と言うたのです。「わたしのために」、という世界で仏に出遇った、それが沈黙の仏陀です。その沈黙の仏陀の存在に気づいたという事実のなかに、濁悪処としての閻浮提が、光の中に現成する諸仏の世界に転じたわけです。それが「光台現国」ということなのでしょう。

だからそういう意味では沈黙の光というか、大悲の祈りの具体性というのが「光台現国」というかたちをとるわけです。したがって「光台現国」のその中に、やがて安楽世界を選ぶという韋提希を誕生せしめるわけです。

だからそういう意味では「光台現国」は、見せしめた世界であるけれども、同時に「光台現国」は見た世界なのです。「光台現国」の中から阿弥陀の浄土は選ばしめられたには違いないけれども、ただ選ばしめられたのではなくして、選んだのです。

そういう意味で、この「光台現国」をピークにして「通請」が「別選」に変わるわけです。「別選」ということを善導は「自選」と押えておりますね。そういう世界に触れることに依って、自ら選ぶという人間が生まれるわけです。いわば選びが主体的になる。選びが主体的になるということは、消極的なかたちで世界を選んでいくのではなくして、積極的に自己の存在の内容として世界を選んでいく、そういう人間に再生するわけです。その原点が「光台現国」というかたちで示されているのである。このように言うてもいいと思います。

五　韋提別選

六従《リ》二「時《シ》韋提白仏」《ト云》一下至《ル》二「皆有光明」《ニ》一已来、正《ク》明《ス》下夫人摠《ソウメ》領《リヤウメ》二所現《ヲ》一、感《カン》中荷《カスルコトヲ》仏恩《オンヲ》上。此明《ス》下夫人摠《ソウ》見《ニ》二十方仏国《ヲ》一、並《ナラヒニ》悉精華《クセイクワナレトモ》、欲《ホスルニ》レ比《ヒセムト》二極楽荘《ノ》厳《ニ》一、全《マタク》非《サルコトヲ》中比《ヒ》況《クキヤウニ》上。故云《フ》二「我今《コム》楽生安楽国」《ト》一也《ナリ》。問曰。十方諸仏《ノ》断惑《ハタンワク》無《シ》レ殊《シュ》《コトナルコト》。行畢《オハリクワ》果円《ナルコト》、亦応《ヘシ》レ無《ナカル》レ二。何以《ヲカ》一種《ノ》浄土即有《ニチル》二斯優《ノウ》劣《レツ》一也《ヤ》。荅曰。仏是《ハレ》法王、神通自在《ナリ》、優之与《ウトト》レ劣《レツ》非《ス》三凡惑《ホムワクノ》所《ニ》二知《ル》一。隠《オン》顕随《キニ》レ機望《ノソム》レ存《ソンセンコトヲ》二化益《ヲ》一、或可《ハヘシ》下故《コトサラニ》隠《カクシテ》三彼為《ノタル》二優《ヲウ》一、独《ヒトリ》顕《シテ》二西方《ヲ》一為《ス》中勝《ショウト》上。七従《リ》二「我今楽生弥陀」一已下、正明《ス》三夫人別選《ヘチメエラムコトヲ》二所求《ヲ》一。此明《ス》二

弥陀本国四十八願《ヲ》㊂。願願皆発《ナス》二増上勝《ソウノ》一因《インヲ》一。依《ヨテ》レ因《(ママ)コレニ》起《ス》二於勝行《ヲ》一。依《ヨテ》レ行感《ニカンス》二於勝果《ヲ》一。依レ果感《ニカム》二成《ス》勝報一。依レ報感《ニカム》二成《ス》極楽《ヲ》一。依レ楽顕《ニ》二通《ス》悲化《ヲ》一。依《ヨテ》二於悲化《ニ》一顕二開《ス》智慧之《ノ》門《ヲ》一。然《シカルニ》悲心無尽《ナリ》、智亦無窮《ムクウナリ》。悲智雙《ヒチサウ》行《ノ》、即広開《チククニ》甘露《ヲ》一。因《ヨテ》レ茲《コレニ》法潤《ニン》普摂《クセフスクン》二群生《ヲ》一也。諸餘《ノ》経典《テンニス、ムル》勧処弥《ロイヨ〳〵》多《シ》。衆聖斉《ヒトシクメ》レ心《ヲ》、皆同指讃《ナクシサンス》。有《テ》二此因縁一、致《ス》下使《ルコトヲ》中如来密《ヒソカニ》遣《ツカハソ》二夫人《ヲ》一別選《ヘチメハ》上也。八従《リ》二「唯願世尊」《ト云》一已下《ハ》、正明《ス》三夫人請《シヤウクスルコトヲ》二求別行《ヲ》一。此明《ス》下韋提既選《ニテ》二得生処《ノトコロヲ》一、還修《カヘテシユメ》二別行《ヲ》一、励《ハケマメ》レ已《ワノレヲト、メテ》注《ヲ》レ心必望《スノソムコトヲ》中往益《ヲ》上。言《フ》二「教我思惟」《ト》一者《ハ》、即是定《チヤウノサキノ》前方便、思《シ》二想憶念《スル》彼国依正二報・四種荘厳《ノ》一也《ナリ》。言《フ》二「教我正受」《ト》一者、此明《レス》下因《ヨテ》二前思想《ノ》一漸漸《センセムニ》微細《ミサイニノカク》、覚想倶亡《サウトモニマウメ》、唯有《タヽテ》二定心《ノミ》一与《ト》二前境《ノ》一合《カフスルヲ》、名為《テスルコトヲ》中正受《ト》上。此中略已《ノニノステニレウス》料簡《ス》。至《テ》二下観門《ノ》一、更当《ニベシ》二広弁《クヘムス》一。応《ヘシ》レ知。上来雖《ニトモ》レ有《ト》二八句不同《ノ》一、広明《クシ》二欣浄縁《ヲ》一竟《ヌ》。（『全集九』八六頁）

自　選

「欣浄縁」は第六、第七、第八と後三段あるわけですが、この三つは「別選」ということの内容を次第に追って明瞭にしていこうというわけです。だからそういう意味では「光台現国」の所で尽くされるわけです。尽くされるけれども「光台現国」を境として開かれてくる「別選」、いわゆる「自選」の性格というものを、改めて明らかにしていこうとするわけです。だからこの「欣浄縁」の解釈のなかでは「光台現国」の解釈だけが長い。他は小刻みに経文を解釈するわけです。

第六段目の所の経文は、

時に韋提希、仏に白して言さく。世尊、是の諸仏の土、復清浄にして皆光明有りと雖も、

(『真聖全一』五〇頁)

という、これだけの経文です。この経文の中で何を、第六段という一段を切って、善導が明らかにしようとしているのかと言うと、問題は一字なのです。「復光明有りと雖も」という、その「雖も」という言葉がここの解釈なのです。

「光台現国」によって諸仏の国を拝んだ人間が、その諸仏の国は皆ありがたいと言うて頭を下げてしまったのではなくして、「復清浄にして、皆光明有りと雖ども」と、こういうふうに言えたというところに問題があるわけです。問題というか中心があるわけです。

「別選」とは何かと言うと、ここも有難い、あそこも有難い、皆有難いと言って、ただ頭を下げたというのではなくして、有難い世界を見せてもらったということを通して、なぜ有難いのかという問題を問う人間になったということです。それが「別選」です。

「別選」と言うのは人間においては未曽有のできごとなのです。それこそ人間のなかにその理由を見出すことができない、というようなできごとです。だから「雖も」と「別選」する人間として生まれ変わるわけです。そこに釈尊に遇うたということの恩徳感があるわけです。親鸞も、

恩徳広大釈迦如来　韋提夫人に勅してぞ
光台現国のそのなかに　安楽世界をえらばしむ。(『全集二』四六頁)

と、このように言うていますね。「光台現国」して、見せてもらって、皆有難いと言って、座り込んだのではなくして、「光台現国」のその中に安楽世界を選ぶ人間にさせてもらったということが、

釈尊の広大な恩徳だというわけです。わたしの足で歩き、わたしの眼で選ぶという、選びのできる人間にさせてもらったということが、師に遇うたことの有難さだと言うているのです。

その選びと言うことは「雖も」という一句で経文に示されている。だから善導も、

正しく夫人揔じて所現を領して、仏恩を感荷することを明す。（『全集九』八六頁）

と、言うています。まさしくこの一句は韋提希夫人が、総じて光台の現国を領解、領知して、その領知するところに依って、仏恩を感荷する。仏恩に感謝するということが示されているのだと、こういうふうに言うています。

根源への選び

前に挙げた善導の文に、「夫人総じて所現を領す」という言葉があります。韋提希夫人が総じて、所現、つまり「光台現国」として現ぜられた世界を領知した、ということですけれども、それは二重の意味を持っていると思います。

まず、所現の仏道を韋提希は明らかに知ったという意味が、表の意味でしょう。と同時にそういう仏土を現じたもうた仏の大悲心を領知した、というのが重なっている意味だと思います。

ところがそうすると、そういう恩徳感をもって「雖も」という一句を発こした。その「雖も」と言うのはいったい何なのか。諸仏の浄土は皆美しい、諸仏の浄土は皆光明がある、と雖も、自分はその諸仏の浄土のなかに止まるのではなくして、阿弥陀仏の安楽世界を求めたいと欣ったと、こう

いうふうに言うた。とすると、その「雖も」という選びは、どういう選びなのか。選びの性格はいったい何なのかと言うと、その選びの性格はやがてその下にありますように、

夫人捻じて十方仏国を見るに、並に悉く精華なれども、極楽の荘厳に比せんと欲するに、全く比況に非ざることを明す。（『全集九』八六頁）

と、このように言うてますね。そうすると、その選びの性格とは、比べることができないということが選びの性格なのです。相対を絶した選びということです。ここでは、これが非常に大事なことなのです。

「光台現国のそのなかに、安楽世界をえらばしむ」とこういうふうに書いてあるものですから、先輩達は苦労しまして、この「光台現国」の中に阿弥陀の世界があったのだろうか。なかったのだろうかと言って盛んに議論していますね。「光台現国」の中に阿弥陀の世界があったとすると、諸仏の世界の中の一つに阿弥陀仏の世界があったことになる。つまりいろんな世界があって、あれもいい、これもいい、しかしわたしの好みで阿弥陀の世界を選びます、ということになりますと、その中の一つを選んだことになる。しかし善導は、そういう選びでないと言うのです。

「雖も」の選びはそういう選びでない、「全く比況に非ず」と言うわけです。相対を絶した選びだから、同質上の二者択一ではないと言うわけです。二者択一をしていくような世界の根源を選ぶと言うわけです。根源への選びです。いわば諸仏の世界をして諸仏の世界たらしめている根源を求める。根源を求めていくという選びです。それが「全く比況に非ず」と言う一句で善導が明らかに

していることです。だから諸仏の世界と言っても、ただ諸仏の世界が現われたのではないのであって、大悲において現じた。その大悲をして大悲たらしめている根源、したがって諸仏の世界をして諸仏の世界たらしめている根源、その根源は何であるか。その根源へ帰ろうという選びです。それが「別選」という選びなのでしょう。

だからここの経文そのものにはなくて、後の経文であるにもかかわらず、それを引きあげまして、相対を絶した関係にめざめての選びだということを示すわけでしょう。

故に「我今楽生安楽国」と云うなり。（『全集九』八六頁）

という、次に出てくる経文をここへ引きあげて、善導は解釈しているわけです。だからこの「雖も」といわれる「別選」の性格というのは、単に同質上の諸仏の世界の中の二者択一ではない。むしろ諸仏の世界をして諸仏の世界たらしめている根源への選びだ。だから「全く比況に非ざる」ということにおいて成り立つような選びである、というわけです。

だから質を同じくしたものの中から一つを選ぶということなら、人間にできることなのです。しかし質の根源を選び取っていくということは、人間には不可能なことです。不可能なことが実は成就している。そういうところに「別選」の意味があるわけです。いわゆる「別選」ということは人間には不可能な選びだということを問答をもって善導は解釈しているわけです。

問うて曰く。十方の諸仏は断惑殊なし。行畢り果円なること、亦二なかるべし。何を以ってか一種の浄土に即ち斯の優劣有るや。（『全集九』八六頁）

という問いですね。客観的といいますか、ひとつの論題的な表現をとるならば、これは「諸仏の浄土と阿弥陀の浄土との優劣論」です。

なんでこのような問題を善導が出してきたのかと言うと、当時、聖道の諸師の論難があったわけです。阿弥陀の浄土を選ぶということの必然性がわからないという論難があったわけです。だからこの問題は善導に先立って、師匠の道綽《どうしゃく》が扱っている問題です。道綽が『安楽集』の「第六大門」の中に、諸仏の世界と阿弥陀の世界との優劣ということについて問題を立てて論議しています。善導はそういう、いわば聖道の諸師からの論難ということに託して、「全く比況に非ず」ということを語ろうとするわけです。この辺が、善導の独自のやり方なのです。

この辺にはひとつの常識の問題があるわけでしょう。いわゆるここに示していますように、仏というものは煩悩を断ずることに殊《ことなり》がない。そして行業は成就しておって、その証果は円満しているというのが仏である。だから仏に甲乙があるはずはない。仏は全て平等であるから仏と言うのだ。甲乙があるのは仏と言わない。にもかかわらず、諸の仏の中から、これは優れた仏、これは劣った仏と選ぶのはいったいなぜかという問題ですね。

これは今でも出てくる問題ではありませんか。ところがそういう問題は、仏教の学問としては大きな問題になるのかもわかりません。だからしてこういう論難が出てきたわけです。しかし求道ということが明瞭であれば、それは問題にならないような問題なのです。そういうことを善導は答えの中で語っているわけです。

仏は是れ法王、神通自在なり、優と劣と凡惑の知る所に非ず。隠顕機に随って化益を存せんことを望む、或は故《ことさら》に彼の優たるを隠して、独り西方を顕わして勝と為すべし。

（『全集九』八六頁）

こういうふうに述べています。だから問いと答えとが食い違っているわけですよ、問いの方は、こういうてますね。諸仏の浄土と、阿弥陀の浄土とは平等不二である、諸仏と阿弥陀とは平等の仏である、にもかかわらず阿弥陀の世界が良くて、諸仏の世界が劣っているという選びはなぜするのだ、と、このように理で問うてくるわけです。

それに対する答えは何かと言うと、自分にはわからないと答えているわけです。答え方はそういう答え方です。いわゆる仏というのは法の王であって、神通自在なるものが仏だと言うわけです。だから優れたる仏だとか、劣った仏だとか言うことは「凡惑の知る所に非ず」と言うています。もうこれでスパッと切っているわけですよ。凡智、つまり差別意識に依って甲乙をつけているのではないと言うのです。

にもかかわらず甲乙優劣というかたちをとって示されるのは何故かと言うと、それは仏の本意に依るのだというわけです。凡夫の分別に依るのではなくして、仏の本意に依る。仏の本意というのはいったい何かと言うと、

隠顕機に随って化益を存せんことを望む。（『全集九』八六頁）

「望む」というのは、仏の本望ということです。仏とは「自覚・覚他・覚行窮満」と言うのだから

して、自由自在に衆生を救うということだけをもって生命としている存在を仏と言うわけです。だから優と表わそうが劣と表わそうが、それは凡智が差別意識をもって優劣とか甲乙と決めて競争している話ではない。だから仏に優劣があるかないかという問題は、問題にならないことだと言うわけです。もっと押えて言うならば、そういうことを問題にする所には、もはや仏道はない、ということを言おうとするわけでしょう。

これとちょうど同じことが、「曇鸞和讃」の中にありますね。親鸞がある意味では非常に感動をもって、またある意味では我が意をえたりというかたちで和讃しています。

世俗の君子幸臨し　勅して浄土のゆえをとう
十方仏国浄土なり　なにによりてか西にある。（『全集二』八七頁）

「世俗の君子」と、わざわざ世俗という字をつけてます。「君子」でいいわけですが、それを世俗の最高位にある君子が、もっともらしい顔をして「勅して浄土のゆえを問う」というわけです。君子が勅命をもって聞いてきた。どんな事を聞いたのかと言うと、十方仏国平等に浄土ではないか、にもかかわらず何故に西の世界、阿弥陀仏の世界だけが勝れているとあなたは言うのか。西というようなことを言わないで、東西南北四維上下、全部仏の世界であるはずではないか、何に依ってか西にあるのかと、このように尋ねた。そうしたら、

鸞師こたえてのたまわく　わがみは智慧あさくして
いまだ地位にいらざれば　念力ひとしくおよばれず。（『全集二』八八頁）

と、曇鸞は答えたと言うわけです。だから曇鸞はその問いに対して、それはこういう理由で西にあるのだと答えなかった。我が身は智慧が浅い、凡智だ。未だ地位に到っていない。仏の境界を推求するような智慧を得ていない。だからその問題については、心も言葉もおよびません。このように答えたと言うのです。

善導の場合も同じことですね。阿弥陀の世界と諸仏の世界とになぜ優劣をつけるのかと言う問いに対して、それはこうだと言わないで、自分にはわからないというわけです。優劣があると言うならばそれは仏の大悲方便摂化の用き以外にない。仏自らの用きの表現だ。とするとわれわれにおいて頷かなくてはならないことは、優劣論の問題ではなくて、仏の大悲摂化に頷く自分となるかならないかだけが、そのことを結着づけるのだと、このように答えていくわけです。

善導は、そういう問答を通して、実は諸仏の世界の中から安楽世界を選ぶという、その選びは、「全く比況に非ざる」ことを選んでいるのであって、比べて二者択一したのではないのだと言うわけです。だから凡智をもって阿弥陀仏の世界がいいと選んでいるのは、「雖も」の選びではないというわけです。

ここで言う選びというのは「通請」が「別選」になるような選びである。ということは相対を絶した根源への選びである。諸仏の世界を見た韋提希が、諸仏の世界は総じて皆光明の世界であるけれども、自分は安楽世界に生まれたいと願うという選びとして、自ら表白することになったと、言うわけです。

第七段目も明瞭に、韋提の別選ということの意味、性格、本質を明らかにしていることだということは、七段目の釈文を読んだだけでもわかります。

ここで明らかにしていることは、ある意味では非常に特異なやり方によっているわけです。経文そのものは、そんなに難しい経文ではありません。「雖も」と言ったあとで、

我今極楽世界の阿弥陀仏の所に生ぜんことを楽う。(『真聖全一』五〇頁)

と、このように言うた、これだけの経文です。「雖も」までを前に解釈したのですから、その「雖も」を押えておいて、「我今極楽世界の阿弥陀仏の所に生ぜんことを楽う」と、これだけのことを言うのに、この解釈が出てきたわけです。

ここで注意をしておきたいことがあるわけです。「別選」ということが、いわゆる同質的な世界での甲を選んで乙へ取ったという話でないのだということは、経典そのものが語っているわけです。経典の文は、

我今極楽世界の阿弥陀仏の所に生ぜんことを楽う。(『真聖全一』五〇頁)

と、こう言うています。決して、

我今阿弥陀仏の極楽世界に生まれんと楽う。

とは書いていないのです。これは、何でもないことのようですが、大事なことです。なぜかというと、表現の上で言えば「我今極楽世界の阿弥陀仏の所に生まれんと楽う」という表わし方は変でし

ょう。極楽世界というのは何を言うのかというと、阿弥陀仏の所を極楽世界というのでしょう。普通そうでしょう。阿弥陀仏の浄土を極楽というのだ、ということが常識です。ところが経典そのものではひっくり返して説かれているわけです。普通ならば、

我今阿弥陀仏の極楽世界に生まれんと楽う。

と言えば、よくわかる。ところがそうなっていないのです。

我今極楽世界の阿弥陀仏の所に生ぜんことを楽う。（『真聖全一』五〇頁）

のでは、変ではないかという話でしょう。ところがその変なところが大事なのです。だから、もしこの言葉をもっと明瞭にするためにわたしが訓点をつけるならば、

我今極楽世界なる阿弥陀仏の所に生まれんと楽う。

と、このように言えば、はっきりするのではないですか。極楽世界というた時の「極」はその時には生きるわけですよ。「極楽世界」と、こう言うた時の「極」という字は今では死語になっているのです。現代においても極楽という「極」という字は死んだ言葉になっているでしょう。情けないことですが、そうなってますね。極楽というと、酒を飲んだ話みたいになってしまうわけです。「ああこれでこの世は極楽じゃ」と言っているときには、「極」の字は読んでいない。読んでいるのは「楽」を言うているだけでしょう。「ああこの世の楽だ」という話でしょう。この世のなかでは、酒を飲んで酔っ払っているのがいちばん楽だ。みんな憂いを忘れるからと、こういうわけですね。だから「極」の字はいらない字なのです。だからこの「極」の字は死んでいるわけです。

いわば、「極」の字が死んだら仏教の言葉でなくなるのです。「極」の字の死んだ「楽」ならば、これは世のなかにいくらでもあるのでしょう。ところが、それ全体を仏教は「一切は苦なり」と言って押えたのです。ですから、「極」という字が死んで使われている限りにおいて、それはもう仏教の言葉でないのです。そういう意味で、「極楽」も死んでいる。なぜならば、「極」が死んでいるからです。

ところが善導はまさにその「極」を、生きた言葉として経典の上に読み取ったわけです。どのように読み取っていったかというと、「極楽世界の阿弥陀仏の所」というた時、「極」といえる字のついた「楽」は阿弥陀仏の所というところにのみあるのだというわけです。「無限なる」というものに触れるところにしか「極」という字のつく「楽」はない。有限のなかにあるものは、たとえ「楽」というても、天人五衰の如き話になってしまって、有頂天以上には上がることができないという問題です。

だから経典そのものが、明確にそれを押えている。その押えている一点に善導は着眼をしていくわけです。

だからして、「我今極楽世界の阿弥陀仏の所」という文を、わたしは自分に明瞭にするために、

我今極楽世界なる阿弥陀仏の所。

と、こういう具合に仮名をつけてみるのです。そうすると「極楽世界なる阿弥陀仏の所」と言うた時、初めて「極」の字が生きた言葉になるのです。

そういう経文がもっている意味は、それが韋提の別選ということであるというわけです。並列して、楽しい、苦しいというなかの一つを選ぶという問題ではない。「極楽世界なる阿弥陀仏の所に生まれんと楽う」のだ、ということです。

前の段を受けていうならば、すべてを光の世界と見ることのできた人間が、その存在の根拠に向かって選びをもったというわけです。十方の仏国を見た人間が、十方の仏国を現成する根源に向かって選ぶ人間になったというわけでしょう。並列の世界で彼方へ向かってしか歩かなかった人間が、垂直に根源に向かって選ぶ人間になった。それが「別選」です。並列の彼方へ向かうのであれば、どこまで選んでも「通」という世界以上に出ないと、こういう問題です。それを端的に言いまして、

これ弥陀本国四十八願を明す。願願皆増上の勝因を発こす。（『全集九』八七頁）

と、いうふうになって出てきます。

御承知のように、ここにはずーっと『大無量寿経』上下二巻が科文となって出ているわけですね。いわゆる、「増上の勝因を発こす」は勝因段ですし、「因に依って勝行を起こす」は勝行段ですし、「行に依って勝果を感ず」は勝果段です。こういうふうにして勝報段の経説が出てきて、さらに悲化段、智慧段まで、いわゆる『大無量寿経』上下二巻の科文がここに全部出ているわけです。ということのなかには二つの意味があります。

一つは親鸞が、

「大無量寿経言」というは、如来の四十八願を説きたまえる経なり。（『全集三』七三頁）

と、このように言いましたね。あるいは、「教巻」に、

本願を説いて経の宗致と為す。(『全集一』九頁)

と言うています。これは親鸞が発揮で特別に言うたようですけども、もとはここにあるのです。ここに『大無量寿経』というのは四十八願が説いてあるのだと、こういうことをもう善導がすでに科文として示したわけです。ところがそれを読む時に、普通はこう読むのではないですか。

夫人別して所求を選ぶことを明す。これは弥陀本国四十八願を明す。願願皆増上の勝因を発こす。因に依りて勝行を起こす。(『全集九』八六頁)

と、このように読んでいくわけでしょう。いわゆる、「これは」と、こういうふうに読んで、「弥陀の本国なる四十八願を明す。その四十八願は願願皆増上の勝因を起こす」と、こういうふうに普通は読むのではないですか。それで通っていくわけでしょう。これでまちがいではない。どういうことをいうているかというと、弥陀の本国である四十八願がここに明らかになっている。だから阿弥陀の浄土というのは、その本願によっておこされた浄土だ、いわゆる本願酬報の世界だという説明です。お浄土の説明をここでしているということになります。それにはまちがいないのです。

ところが、そのようにみるとわかったようですけれども、この個所での善導の解釈だということになるとわけがわからなくなります。なんでこんなところへきてわざわざ浄土の説明をしなくてはならなくなったのかということです。それは、別選の精神がはっきりしないからそうなるのです。並列して諸仏の浄土より阿弥陀の浄土の方がいいのだと、こういうふうに考えた発想のもとでこの

文を読むからして、迷いだすのです。勝れているところがどこにあるのか、それは阿弥陀仏の本願酬報の世界だからだと、それですんでしまうわけです。ところが、そのようにはすまないのでしょう。

これはそのようなことを言おうとするのではなしに、「別選」ということを言おうとするのです。韋提の別選所求ということの意味を明らかにしようとするわけです。ですから親鸞の読み方は的確です。「これは」とは言うていません。「これ」といって押えています。普通は「これ」といって何を押えているのかというと、浄土を「これ」といって押えたのではないのです。「これ」というのは浄土だと思っているわけです。「これは」阿弥陀仏の本願である四十八願が明らかになっているのであって、その願によって浄土はできたのだというふうに説明して、「此」というのを極めて不明確にしていますね。

ところが親鸞は「これ」といって読み切った。そして、「これ」は何をさすかというと、「夫人別して所求を選ぶことを明す」という、夫人の別選を「これ」と押えたのでしょう。上の一文をただちに押えたのです。そうすると韋提希が別選した、その別選すなわち「これ」は、弥陀の本国なる四十八願を明す。このように読んで初めて生きてくるのではないですか。いわば、凡夫韋提希の別選、その別選ということが弥陀の本国なる本願を明かしているのだというわけです。凡夫が阿弥陀の世界に生まれようと願ったということが、本願を明かしている。凡夫が浄土を願うたということが、実は阿弥陀の本願の唯一無二の証しだというわけです。

「これ弥陀本国四十八願を明す」だからして、「これ」は別選を押えています。別選そのことが阿弥陀の本願を明かしている。だからして阿弥陀の本願は浄土を建立していく本願なのだと、こういうわけです。

阿弥陀の世界へ韋提希が生まれようとして別選した、その別選の事実のところに阿弥陀の本願が証しされている。だからして韋提希が生まれようというその別選は、阿弥陀の本願の世界へ生まれようとする以外にはない。だから別選すなわち選択本願と、このように押え切っているわけです。これは、端的にいえば、韋提の別選が弥陀の本願を開闡すると、こう言うてもいいのでしょう。親鸞は、

韋提別選の正意に因って弥陀大悲の本願を開闡す。（『全集一』二七六頁）

と、このように明確に言うています。そうすると凡夫韋提の別選が弥陀の本願を開闡する、と同時に弥陀の本願が凡夫韋提希の別選として成就するわけです。交互に成就するわけです。

つまり、阿弥陀の願の成就が韋提希の別選である。韋提希の別選が本願を開闡していることである。交互というか、一つの内面の運動です。善導はこのように押えていくわけです。このように押えた時、初めてここの解釈が生きるわけです。

韋提の別選というのはいかなる意味においても「通」ではない。それはなぜかというと、別選が阿弥陀の本願の証しだからです。唯一無二の証しなのである。人間のなかに別選の根拠を求めれば無根という以外にない。無根という以外にない人間が、阿弥陀の世界に生まれようと別選した。そ

の別選こそ本願に呼ばれている事実だということです。これが別選に善導が力を入れた意味であり、ここの眼目でしょう。

ですから、このように韋提の別選の正意が弥陀本願を開闡すると、こういうふうに親鸞も領解していったわけです。

ここに「願願皆増上の勝因を発こす」というところから「智慧の門を開顕する」というところまでは、言うまでもなく『大無量寿経』の上下二巻の科文です。

然るに悲心無尽なり、智亦無窮なり。悲智双行して、即ち広く甘露を開く。茲に因て法潤《にん》普く群生摂すなり。（『全集九』八七頁）

というところまでは『観無量寿経』です。『大無量寿経』を受けて『観無量寿経』をここで語っているわけです。だからそういう意味では、善導はこれだけのところで『大無量寿経』の上下二巻と『観無量寿経』とを摂めてしまったわけです。だから、『大無量寿経』は何を説くかというと、本願を説く、『観無量寿経』は何を説くかというと、本願を衆生の上に成就しようという経典である。その『大』『観』の二経の仏事がどこで成就しているかというと、韋提別選、そこに成就している、と、こういうことです。だから『大』『観』二経をこれだけで摂めてしまったわけです。さらに続けて、

諸余の経典に勧むる処いよいよ多し。衆聖心を斉しくして、皆同じく指讃す。この因縁有って、如来密かに夫人を遣わして別して選ばしむることを致すなり。（『全集九』八七頁）

と言うています。そのように見てくると、親鸞が、

恩徳広大釈迦如来　韋提夫人に勅してぞ

光台現国のそのなかに　安楽世界をえらばしむ。（『全集二』四六頁）

と和讃したのは、この善導の文によって読んだのである、と言うてもいいと思います。

請求別行

次に八段目ですが、これは経典でいえば、「欣浄縁」の最後の文で、

唯願わくは世尊、我に思惟を教え、我に正受を教えたまえ。（『真聖全一』五〇頁）

という経文です。ここでは、「請求別行」というていますね。前のところから明らかにしたのは、「別選」つまり生まれる世界を別選したことである。そして生まれる世界を別選することによって、その世界に生まれる行を別して求めた。求めた別行というのが「教我思惟、教我正受」という言葉で韋提希が求めた。これは大事なことですね。

有限なる存在が無限なる存在へ生まれる道を求めたのです。しかもただ求めたのではなくして、無限なる世界を別選して、別選した心において有限が無限に触れる。そういう道を仏に向かって問うたというわけです。有限から無限へのかけ橋はない、にもかかわらず有限者が無限者に向かって、無限に向かっていく道を問うたと、こういう問題です。それが、「思惟」「正受」ということだというわけです。

これにつきましては、「玄義分」のところで言うていますように多くの聖道の諸師方は、「教我思惟」、我に思惟を教えたまえ、という「思惟」というのが次に出てくる散善の教えだと言い、「教我正受」というのが定善の教えだと、こういうふうに散善・定善を共に韋提がお願いをして聞いたのだというふうに言うております。

それに対して、善導は、そういう考え方を批判しています。散善を韋提希は決して求めたのでない。散善は仏が自ら説いたのだ。つまり、仏自説である。韋提希が求めたのは定善だけである。その定善という定にはいるに先立つ、いわば定の方便として「思惟」という行がある。その思惟行をくぐって初めて「正受」という定が成就するのだ。だから方便と、そして観の成就とを韋提希は求めたのだと、こういうふうに注目をしています。これは、この次のところの問題点になるわけです。しかし、「思惟」ということの解釈は、ここに書いてあるように、浄土の依正二報・四種の荘厳について思惟観察する。いわゆる「心一境想」といいますから、心を一境に止めていく、その止めていくことが、方法、方便ですね。それを通して見るものと見られるものとが一つになる。見る意識が消えて見られるものと一つになる、と、こういう世界が正受だ。それが「観」の成就です。それが正受です。ですから、

前の境と合するを、名づけて正受と為す。（『全集九』八七頁）

と、このように言うているわけです。ところが実は、このことがやがて親鸞によりまして、こういうふうに言われてくるわけです。

定観成就の益は念仏三昧を獲るをもって観の益となす。（『全集一』二七七頁）

と「化身土巻」に言うていますね。定観、いわゆる定善の観法が成就することによって与えられた利益は何か。それは、念仏三昧をもって観の利益とするのだ。だから観が成就したということは念仏三昧として成就したということなのだというわけです。これが『観経』の一経両宗という問題ですけれども、非常に簡単に言うと、当然のことを言うているのです。言葉にすれば当然のことです。なぜかというと、阿弥陀仏の世界に生まれたいとして阿弥陀仏の世界を止観しようとするのでしょう。

阿弥陀仏の世界とは何なのかというと、本願の世界です。本願を見ようとすることはどういうことかというと、本願というのは願いですから、願いを見たということは願われたということに頷いたということでしょう。論理構造としてはそうなっていますね。願を見るということは、願われている自己を知るということ以外にないわけです。だから「観仏本願力、遇無空過者」というて、本願力を観ずれば空しく過ぐる者がないという。それはなぜかというと、本願力がわかったということだ。本願力がわかったということは、願によって生きる自己がわかったということと一つだからなのです。

そういう意味で、願の成就は、願によって願われている自己の成就であるわけです。だから本願がわかったというても、本願は対象的にはわからないでしょう。願いは対象化できないものです。かけられているという事実においてしか頷けないことです。そういうことがやがて、この『観経』

の一つの中心になります。「観仏三昧を宗となし、また念仏三昧を宗となす」ということの問題視点であるわけです。

ところがその「観」については後に明らかにすると、このように言うて、

上来に八句の不同有りと雖も、広く欣浄縁を明し竟んぬ。（『全集九』八八頁）

と結んでおります。

第八章　如来の微笑
——散善顕行縁——

一　はじめに

教すでにあり

善導が三序六縁として『観無量寿経』の序分を押えていますが、そのなかで「散善顕行縁」「定善示観縁」という、きわめて問題的な序分のところへ入っていくわけです。

この「散善顕行縁」「定善示観縁」というのが、きわめて問題的だとわたしが言うのは何故かと申しますと、実は、「散善顕行縁」とか、「定善示観縁」という部分の経文はどういうふうに見たところで、序分というわけにはいかないわけですよ。王舎城での出来事のはじめに、父を禁ずる縁という「禁父縁」、それが縁となって母を禁ずるということが起こった「禁母縁」、という二縁が事件として示されるわけですね。それを通して韋提希夫人が穢土を厭《いと》うようになった「厭苦縁」、厭うことを転じて浄土を欣《ねが》う人間になった「欣浄縁」と、こういうふうに展開しているわけです。このあたりまでは、序分という意味で領解できるわけです。いわば、一人の人間が悲劇に遇うた、その悲劇を縁として真に教えを聞く人間になったというのですから、これは常識的に言いましてもわかるわけです。

ところが、そのあとの「散善顕行縁」、「定善示観縁」というきわめて理屈っぽい名前をつけ、善導がそういうかたちで呼んでいる部分が、経文における序の部分であるということは領解しがたいわけです。だから真宗学などでは、善導は序分を、このように長く見たということが「善導独明仏正意」と言われる意味だというのです。

ところが、どうして、そのように序分を長く見たことが、それほど意味をもつのかということになると、それほどはっきりしていないわけです。長く見たから偉いのだというだけであって、なぜ長く見たことが偉いのか、もっと言えばなぜそこまで長く序分を見なくてはならなかったのかということが不明瞭なのです。それをはっきりさせていかなくてはならないのでしょう。そういう意味では、「散善顕行縁」、「定善示観縁」というこの二縁を置いたというところに善導という人の、経典に対する根本的な態度の特徴がある。それをわれわれは見究めていかなくてはならないのではないかと思います。

ともかく、前の四縁のもっている序分としての意味は、非常にはっきりしているわけです。ところが、この前の四縁と、そしてこの「散善顕行縁」「定善示観縁」という二縁とはおのずから性格は違うわけです。したがって、どうして「散善顕行縁」「定善示観縁」というような序分を善導は必要としたのだろうかと思うわけです。

経文そのものを見ましても、

その時世尊、すなわち微笑したもう。（『真聖全一』五〇頁）

と、こういうところから「散善顕行縁」だと、こういうふうに善導は言うています。ところがどう考えても、序分という位置に置く必然性が見つからないわけです。いわゆる韋提希が別選した、つまり真に自立的な問いをもちた釈尊がにっこり笑われるわけです。王宮へ没出して沈黙を守っていえた一人の人間が誕生したという、そういう人間を見出したとき釈尊は「すなわち微笑」で、にっこりとお笑いになった。そして、その笑みのなかから頻婆娑羅王の救いが成就し、それを通して「汝いま知るやいなや、阿弥陀仏、ここを去ること遠からず」という開口一番の説法が始まると、こうなっているのでしょう。もうそうなれば、まだ序分だという理由はどこにも見つからないわけです。本文が始まっているではないかというわけです。

『大無量寿経』においても、問えば答えるのです。「善きかな、阿難、問えるところ甚だ快し」と、こういうふうに「善きかな、阿難」と、問いを嘆じた言葉をそのまま「如来、無蓋の大悲をもって三界を矜哀したもう」という。このように端的に仏陀出世の本意ということが開示されてくるわけです。

だからそこでわたしは、韋提が別選したにもかかわらず、まだ序分だという善導の気持ちはよくわからなかったのです。なぜそんなことをするのだろうと思ったのです。

『大経』の方も釈尊の説法が始まったら正宗分なのだから、『観経』の方も、言葉として説法は始まっているのだから、もうこの辺で正宗分が始まっていいのではないのか。もう序分は十分だと思ったのです。そういう意味では、ここで学生時分から苦労したわけです。その苦労したあげく、一つ、はっきりしてきたことは、その「もう始まってもいいのではないか」という意識のなかに隠れていたものは何かというと、すでに教法は始まっているのだということを知らなかったということです。もうぼつぼつ教えは始まってもいいのではないかと、こういうふうに言うてまどろっこしい顔をするわたし自身のなかには、すでにして教えが始まっておった、という世界に目を開いていなかった、という問題があったわけです。

実は「散善顕行縁」「定善示観縁」という二縁は、前の四縁と性格が違うと言うたのはそういう違いなのです。確かめて言うならば、後の二縁を善導が置いたのは、すでにして教法は始まっていたのだ、ということを明らかにするわけです。王舎城に事件が起こった、その事件に先立って、すでに教えは始まっていた。事件を縁として教えが開かれたのだけれども、開かれるというその時点へきてみたら、教えはすでにして事件をつつんで始まっていたわけです。「すでにして教えありき」という、その事実への頷きが「散善顕行縁」「定善示観縁」という二縁を、善導に見開かしめているわけです。わたしはこのことがわかった時、非常にうれしかったのですね。目からうろこが落ちると言いますが、ほんとうにうろこが落ちたという実感だったのです。

大悲の実感

前の四縁というのは文字通り時機純熟です。いわゆる時熟を明らかにしているのが前の四縁でしょう。事件を通して教法興起の人間というものが誕生するということですから、時機純熟ということを明らかにしているのが前の四縁でしょう。だから、時機純熟して教えが始まったというのであるならば、そこから教えが始まったでいいわけです。ところが時機純熟してみたら教えはすでにあったということが大事なことなのです。

時機純熟して、そして教えが始まったと、こういうのではないのです。具体的事実は、時熟して説法が始まるわけです。具体的な事実はそうであるからして、経典の記述そのものも、そのようになっているわけです。ところが、そこでわれわれが明らかにしなくてはならないこと、あるいは善導が明らかにしようとしたことは何かというと、時機純熟してみたら教えはすでにあったと、こういうことなのです。

時機純熟しなければ教えはどこにもない。時機純熟せずして教えはないわけです。書物はあるし、文字はあるし、言葉はある。しかし教法はないというわけです。だからというて時機純熟して、それから教えが始まるのでもない。これは大事なことですね。

そこで、時熟ということが恩徳ということと結ばれてくるわけでしょう。時熟の内容は知恩です。時熟の内容は知恩としてしか現われないわけです。

親鸞も、「仏恩の深重なるを念じて、人倫の哢言を恥じず」とか、あるいは「仏恩の深遠なるを信知して」と、このように言うでしょう。深くして遠いと言います。深くして遠いというのが仏の恩ということの意味です。だからして時熟の内容は歴史なのです。現前一念の内容は曠劫以来の歴史です。省りみて言うならば無始流転の歴史であるし、伏して言うならば護持養育の歴史なのです。歴史への感覚というものは冷たいものではない、歴史への感覚は知恩という感覚です。かたじけないという感覚なのです。

弥陀の五劫思惟の願をよくよく案ずれば、ひとえに親鸞一人がためなりけり。さればそくばくの業をもちける身にてありけるを、たすけんとおぼしめしたちける本願のかたじけなさよ。（『全集四』三七頁）

と、親鸞は言うているでしょう。「そくばくの業をもちける身にてありけるを」と、こう言っているところに、一点も自己のなかに教法興起の必然性を見出すことができないという、無始流転の歴史への懺悔があるわけでしょう。しかしそれが「かたじけなさよ」という、その無始流転の歴史がそのまま護持養育の歴史としていただける。そこに深遠なる仏恩というものが実感される。その恩徳感が時熟の内容です。

そうすると、ここの『観経』でいうならば、あの王舎城の事件が始まって、そして「教我思惟、教我正受」と、このように別選する韋提希が生まれてきた。だから親鸞はそれを押えて、

恩徳広大釈迦如来　韋提希夫人に勅してぞ
光台現国のそのなかに　安楽世界をえらばしむ。（『全集二』四六頁）

と、このように讃じたわけです。

いわゆる穢土に立脚点をさがしていこうとする、そういう妄想のなかに自己を埋没させていく人間が、真に穢土を厭《いと》うて浄土を欣《ねが》う。阿弥陀の世界に穢土を生きる立脚点を見出そうと、そういう願いに立った人間、それは別選の韋提希です。そういう人間として新たに誕生せしめられたということを親鸞は「恩徳広大釈迦如来」と、このように言うたのです。

恩徳と言う限りにおいて、それは時熟を待って始まったというのではなくして、時熟の時点においてすでにして教えの御苦労があったという頷きがあるわけです。そういう「すでにして教えあり き」という頷きが、次第をもって展開してきた経文を、善導の頷きとしては、あの「教我思惟、教我正受」という別選の時点を転換地点として、そして教えというものの大慈悲性を「散善顕行縁」「定善示観縁」という二縁で示したわけです。

だからそういう意味では、「散善顕行縁」「定善示観縁」という二縁は、確かに一方においては正宗分として始まる釈尊の具体的説法の性格を規定する序分であるわけです。しかし同時にそのことは、人間の事件の起こるに先立って、人間自身を時熟の機たらしむる護持養育の教えであったのだという、そのことへの側きの内容でもあるわけです。だからこの二縁は、いうならば前の四縁の根源へかえっていく序分であると同時に、その前の四縁をもって時熟した一人の人間の前に開かれる教法の性格を決める序分でもあるわけです。そういう意味で非常に大事な意味をもっているわけです。

だから、「散善顕行縁」「定善示観縁」というこの二つの序分を、ここで善導が非常に強い力点を置いたことによって、『観無量寿経』という経典の性格がほんとうにはっきりしたわけです。これは、なぜわたしがこんなことをくり返しているかというと、言葉で言うたならば、それだけのことです。これは、なぜわたしがこんなことをくり返しているかというと、教えはみな大悲の教えに決っているからです。経典はみな、智慧・慈悲・方便であって、慈悲の教えでないような教えは仏教にはないわけです。それは常識というものでしょう。しかし常識としては慈悲の教えであることはわかっているけれども、それが慈悲の教えであるという確かめのなかで、慈悲の教えだということを明らかにするということは、必ずしもだれにでもできるということではないわけです。教えはみな慈悲の教えだと、だれでも言うていますし、だれもみなそのように解釈しています。ところが、説かれた教えは大悲の教えであるという頷きにおいて教えが聞けるということと、大悲の教えだという予定観念において教えを聞こうということとは違います。予定観念において聞こうとするのは、大悲というものを解釈するだけです。

ところが大悲として頷いて教えを聞くという時、その教えは、それこそ仏言になるわけです。如来如実言、つまり生きた言葉になるわけです。そういう意味で、この「散善顕行縁」「定善示観縁」という二縁が置かれているわけです。

もう少し整理していいますと、この二縁を置くことによって、前の四縁が時熟の機を護持養育しつつ歩んできた教えの歩みであった、ということへの頷きが明瞭になるわけです。と同時にこの二縁を置くことによって、その時熟の機に開顕されてくる正宗分の教えこそが、大悲の教えであるということが明らかになるわけです。前へかえっても大悲性が明らかになる、これ以後へ展開する正宗分の教えの記述としても大悲性が明らかになる、正に大悲摂化ということを明瞭にしていく、そういうところに、この二縁が位置づけられているわけです。

そういうことで言いますと、前の四縁が機の純熟ということを明らかにしている縁だとするならば、この二縁は、その時熟において開かれてくる教法の質というものを明らかにする縁だと、こう言ってもいいでしょう。そのことを通して、機教相応ということが成り立つわけです。そういうことが、「散善顕行縁」「定善示観縁」という二縁のもっていること、いわば問題の視点であるわけです。

表題の領解

さて、この二縁の読み方ですが、わたくしには今日までどうしてもすっきりしなかったのです。この「散善顕行縁」「定善示観縁」という文字ですが、だいたいこれは中国語ですから、中国人にはよくわかるのだと思うのです。「散善顕行縁」「定善示観縁」と、このようにずっと読み下して領解できるのでしょう。ところが、日本人にはわかりにくいのではないですか。どう読んでも落ち着かないのです。ところが親鸞の読み方にしたがえば、きわめて明瞭なのです。しかし親鸞の読み方にしたがった時には、少なくとも親鸞は、いわゆる「散善顕行縁」という、この序分のこの部分について読んでいるわけではないのです。「散善顕行縁」という言葉を借りて、散善として示されてくる、いわゆる「上品上生」から「下品下生」までの、あの経文をこの善導の言葉を借りて指し示しているわけです。だから、散善というのは「行を顕わす縁」なのだという意味で使っているわけでしょう。いわゆる「散善顕行縁」という序分のところの話をしているわけではないのです。散善・三福・九品と説かれている、あの経文というのは、実は行、つまり専修念仏を明らかにするための助縁として語っているのだと、こういう意味なのです。

したがって、そういう意味では、「定善示観縁」も「定善は観を示す縁」だと言っています。つまり定善十三観という、あの正宗分の教えは「観」、いわゆる本願を観知するということを明らかにする縁として説かれているのだと、こういう意味です。だから、『教行信証』の「化身土巻」を見ましても、「散善顕行縁」「定善示観縁」と、こういうふうには並べてなくて、「定善示観縁」「散善顕行縁」と、このように逆に並んでいるわけです。

それは、「散善顕行縁」という序分の部分、あるいは「定善示観縁」という部分について親鸞が説明しているのではなくして、散善とか定善とかいうふうに説かれている、いわゆる定散二善の説意というものを押えて言うているわけです。いわゆる、定善十三観は、本願を観知するという、そのことを示現する縁であり、散善の三福九品は、専修念仏を開顕するところの縁であると、こういう意味で使っているわけです。だからそういう意味では、これも親鸞の読み方では、この序分の表題としての解釈にはならないわけです。ですから親鸞はこれをどのように読んだのか、よくわからないわけです。

ところが、「散善は行を顕わすの縁」と、このように読んでいる人もいるのです。浄土宗鎮西派の人々はそのように読むのです。その時はどのような領解のもとに読んだのかといいますと、あの散善という教えは「行」であるというわけです。要するに諸行だと領解するのです。二類往生、いわゆる念仏往生と諸行往生とを立てるわけなのです。そうすると、散善が行であるということを顕わすために、序分に「散善顕行縁」というものを置いたのだ、という意味で、「散善は行を顕わす縁」と、このように読んでいるわけです。

定善の場合もそうであって、読み方は「定善は観を示す縁」と言うて、定善というものが真実の「観」であるということを示すために、その定善が始まるに先立って、「定善示観縁」というものを置いたのだと、こういう意味です。つまり、なぜこういう経説を置いてあるのかというと、散善が行だということを顕わすためですし、定善は観だということを顕わすためなのだということで、これには文句はないけれども、そういうこと自体がよくわからないのです。なぜそんな経文を置いたのか、何のために序分のところでそんなことをしなくてはならなかったのかという意味は、これではわかりません。

浄土宗西山派では、「散善とは顕行の縁である」、「定善とは示観の縁である」と、このように読んでいます。そして、示観とか顕行とかいうところにずいぶん含みをもたせて読ませているのですけれども、これもよくわからないわけです。「示観」とは何のことなのか、「顕行」とは何のことか、顕行とか示観というその二字を、少なくとも独立した言葉として使わずに、述語として使っているわけですから、これもやはりわからない。

ともかく、いろいろ読んだり考えたりしてきたのですが、どうもすっきりしなかったのです。ところが、後の方の「定善示観縁」のところの経文について注意をして読んでいて、ふと気がついたのです。それは、こういうことでないかと思うのです。言うてしまえば何でもないことであって、「散善とはいかなる行であるかを顕わす縁」、「定善とはいかなる観であるかを示すの縁」として、序分に置かれたのではないか、というふうに領解するわけです。

だから、定善は「観」だということは明らかですし、散善は「行」だということは言うまでもないことなのですが、問題はその「行」の質、また「観」の質がいかなる「観」であるかは、経文の正宗分を読んだだけでは明瞭にならないわけです。定善十三観というのも、自分で修していこうとするならば、いわゆる自力の観法になっていくわけです。親鸞のようにそれを本願観知だと、こう言うには、廻心という転換があるわけでしょう。そういう意味では、どちらにもなるわけなのです。

そうすると、善導はそういう問題には全然触れないで通っていったのかというと、そうではないのでしょう。もしそうならば、当然本文として読まれるべきところを序分に置いて、こんなやっかいな表題をつけるはずがない。とすると、善導自身もここで何かを明らかにしようとしている。親鸞がその意をさぐって本文の定善・散善の位置づけをしたことのもとになるような、定善・散善の位置づけをしているわけでしょう。親鸞をしてそういうことを行なわしめた根拠になるような善導の領解というものが、ここに見取られなくてはならないと思うのです。

そうすると、「いかなる」という言葉を置けば、それでいいのではないかと思うのです。やがてこれから説かれるであろう散善というその教えは、「いかなる」行を顕わそうとしているのかということを、もうすでに序分のところで明示しているのだということです。だから、それに続いて出てくる、いわゆる「定善示観縁」ということも、やがて直後に出てくる定善の十三観というものは、韋提が願うて、それに応《こた》えた定善の観法には違いないが、その観法の質は何であるか、「いかなる」質の観法であるかということを、すでに十三観の観法が始まるに先立って明示している。

そういう意味で、散善は「いかなる」行であるかということを開顕する縁由としてこの一段があり、やがてその次には定善とは「いかなる」性格の観であるかということを開示するために置かれたところの縁由であると、こういうふうに読むとよくわかるのではないでしょうか。

わたしには、「いかなる」という四つの字を考えつくのに十何年かかったわけです。たった「いかなる」という言葉ぐらい考えつくのは、いつでも考えつけそうなはずですが、なかなか考えつかないものです。「いかなる」ということにふと気がついてみたら、わたしにはスラーッとこの序分が解けてきたのです。なぜかといいますと、散善というものがどんな行であるかはわれわれにはわからないのでしょう。ところが、善導の領解を通してみると、すでにして散善の性格はわかっているわけです。それは、「汝いま知るやいなや。阿弥陀仏、ここを去ること遠からず」、こう言われるのですし、「汝いま知るやいなや。この三種の業は、過去・未来・現在の三世の諸仏の浄業の正因なり」と、このように指し示されるような行なのです。人間のただの努力というだけに終らない。努力ということをくぐって、すでに「仏かねてしろしめして」というかたちで明らかになっているような行です。

そういう意味で、散善とはいかなる行であるかを開顕するところの縁由として、善導はまずその序分に「散善顕行縁」を置いた。そして、その「散善顕行縁」という、その性格づけをくぐって初めて、定善とはいかなる観であるかを開示すべく、定善の十三観の本文が始まるに先立って、その性格を明らかにした。それが「定善示観縁」だと、こういうことだと思います。

一言でいうと、仏力によって見せしめられる観だということを示しているわけです。「汝はこれ凡夫、心想羸劣である」と、仏はこのように韋提希に向かって言っています。釈尊が、おまえは凡夫、心想羸劣であって未だ天眼も得ていない。だから、仏の境界を見ようとしても見ることはできない。ただ仏力をもって見せしむるのだと、こういうふうに言うているでしょう。

そうすると、その規定が実は、定善をどう読むかという、それからあとの本文への領解の基準になるわけです。その一点を明瞭に読み切らないと、定善というものは、善導の領解のような読み方はできないわけです。定善はやはり、普通にいわれる止観の行であって、その止観の行は、聖道の諸師方が規定しているように、十三観ではなくして十六観だと、こういうふうに読んでいくことになるわけです。

そうすると、散善とはいかなる行であるかを顕わす縁由として、「散善顕行縁」をまず最初に置いた。そして、それを通して定善とはいかなる観であるかを開示する縁由として「定善示観縁」が置かれたと、このように見るとよくわかるのではないかと思うのです。

そういうふうに読んでみると初めて、「散善顕行縁」という名で善導が序分を置かなくてはならなかった意味がわかります。なぜかというと、人間がそこから脱出しようとしている、その倫理の世界に「ここを去ること遠からず」というかたちで、阿弥陀の世界を開こうというのが『観経』です。

ところが、そういうことは人間にわからないわけです。むしろ韋提希自身はそこからの脱出を願うて、清浄業処を彼岸に求めたわけです。つまり、「ここを去る」というところに求めた、その韋提希に向かって、その願いを受けとめながら、「阿弥陀仏不遠」と、こういうふうに説いてくる。そういう大地になるのはどこかというと、空中でもなければ、観念界でもない。最も具体的な人間の現実界であるわけです。その現実界のただなかに「阿弥陀仏不遠」という教えが定着した時、初めて人間の諸問題というものが、念仏一つに統摂されてくるというあり方が開かれてくる。それが『観経』の主流をなしている主張なのです。それを、「散善顕行縁」を置くことによって、最初に明らかにしておいて、そして韋提希自身が願った定善に対して、その定善とはいかなる観であるかをまずもって韋提希に知らそうというのが「定善示観縁」ということになるのでしょう。

二　光、父王を救う

六就《テ》二散善顕行《ノ》縁《ノ》中《ニ》一、即有《リ》二其五《ノ》一。一従《リ》二「尓時世尊即便微《ミ》笑《スコシエム》」《ト云》二下至《テ》二「成那含《ナコムニ》」二已-来《ハ》、正明《ス》三光益《リスルコトヲ》二父王《ノヲ》一。此明《ス》下如来以《テ》下見《下ニ》二夫人《ヲ》一願《シ》レ生《ムト》二極楽《ニ》一更《ニ》請《スルヲ》中得生之《ノ》行《ヲ》上、称《カナヒ》二仏《ノ》本心《ニ》一、又顕《コトヲ》中弥陀《ノ》願意《ヲ》上。因《ヨテ》二斯《コノ》二請《ニ》一、広《ク》開《ク》二浄土之《ノ》門《ヲ》一。非《ス》三直《タ、チニ》韋提《ノ》得《ノミニ》二去《サルコトウ》一、有-識聞《キ、テ》レ之皆往《ヲナユク》。有《カ》二斯益《ノ》一故《ニ》、所-以《(ママ)ソヘニ》如来微《ミ》咲《セウシ下ナリ》也。言《フ》二「有《ウ》五色光従《シユウ》仏口出《ト》」一者《ハ》、此明《レス》三一切諸仏《ノノ》心口常《クノツネノ》威儀《キキ》、法尓《ニトノオホヨソノ》凡所《ノ》レ出光必《スリ》有《スアルコトヲ》二利益《フ》一。言《フ》二「一一光照頻婆頂《セウヒンハチヤウトハ》」一者、正明《ス》下口光不《ノリスノ》レ照《テラサ》二余方《ヨヲ》一、唯照《コトヲ》中王頂《ワウノチヤウヲ》上。然《ルニ》仏光随《ニ》二身出処《ノイテトコロニ》一、必《スナ》皆有《レ》レ益。仏足下《ノノニヨリ》放《ハナテハ》レ光《ヲ》、即照《セウ》二-益《ス》地獄道《ヲ》一。若光従《シリリ》レ膝出《ヒサイツレハ》、照二-益《ス》畜生道《ヲ》一。若光従《シリリ》二陰蔵《オム》一出《ハ》、照二-益《ス》鬼神道《ヲ》一。若光従《シリリ》レ臍《ホソ》出《ハ》、照二-益《ス》脩羅道《ヲ》一。光従《リ》レ心《ムネ》出《ハ》、照二-益《ス》於人道《ヲ》一。若光従《シリリ》レ口出《ハ》、照二-益《ス》二乗之人《ヒトヲ》一。若光従《シリリ》二眉間《ミ》一出《ハ》、照二-益《ス》大乗人《ニンヲ》一。今明《マニ》此光従《ノリリ》レ口出《イテ、タ、チニ》直照《ス》二王頂《ヲ》一者《ハ》、即授《サツクルナリ》二其小果《ノヲ》一。若光従《シリリ》二眉間《イテ、》一出即従《リ》二仏頂《イル》一入者《ハ》、即授《クル》二菩薩記《ニキヲ》一也《ナリ》。如《キノカクノ》レ斯義者《キハ》、広多《クワウタニシテ》無量《ナリ》。不《ス》レ可《ラ》二具述《ツフサニノフ》一。言《フ》二「尓時大王雖《スイ》在幽閉《エウヘイト》」一已下《ハ》、正《ク》明《ス》下父王蒙《カムテ》三光《リノ》照《シユムス(ママ)コトヲ》二頂《イタ、キヲ》一、心眼得《ケンエテ》レ開《コトヲ》、障隔《シヤウキヤク》雖《トモ》レ多《シト》自然相見《ニヒコトヲ》上。斯乃因《コトヲコレチヨテ》レ光見《ニ上ル》レ仏、非《スノ》二意所期《コニ》一。致《シ》レ敬《キヤウヲ》帰-依《クキエノ》即超《チコヘテ》証《ス》二第三之果《ノヲ》一。(『全集九』八八頁)

即便微笑

度々言うように善導が『観経』の序分を領解するについて三序六縁をたてているわけですが、これは第六番目の「散善顕行縁」です。その「散善顕行縁」を五段に分って、善導は押えている。その第一段目の解釈です。経典の本文の方は、

その時世尊、すなわち微笑したもうに、五色の光有りて、仏の口より出ず。一一の光、頻婆娑羅の頂を照らす。その時大王、幽閉にありと雖も、心眼障なく、はるかに世尊を見たてまつり、頭面に礼を作し、自然に増進して、阿那含を成ぜり。（『真聖全一』五〇頁）

という、これだけの経文です。韋提希が阿弥陀仏所に生まれんと楽《ねが》った、その時世尊、すなわちにっこりとお笑いになった。お笑いになることによって、五色の光が仏の口より出でて、そのいちいちの光が、牢獄に閉じ込められている頻婆娑羅王の頂《いただき》を照らした。その時大王は牢獄に幽閉せられていたけれども、心眼障りなく、はるかに世尊を拝んで、頭面に礼拝をして、自然に心が開かれていって、阿那含果、つまり不還果を得ることができた。こういう経文です。

この経文そのものの性格からいいますと、「散善顕行縁」のうちにこの経文を位置づけるというのは、唐突なという感じがしないでもないわけです。これはつなぎの言葉みたいな感じがします。仏がにっこり笑った。すると頻婆娑羅王が救われたという話がポンとここに入りまして、そしてその入ったところから、

その時世尊、韋提希に告げたまわく、汝いま知るやいなや、阿弥陀仏、ここを去ること遠からず。（『真聖全一』五〇頁）

と、このように本文が始まるわけでしょう。そうすると、この一段だけは挿入句として入れられた

言葉のように見えるわけです。ふつう考えますと、そうでしょう。もしこれが、

その時世尊、すなわち微笑したもう。世尊、韋提希に告げたまわく、汝いま知るやいなや、阿弥陀仏、ここを去ること遠からず。

というと、スキーッといくのではないですか。にっこり笑って開口一番という話ですから、非常によくわかるのです。ところがそうはなっていないのです。またそういかないところに、善導の着眼点もあるし、経典の押えている点もあるのです。

なぜかというと、釈尊が、別選した韋提希の姿を見て、即便微笑した。その即便微笑したということの具体的内容が頻婆娑羅王の救いというかたちで現われたということです。これは決定的な意味をもつのです。教えの本質をここで示そうというわけです。教えの本質は、まずもって「即便微笑」という言葉のところで決定されるわけです。

とにかく、王宮に没出してきた釈尊が、黙って沈黙のなかで韋提希の愚痴を聞いていた。すると韋提希自身が、その沈黙のなかから、「我に思惟を教えたまえ、我に正受を教えたまえ」というかたちで、阿弥陀の世界を別選する人間になった。その別選する人間になった韋提希を見そなわして、釈尊は初めて愁眉《しゅうび》を開いた、いわゆるにっこりとお笑いになった。そして、にっこりとお笑いになったその心のなかから、「汝いま知るやいなや、阿弥陀仏、ここを去ること遠からず」という言葉で始まる説法がおこされてくる、ということでしょう。

その意味では、「即便微笑」が、これから説かれる正宗分の教えを決定するポイントになります。

わけです。

と同時に、これまでの序分のところに、すでに教えがあったということの決定的なポイントになる

にっこり笑ったということは、笑えない世界をじーっと持っていたということなのです。ほっとして笑ったということは、長い間笑えない世界にいたということの証しなのでしょう。笑いとして華開く因位が長かったということです。仏陀の笑いの因位が長かったということは、悲しみが長かったということです。韋提希という一人の凡夫のところへ没出して出てきた釈尊の悲しみの長さが、笑いとして華開くわけでしょう。この微笑の「笑」は「咲」でもいいわけです。『教行信証』では、

達多・闍世の悪逆に縁って、釈迦微咲の素懐を彰す。韋提別選の正意に因って、弥陀大悲の本願を開闡す。（『全集一』二七六頁）

と、こういうふうに言うています。この場合は「微咲」です。

これについては、西洋の哲学でも「笑」と「咲」はイコールであると言われているそうです。「笑い」ということと、花が「咲く」ということとはいっしょなのだそうです。ギリシャ語などでもいっしょになるのだそうです。

禅宗の方でも「拈華《ねんげ》微咲」ということがあるでしょう。釈尊が持っていた蓮華をひねったら、それを見て、迦葉がにっこりと笑った。その笑いを見て釈尊が、「おまえこそ仏陀の教えを継ぐ者である」と言うて、授記された。その授記に始まる伝統が禅の伝統であるといわれています。あの時も「微咲」です。

ともかく、笑うという意味は「咲く」ということ、つまり花開くということなのだそうです。そうすると、微笑というのは春を待って花開くという意味でしょう。

そこで、「即便微笑」つまり「すなわち微笑したもう」ということのなかには、微笑しえない長さがあった。微笑する世界を開示するための仏陀の因位の長さが、内にあるわけです。そういう意味では「即便微笑」は、その笑みをうかべる釈尊を誕生せしむる因位としては、これまでの時熟を待つという長さをつつんでいる。と同時に、これから説かれる教えは、その「即便微笑」のなかから説かれる教えであるということで、いわゆるこの『観経』の正宗の終わりまでつつんでいるわけです。そういう意味で、「即便微笑」は全体のポイントになるわけでしょう。

ところが問題は、善導がそれを解釈する時に、その「即便微笑」という言葉そのものに、即事的には一言も触れていないということです。今読んだところでわかりますでしょう。「即便微笑」については善導は何も言うていないのです。

もう一つは、「汝いま知るやいなや」についても善導は何も言っていません。その何も言うていないということが大事なのです。言うてみれば、「即便微笑」というのは解釈しても話にならない問題なのです。どういうことかというと、「即便微笑」の事実に触れなければ、「即便微笑」ということは問題にならないということです。釈尊が笑おうが、怒ろうが、そんなことは、その心に触れなければ問題にならないわけです。

そういう意味で、善導の解釈は、「即便微笑」という非常に大事なポイントを押えておりながら、

「即便微笑」そのことについては何ら註釈を加えない。加えずして、むしろ頻婆娑羅王が救われたということをもって、あたかも「即便微笑」の解釈であるかの如く位置づけているわけです。頻婆娑羅王が救われたという、挿入句ではないかと思われるようなことに善導は重点を置いている。そのことが「即便微笑」ということの領解点になっているわけです。こういうことが善導の『観経疏』の難しさなのでしょう。常識からいうと、頻婆娑羅王が救われたというようなことは途中に入った言葉だから、これは軽く流していって、「即便微笑」のことを大事にもっと解釈してくれた方がいいと、われわれの意識は動くのです。それは常識の要求です。

ところが、善導は逆です。「即便微笑」という重大なことは解釈できないことだ。むしろ「即便微笑」ということのもっているほんとうの、具体的な意味は何かというと、ここの経文が始まるに先立って頻婆娑羅王が救われたというところにある、と、こういうわけです。頻婆娑羅王の救いが成就したということが「即便微笑」ということの具体的内実である。このように善導は経文を読んでいくわけです。だからして、「即便微笑」ということについての解釈ではなくして、最初にまず示しているのは何かというと、

正しく光り父の王を益することを明す。（『全集九』八八頁）

というのが、この「散善顕行縁」全体についての善導の着眼点です。だから着眼点は、光が父の王を利益したということを明らかにするということにある。そうしておいて、そのことが、

これ如来夫人を見たもうに極楽に生ぜんと願じ、更に得生の行を請する、（『全集九』八八頁）

ということが起こった。それをもって、

仏の本心に称《かな》い、又弥陀の願の意を顕わすことを明す。（『全集九』八八頁）

と、こういうふうに、領解を語って行きます。このように、われわれの意識とはむしろ逆に、頻婆娑羅王の救いを明らかにしているということが「即便微笑」の最も具体的な意味をここでは開くのだと、こういうふうに押えていくわけです。

宿業を背負う一人

そういうふうに押えておいて、

これ如来、夫人を見たもうに極楽に生ぜんと願じ、更に得生の行を請するをもって、仏の本心に称い、又弥陀の願の意を顕わすことを明す。（『全集九』八八頁）

と言うて、むしろ頻婆娑羅王が救われたという事実が、逆に「即便微笑」ということの具体的内容であるというようなかたちで善導は押えているわけです。

ここで注目をしておきたいことは、ここの読み方です。普通は前のように読んでいるのでしょう。ところが必ずしもこのように読むとは決っていないのであって、他の読み方で読んでいる場合もあるわけです。他の読み方で読みますと、

これ如来、夫人の極楽に生ぜんと願じて、更に得生の行を請するを見たまえり。仏の本心に称い、又弥陀の願意を顕わすをもって、斯の二請に因って、広く浄土の門を開く。

と、このように読みます。ここで特に善導が押えていること、あるいは善導の意を通して親鸞が押えていることは、「如来、夫人を見たもうに」と、このように押えたところです。

如来、夫人の極楽に生ぜんと願じ、更に得生の行を請することを見たもうに、

と、こういうふうに下まで続けて読まないで、

如来、夫人を見たもうに、極楽に生ぜんと願じ更に得生の行を請するをもって、

（『全集九』八八頁）

と、こういうふうに読んでいる。そこに、如来によって見そなわされた夫人ということがあるわけです。いわば、如来が一人の凡夫である韋提希夫人を見そなわしてみると、その一人の凡夫である韋提希夫人が別選、つまり別して選ぶということを決断するような存在として、そこに生きているという一つの頷きがあるわけです。もしこれを、

如来、夫人の極楽に生ぜんと願じ更に得生の行を請するを見たもうて、

と、このように読むならば、状況を見たというだけの話になってしまいます。これまでの経文を受けてきて、韋提希夫人が別して所求を選び、そして別行を請求したという、そういう状況を如来が見そなわして、そして仏の本心に称《かな》い、そのことが弥陀の願意を顕わすということになるのだという、単なる状況説明の言葉になるわけです。

ところが、親鸞はそれを押えて、夫人を見たところ、その人間そのものが変わっているというわけです。一人の人間を如来が見そなわしたところが、その人間が転換しているというのです。日常

的なあり方の延長のままでいるのではなくして、一つの大きな転換がなされている。その転換というのが、「極楽に生ぜんと願じ、更に得生の行を請する」という、そういう人間に成っているというわけです。

これは一つの大きな押え点でしょう。問題の韋提希という人間は、自分に起こってきた、いわゆる子どもに苦しめられるというような出来事を「横《よこさま》に来たる」と、このように見ていた人間ですね。「横に来たる」というふうに見ているということは、自己自身の上に起こってきた事実から逃避する方向に向かって、その事実を受けとめていた人間ということです。「横に来たる」というのは、かくある事実が頷けないということです。

ところが、かくあることが頷けないということは、頷けないというだけで終らないのです。頷けないという意識において、かくあることを生きているということです。言うならば、認識の問題に終らないのです。認識の問題に終るのならば、苦しくも痛くもないわけです。ところが、認識の問題に終らずして、頷けないということが存在の問題になるわけなのです。認識が存在論的課題を打ち出すわけです。

韋提希に即して言えば、事実に対して納得がいかないという問題がある。その認識の問題は、認識の問題に終らなくて、そのことがどうしてなのかという問いを持つ。その問いを、自己の内へ問うというよりも、外に向かって投げかけるようなかたちで、「我、宿何の罪ありてか、この悪子を生めるや」と言って、自己から逃避しようという、自己回避の方向に向かう存在として生きていたのが韋提希なのでしょう。

ところが、そういうかたちで生きていた一人の人間が、正しく自己自身に、かくあることを受けとめて、受けとめたところから新しい人間としての生を求める人間に転換する。それが願生ということです。だから、ここに於いて「別選」ということが非常に大きな意味をもつわけです。

そういう意味では、言葉をつめて言えば、宿業を生きる一人《いちにん》となるということでしょう。宿業を生きる一人の発見、それが「別選」ということのもっている意味なのです。そういう意味を明瞭にするために、

如来夫人を見たもうに極楽に生ぜんと願じ更に得生の行を請する。（『全集九』八八頁）

と、こういうふうに押えたわけでしょう。

整理して言いますと、如来によって見そなわされた夫人が、ここでは願と行という二つの問題を自分から提示しているわけです。極楽に生まれようと別選したということは、願が明らかになったことです。得生の行を請するということは、行を求めることです。願と行とを選ぶ人間です。だからそこで、二つのこととして念を押しているわけです。

その願と行は、韋提希夫人の、宿業を背負う一人《いちにん》としての存在の願いとして「願生」ということがあり、一人の存在の確立の道として「別請去行」という、行ということがあるわけです。「願行具足」といいますが、「願行具足」のもとはこちら側にあるわけです。

聖道の諸師の、南無阿弥陀仏は願だけあって行はない、だから南無阿弥陀仏をいくら称えたとこ

ろで行にはならない、という別時意の論難があったですね。善導は、それに対して直接的な答えをしないで、南無阿弥陀仏は願行具足しているのだという答えをしたわけでしょう。あれは、問いと答えとがすれ違っているわけですね。問うている方は、このように言うわけです。

浄土へ生まれたいという願いはわかる。その浄土へ生まれたいのに念仏するというが、念仏が浄土へ生まれるための行になるということはどこにも証拠がないというわけでしょう。だから「唯願無行」だと、このように批判をするわけです。

ところが、それに対して直接には答えなくして、むしろ南無阿弥陀仏のなかに願行が具足していると、このように善導は答えているわけですね。南無阿弥陀仏が浄土往生の行になるというのではなくして、南無阿弥陀仏のなかに願と行とが具足している。だからして「必得往生」だと言うわけです。だから、論理的ということでいうならば、無茶苦茶なことを言うわけです。相対的な認識の論議に訴えることのできない場所で語るわけです。

では、なぜそのようなことを善導が言いえたのかといいますと、念仏の解釈をしたところで突然出てきたのではないのです。もとはこの「韋提別選」という一点にあるわけです。極端に言えば、すべての『観無量寿経』の解釈のもとが「別選」と「微笑」にあったわけです。「機教相応」といいますけれども、人間の上に「別選」という事実が起こったということが教主の上に「微笑」という事実を起こしたということです。

自己の事実を回避することに自己の生きる方向を模索していた韋提希という人間が、逆にそのすべてを背負うて生きられる自己になろうという願いを起こし、すべてを背負うて生きる自己になる道を求める。こういう願と行とを明瞭にする存在となった。それは、自立した人間になったということです。自己の現実から逃げていこうというのは、やはり自立ではない。他律的なのでしょう。だから、「横《よこさま》に来たる」というのは、的確な表現ですね。「横に来たる」で、全く偶然が自己をいじめているというわけです。

ところが、その宿業を背負うた一人として自己の存在の根拠を問う、そして自己の存在の在り方を問う、と、こういった時にほんとうの自立ということがあるわけでしょう。だからそういう意味では、「別選」という言葉で示すものが、実は「自立」です。それが、願生と請行、つまり、願と行というかたちで、如来の大悲の下に再生した新しい存在である韋提希の性格が押えられているわけです。それが、やがて南無阿弥陀仏というところまで徹底していくわけです。そういうことを、ここで親鸞は善導の読み方を押えて明瞭にしているわけです。

自立存在

一人の人間が、願生と請行という、願と行とを具足していこうと、そういう人間として再生している、生まれ変わっている、という事実が、実は仏陀釈尊の出世の本懐にかなうわけです。そして、その事実が弥陀の本願を開闡する存在になるというわけです。この一点に親鸞も非常に深い感動をもって触れたわけでしょう。

われわれの意識は逆に動くのではないですか。意識的に仏の教えというものを設定して、意識的に設定された仏の教えに遇うことによって、わたしは自立できるであろうと、このように予想をたてて教えを聞いていこうというわけでしょう。いつまでたっても自立できないのはどういうわけだろうかと、愚痴を言いながら教えについていこうというわけです。それは教えに向かっているのではないわけです。自己の期待で描いた仮空のことを教えというふうに変えて、それについていけば、やがて自立できるであろうと、そういう発想になっているのです。ですから求道ということは危いのです。そういうところに、わたしは求道の危さというものを思うのです。

　これは、非常に甘えです。やがて足が立つようにしてくれるだろうというわけです。自分の二本の足で歩けるわたしにしてくれるだろう、手を引いて育ててくれるだろうというわけです。しかし、二本の足で歩くのは自分でしかない。そして、二本の足で歩いた人間が、初めて歩かせてもらったという恩徳を感ずるわけです。初めから歩かせてくれる人を予想して、手を引いてくれなかったから歩けなかったということであれば、もう最後まで歩けないのです。

　子どもの場合を見れば、よくわかります。子どもは自分の足で、自分の生命力で歩き出すのでしょう。しかし、ほんとうにその歩いているという事実の自覚がもしあるならば、それは自分の力で歩いたとはいわない。やはり育てられたという世界のなかで自立していくわけです。ところが、反対に子どもが、自分が歩くのは親に育てられなくてはと、予想をもっているならばどうなるか。永遠に歩けない子どもになるでしょう。そういう問題がありますね。こういうことは、日常の場所で考えてみるとよくわかるものです。一人の子どもと親とを見ていれば、文句なしにわかります。そういう具体的な事実の呼応があるわけです。

宗教というものも、こうした具体的な事実の呼応を除いてはないはずなのです。そうすると、わたしが真に自立できる道をやがて与えてくれるであろうと予想をして、そういう教えについていくというのが宗教だとすると、永遠に自立できなくなります。永遠に足が萎《な》えてしまう。時間が経てば時間が経つほど足萎えになってきます。それが求道の歴程というものの恐さです。ここで押えられるのは、そういう問題なのです。このようなことについて親鸞が感動をもって述べる文がありま す。

達多・闍世の悪逆に縁って、釈迦微咲の素懐を彰す。韋提別選の正意に因って、弥陀大悲の本願を開闡す。（『全集一』二七六頁）

と、このように言うています。提婆達多と阿闍世との悪逆を縁とする韋提希という存在、その韋提希が悪逆を縁として、それを宿業として背負う一人になった時、仏陀釈尊の出世の本懐がそこに開かれ、弥陀大悲の本願が開闡されたということです。

この場合に、逆に言うていないわけです。ということが、実は宗教問題です。教えをわたしが自立するために求めると言いますが、一応はそうでしょう。しかし、再応押えてみると、自立する人間にしか仏陀の教えは聞こえないわけです。自立する人間にしか自立の言葉は聞こえない。つまり、別選した韋提にしか出世本懐の教えは聞こえない。それは実に厳しいものなのです。

それをもう少し抽象した表現で言うならば、如来の言葉は如来的存在にしか聞こえないというわけです。如来の言葉がストレートに凡夫に聞こえるということはない、質が違うのです。めざめの言葉が凡夫のところへ聞こえた時には全部迷いの言葉に変わってしまうわけです。こういう問題がありますね。その一点をここでひとつ押えているわけです。

韋提希夫人を仏陀が見そなわしてみると、その韋提希夫人は、かつて愚痴を言うていた韋提希夫人ではない、愚痴を言う素材を転じて自己の宿業として引き受けて、そして自己の存在の故郷を阿弥陀の世界へ求める人間になっているわけです。存在の故郷を阿弥陀の世界へ求める、つまり有限の延長上に自己の存在の解決を夢見る人間から、真に有限なる自己の存在の故郷を無限の世界へ求める、そういう存在になっているわけです。そして、ただ求めるのではなくして、その有限が無限に触れる道はどこにあるのかと問う人間になっている。こういうふうに押えたわけです。

そうすると、そこで、極楽に生ぜんと願い得生の行を請する人間韋提希というのは、言葉を押えて言えば、宿業を背負う韋提希、あるいは宿業を生きる一人《いちにん》です。その宿業を生きる一人の誕生の中味が、実は頻婆娑羅王の救いというかたちをとって顕われているわけです。

そういう意味で、別選の人というのは自立存在です。いわゆる、公人《おおやけびと》です。阿弥陀の浄土へ願生しようというのは、いわゆる自己自身の存在の故郷を阿弥陀の世界に求めようという人間です。

大悲の開顕

だいたい人間というのは、決して阿弥陀の世界など求めるはずがないのです。限りなく有限の世界に無限を夢見るだけなのです。有限の世界に無限を夢見て、夢見た者は、やはり夢見た者であるからして、有限の事実へ立ちかえらしめられて、そこに幻滅という言葉で語られる悲哀があるわけでしょう。ところが、その夢見る世界から訣別して、真に無限に自己の故郷を求めようという人間に変わる。これが別選です。

そして、いかにして有限が無限に触れることができるかという道を問う。有限が無限を夢見るのではなくして、夢からさめて真に有限が無限に触れる道がどこにあるのかという、その道を問う。そういう存在になった。こういうわけですね。そういう一人の韋提希を見そなわしたところに初めて仏陀釈尊の喜びがあるわけです。釈尊が仏陀たることの所以があるわけです。真実の教えというのはそういうものです。真実教というのは、

恵むに真実の利を以てせんと欲してなり。（『真聖全一』四頁）

と、このように『大無量寿経』に出ていますね。真実の利を恵むというのは、何かを恵むということでないのです。端的に言えば、人間を与えるということです。その人にその人を与えるということです。わたしにわたしを与える、あなたにあなたを与えるということです。与えられたということは、わたしがわたしになれたということ以外に与えられたという事実はないわけです。何かをもらってわたしになるのではないのです。何ももらわずしてわたしになる。何ももらわずして、とい

うことは、何かをもらわないとわたしになれないという欠如体として生きていた人間が、かくあることがかくあるままに充足しているということにめざめることです。そういう自己充足の存在にするということが真実の利を恵むということなのです。だから、その真実の教えとは何かというと、その人にその人を与えるということでしょう。

その真実の教、つまり如来如実言の聞こえるのは、如来において在る存在にしか聞こえない。その時に如来というのは、何か実体を予想したらわからなくなります。「従如来生」という用きにおいて在る存在です。

そこに初めてそういう一人、いわゆる仏智が「別選」の韋提を見た時、その見た仏自身が真に仏になれたわけです。仏に真実の道を問う存在を仏自身の知見が見た時、見た仏自身も仏になる。ところが、仏が凡夫を見た時は、仏自身は仏である座を捨てて凡夫のなかへ迷い込まなければならないのです。あえて同体して迷うというのが仏です。その仏が仏になれたということです。

だから積極的に言うならば、凡夫が仏を仏にしたわけです。仏さんの方が頭を下げてくれなくてはならん、というと言い過ぎになりますが、そのくらいの問題ですね。「あなたを仏さんにしてあげたのはわたしですよ」というかたちでは言わないけれども、質をいうとそういう質の問題です。そういう質がはっきりしていないと、仏法の話を聞くと、うっとうしい顔になってくるのですよ。深刻な顔をしているのが聞法する者の代表者であるというようになってくるのです。

そういう意味で言えば、われわれは仏を仏にする存在なのです。二千五百年以前に誕生した一人の仏陀、釈迦牟尼仏陀といわれる、その仏陀を仏にする責任をもっている存在だと、こう言うてもいいと思うのです。だからそういう意味では、自己が自己になる、ここでいうならば、「別選」というような自立の存在になるということがなければ、二千五百年前の仏は永遠に迷わなくてはならないことになるわけです。だから、ここの展開ははっきりそれを押えているのであって、

　韋提別選の正意に因って、弥陀大悲の本願を開闡す。（『全集一』二七六頁）

と言うています。ここでいうならば、別選するということを内実とした韋提を見そなわすことによって、仏は出世の本懐をそこであらわした。それが「微笑」というすがたをとったのだと、こういうわけです。

広開浄土門

釈迦の「微笑」というすがたをとった内容は具体的に何かというと、

　如来の本願を説きて経の宗致と為す。（『全集一』九頁）

というのが真実の教えですから、仏陀釈尊が真に如来如実の言《みこと》を説く人となれたということは、具体的に本願を説く人となれたということです。本願を説く人となれたということは、本願はこういうことでありますという説明をする人になれたということではないのです。真に具体的に本願が開かれたという事実がなくてはならない。その本願の開かれた事実を、

　弥陀の願の意を顕わすことを明す。（『全集九』八八頁）

と、このように押えたわけです。韋提希の別選が「弥陀の願の意を顕わす」というわけです。そういうふうに押えています。だから、非常に厳密な押え方ですね。このように出世本懐を語っているのですが、ただ出世本懐を語るといわない。そこに善導独自の二尊二教ということを明瞭にしていく立場があるわけです。

だから、韋提希が別選したという、その事実を仏陀が見そなわすことによって、仏は初めて微笑することができた。その微笑することができたということは、言葉を換えて言うならば、仏が真に如来如実の言を説く存在となれたということだ。その如来如実の言とはいったい何か。本願を説く存在となれたということだ。ところが、その本願を説くとはいったい何か、単に本願を説明することではなくして、本願が開闡するという事実として成就していくというわけです。だから、

仏の本心に称い、又弥陀の願の意を顕わすことを明す。(『全集九』八八頁)

と、このように書いてあるわけです。ここで、仏の本心には「称《かな》う」と、書いてあります。仏陀釈尊出世の本意には韋提の別選が称ったというのです。ところが、弥陀の本願の意に称ったとはいわない。弥陀の本願の意の方は、称ったのではなくして、「弥陀の願の意を顕わす」としています。このことがそのまま親鸞のところに受けつがれているわけです。

達多・闍世の悪逆に縁って、釈迦微咲の素懐を彰す。(『全集一』二七六頁)

この時の「彰す」の方は、親鸞は「彰」という字であらわしていますね。そして、

韋提別選の正意に因って、弥陀大悲の本願を開闡す。(『全集一』二七六頁)

こちらの方は、「開」です。だから、韋提別選の正意が阿弥陀の本願を開いたのです。

阿弥陀の本願が韋提希を救ったに違いない。しかし、そのことは具体的に押えていうと、韋提希が別選する存在になったということが阿弥陀の本願を開いたわけです。善導の言葉でいえば、韋提希の別選が「弥陀の願の意を顕」わしたわけです。親鸞は本願については「開闡」と言い、善導の方は「顕わす」と、このように言っています。釈尊の教えの本意には相応し、相応した事実は本願を開くという事実として具体的になっていると、こういうふうに押えていきます。このように押えて、

斯の二請に因って、広く浄土の門を開く。（『全集九』八八頁）

と、こういうふうに言います。だから、「斯の二請」というのは、極楽に生まれようと願うという「別選所求」、いわゆる「願生」と、そして極楽へ生まれる道、行を請うという「去行」を求めるという意味で「二請」だというわけです。二請、つまり「別選所求」「請求別行」、願生と行を請うという、この二つのことを韋提希が別選したということによって、「広く浄土の門を開く」ということになったというわけです。そしてさらに、

直ちに韋提の去ることを得るのみに非ず、有識これを聞きて皆往く。斯の益有るが故に、所以如来微咲したもうなり。（『全集九』八八頁）

と、このように明瞭に押えてきているわけです。

仏の意には「称う」、阿弥陀の願は「開顕する」、ということを一人の人間の別選という事実のな

かに善導は見ている。そして、その一人の人間が別選した、いわゆる宿業を背負う一人《いちにん》として、有限の存在の故郷を無限の世界に真に求め、それへの道を求める人間となった、ということが「広く浄土の門を開く」ことになっている。いわゆる浄土の門を広開することになっているというわけです。

このように言うておいて、その「広開」ということはいったいどういうことなのかというと、それは、「直ちに韋提の去ることを得るのみに非ず、有識これを聞きて皆往く」ということが、浄土の門を開いたということであるというわけです。

だからして、問題は韋提希一人の上に起こっていた問題だし、韋提希一人以外のいかなる人も手伝っておらない事柄です。しかし、そのことが韋提希一人が救われるという話で終っていないというわけです。そのことを、やがて広く、「有識これを聞くものは皆往く」というのです。有識というのは、少なくとも意識の有る存在ならばということでしょう。さらにいえば、常識をもっている存在、生きとし生けるものならば、というわけです。そういう人間ならば、韋提が別選したという、この事実を見れば、見た人間はそれぞれに別選する存在となる、というかたちで浄土の門が広開されているというわけです。だから、直ちに韋提一人が救われていくというだけではなくして、もし有識のものがこれを聞くならば、すべての存在がそこに救われていくという道が広開されている、こういうふうに押えてきます。だから、非常に重要なことがあるわけです。

それをこのように押えておいて、釈尊の出世の本懐に称い、弥陀の願意を顕わすという、その事実としての別選によって開かれた世界、それを端的に、正しく夫であり、父である頻婆娑羅王の救われていくという事実の上に証左として見たわけです。証しを見たわけです。未来世の一切の衆生が救われていくということの証しを、いちばん近い人間の救いの上に見た。これは大事なことなのです。

でっかい大ぶろしきを広げたような話をしているからというて、内容も大ぶろしきを広げたような内容ではないのです。全世界の人類の問題が、やはり「広開浄土門」というかたちで示されているわけでしょう。だからというて、隣りの人の話はどうでもいいというのではないのです。その問題が自分に最も近い有縁の人、一人の救いとして証しされていくということなのです。

「一切の有情は、みなもって世々生々の父母兄弟」であると、このように親鸞は言うて、「まず有縁を度すべきなり」と、まず韋提希にとって有縁というとだれなのか。有縁と、ここで押えられてくるものは、頻婆娑羅王です。自己に先立って囚われ、囚われたというそのことが、事件の出発点になっている。その頻婆娑羅王の救いというかたちで浄土門が広開された事実が証しされている。このように善導は見ていこうとしているわけです。したがって、「即便微笑」ということについて、いわゆる問答を置くような解釈を加えないで、非常に克明ではあるけれども、単純に押えておいて、頻婆娑羅王の頂を光が照らし、頻婆娑羅王が救われたということの方に解釈の重点を置かれているわけです。

如来の授記

その重点を置いた解釈そのものの内容は、それほど難しいことは書いてありません。言いたいことはただ一つなのでしょう。釈尊の口から出た光が囚われの身である頻婆娑羅王の頂を照らして、それによって頻婆娑羅王が阿那含果、不還果の位を得たと、これだけのことなのです。ただそこで一つのことが押えられているわけです。

仏教で十界ということがあります。地獄・餓鬼・畜生・修羅・人・天・声聞・縁覚・菩薩・仏と、その十界の中で、仏になるまでの人間の九つのあり方に対して、仏の光は一つ一つ違う現われ方をするということがここに説かれているわけでしょう。

地獄道を照らす光、餓鬼道を照らす光、畜生道を照らす光、人道を照らす光、それから声聞・縁覚を照らす光、そして菩薩道を照らす光と、これだけの光の出所と、光の表現というものが違うということについて、簡単に説明しているわけです。これは、詳しくは『華厳経』の「十地品」に説かれています。ここで善導自身もおしまいの方に、

かくの如きの義は、広多にして無量なり。具さに述ぶべからず。(『全集九』八九頁)

と、こういうふうに自分で断わっているように、このことについて論じていけばいくらでも問題があるし、いくらでも説明することができるというわけです。つまり、足から出た光は地獄道を照らすとか、膝から出た光は畜生道を照らすとかいう、そのことが何を意味しているかということについて説明しようとする、あるいはそのことを領解しようとするならば、そこにはいろいろの問題が

出てくるだろう。しかし、ここで詳しくそのことを述べることはできないと、このように善導は注意をしております。

こういうふうな説明をしていきながら、何をここで表わそうとしているのかといいますと、頻婆娑羅王は口から出た光によって救われたということです。そして、もしその光が仏の眉間の白毫から出て仏の頂にかえったというのであったならば、それは大乗の菩薩の授記ということになると、このことをここで言おうとしているわけです。

御承知のように、眉間の白毫から出た光が光台となって、そしてそのなかに阿弥陀仏の世界を別選するようになったというのは、「光台現国」の教えですね。そうすると、韋提希の方は大乗の人として授記されたということです。

夫の頻婆娑羅王の方は小乗人として救われたというのです。夫の方は小乗の三果を得る存在であった。ところが、妻の韋提希の方は大乗人として授記された。ここで善導はこれだけのことを言いたいのです。そんなことはどうでもいいではないかというような話ですが、そこに問題があるのです。それは、大乗の教えを受けるに耐えうる機として韋提希夫人が再生したという事実が、頻婆娑羅王という一人の人間の救いの内容になるわけです。

仏の意密

ところが人間が人間の意識でものを考えますと、やはり妻は自分より一段下であって欲しいわけですよ。妻が救われるのは有難いのだけれども、自分よりもすぐれた救われ方をしてもらうと困るのです。やはり女房は女房なりに救われて欲しい、家長は家長なりに全部を統一するような大きな救いでありたい。このようにわれわれは普通考えるのではないでしょうか。その要求がストレートにいきますと、宗教のなかへまで入っていくわけです。ですからやっかいなのです。

ところが、宗教は逆なのです。善導も注意をしています。この段の最後の方ですが、

「尒時大王雖在幽閉」という已下は、正しく父の王、光りの頂を照らすことを蒙って、心眼開くことを得て、障隔多しと雖も自然に相い見ることを明す。斯れ乃ち光に因って仏を見たてまつる、意の所期に非ず。（『全集九』八九頁）

と、このように言っています。「意の所期に非ず」と言っています。これは、頻婆娑羅王が期待したことではないというわけです。頻婆娑羅王はこんな大きな救いが自分の上に現われるということを期待しなかったし、こんなかたちで救われるとも期待しなかったわけですよ。頻婆娑羅王は少なくとも全く救いを期待していなかったわけではないのでしょう、牢獄へ閉じ込められているのだから、救いは求めていた。頻婆娑羅王が期待する、あるいは願う救いというのはどんな救いだったのか。それはもうすでに示されているわけです。それは「授我八戒」というふうになっていたでしょう。

八戒というのは、在家の者が一日一夜と、日を限って出家の戒を守るということです。出家の最低の戒を在家の身でありながら、一日一夜と日を限定して、そしてそれを守っていこうというのが

八戒というものです。それを言葉を換えて大ざっぱに言うてしまいますならば、動乱のなかにある自己が、その動乱に一日一夜でも耐えうる存在でありたいということです。明日はまた明日で、明日のわたしに耐えうるわたしになりたいということです。開かれた人間になろうという願いではなくして、耐えうる能力をもった自己になりたいという要求です。頻婆娑羅王が願うたのはそういう「授我八戒」というような世界だったわけです。

ところが、耐えていくということを求める心のなかにあるものは、耐えられないという問題なのです。耐えていく道を教えてくださいという心のなかにある事実は、耐えられないという事実を背負うているということです。そうすると、その耐えられないという事実を解決された時、耐えていこうということしか願えなかった人間は、もはやその願いを超えて救われていくということがあるわけです。耐える必要のない人間になれるという道が、求めるに先立って与えられるということがあるわけでしょう。

ここで注意したいことは、最初の時からずーっと一貫していることがあるのです。あそこで頻婆娑羅王は、「八戒を授けたまえ」と、このように願った。けれども、それに答えた仏陀は富楼那尊者をよこしていますね。目連尊者は八戒を授けるのですけれども、富楼那尊者は説法をもって心を開こうとしております。あの時からずーっとここまで内容は続いてきているわけでしょう。

そうすると、頻婆娑羅王自身の心のなかにある問題は、やはり韋提希夫人がどうしているだろうかというようなかたちで、自己の問題が問われているわけです。また、阿闍世はどうなっているだろうかというかたちで、自己の問題が問題になっているわけです。そういう苦悩のなかに生きているわけです。

その時に、そういう苦悩に耐えうる頻婆娑羅王ではなくして、耐えなくてはならないという意識から頻婆娑羅王自身を救うような事実はいったい何なのかというと、韋提希が救われるということです。しかし、韋提希が救われるということは、韋提希という一人の自分の女房が救われるということに終らないわけです。自分の女房が救われるということに終るような救いであるならば、実はほんとうに耐えうる自分に成りたいという世界から、自己を解放するというわけにいかないのです。そこに仏陀の意密の教えというものがあるわけです。

業縁存在の救い

そうすると、仏は一室に閉じ込められた頻婆娑羅王を常に内深くに憶念しながら、当面、目の前にいる一人の人間、韋提希の問題にかかわるわけです。その韋提希の救いとはいったい何なのかというと、大乗人となるということです。韋提希という一人の凡夫が、大乗の菩薩道を歩く存在となることであるわけです。凡夫が救われる道は凡夫道ではないのです。そういうことを言うために、十界のところに光がいちいち出てくる話をしているわけです。

つまり、韋提希夫人という凡夫が救われる光は、凡夫への光だというのではないのです。凡夫の救われる光は大乗の光なのです。真に凡夫の救われる道というのは、真に大乗の菩薩として授記されるような救いのところにある。こういうことです。

そうすると、その妻である韋提希夫人が大乗の菩薩として仏陀によって授記された。如是如是と印可された。言葉を換えて言えば、韋提希夫人の救われる道が浄土門を広開するという、仏事を行ずる事実になったということが、実は頻婆娑羅王の具体的な救いの内実になっていくということです。これは大きな問題の押え方でしょう。釈尊と韋提希と二人いるだけで、他にはだれもいないわけでしょう。もっとも阿難尊者はそばから見ていたのですから、他人がいたに違いないけれども、ここは一対一の対話の場所です。

そこで韋提希が大乗菩薩人として授記されるということは、韋提希が偉い人になるということではなくして、韋提希が公の人間としての自己にめざめるということなのです。そういう道が、実は万人の救いを公開するというわけです。それは人間の事業ではなくして、仏事を行ずることになるわけです。韋提希という一人の人間の救いが、未来世の一切衆生を救うような仏事を行じていく、こういう内容をもつわけです。それを、大乗菩薩としての記別を受ける存在となるということで押えていくわけでしょう。

それが、そういう妻をもった夫の救いになる。これが業縁存在の事実です。妻が、妻という個人意識を超えて、人として救われる、公人として救われる、ということが、初めて妻を問題にしていた夫の具体的救いの内容になるわけです。それが業縁存在として生きる事実の救いというものなのです。

ところが、普通人間は、妻は救われてほしいと思う。けれども、わたしの思うようなかたちの程度で救われてほしい。そうすると、その救われた人間はわたしにとって扱い易くなる、というかたちで女房の救いを考えているのです。だからして、そういう都合のよい救いを求めている限りにおいて救いはないのは当然のことだと、そういう具体的な問題をここで押えるわけです。

そういう具体的な問題に善導は注目したわけです。そして、そういうことが『観無量寿経』という経説のなかには、きわめて具体的に説かれているということに驚いたわけです。そして、そこに「広開浄土門」という意味があると、こう押えて、頻婆娑羅王の救いは「第三之果を証す」と言っています。つまり小乗の不還果の救いだと、こういうふうに言うたわけです。

称心・顕願

頻婆娑羅王が得た第三果という小乗の救いというのは何を表わしているのでしょうか。いちばん上の四果、阿羅漢というのがあるでしょう。小乗の救いの段階からいうと阿羅漢の方がいいわけです。その一歩手前の第三果といいますが、なぜこんなことを言うているかということです。それは、小乗の救いというようなことの論理的な問題ではなくて、ここでの問題は不還果であるということが意味をもつと思うのです。

阿那含というのは不還果です。不還果というのは欲界の修惑のすべてを断じ尽くした位です。修惑のすべてを断じ尽くした位というのは欲界にもはや思い残すことがないという位でしょう。だからして、不還というのです。再び欲界に還ってこないというわけです。

ところが、それを個人というかたちで押えて言うているということはいったい何だろうか。欲界九品の煩悩のすべて断じ尽くして再び欲界に還らないというような、言葉で言うていますと難しいことのようですけれども、欲界に還らないということはそれほど難しいことではないと思うのです。欲界という世界に自己が身を置かなくてよくわかるということでしょう。具体的に言うならば、安んじて死ねる存在になったということではないですか。安んじて死ねないというのが欲界なのでしょう。

そうすると、具体的にこういう言葉で善導が押えようとしているのは、韋提希夫人が真に大乗の人として授記されるような、そういう救いの道に自己を開いたという事実が、韋提希の身を常に案じていた頻婆娑羅王を救うわけです。つまり、韋提希を案じている苦悩を、八戒を受けるようなことによって、耐えていこうとしていた頻婆娑羅王が、もはや耐えるという努力を必要としなくなった、すべての問題は解決したと、こう言える存在になったということです。

いうならば、安んじて死ねる人間になったということでしょう。死んでも死に切れないという意識を八戒で耐えていこうとしていたのが頻婆娑羅王であったわけでしょう。その頻婆娑羅王自身、もはや見通しはついたというわけです。韋提希の救われる方向に阿闍世の救いの見通しもついた。阿闍世の救われる方向に未来世の一切の衆生の救われる見通しもついた。もはや自分が案じる世界がなくなったというわけです。自分が心配してやらなくてはならないという世界から、自己が解放されたというわけです。だから、それは頻婆娑羅王にとっては望外のことです。思いもよらないような出来事です。

だからして、頻婆娑羅王自身は不還果を得たと言い、韋提希自身の救いの方は大乗人として救われた、そしてそのことが仏陀の意に称《かな》い、そして弥陀の願意を顕わすということになって、そして浄土門を広開するということになったと、こういう押え方をしている意味なのでしょう。

そうすると、こういうところに浄土教の具体性と、同時に浄土教のもっている普遍性とを、善導は的確に押えているということがあります。このことが、この一段を特に「散善顕行縁」の最初の一段として置いている意味だと思うのです。だから、一見、余分なことを言うている、いわば挿入された経文のように見える、そのことに善導は非常に力を注いで、そしてそれを通して「即便微笑」という釈尊出世の本懐ということを表わしている。これが『大無量寿経』の出世本懐をあらわすところと違う、『観経』の独自性なのです。

『大経』の場合は、もっと華やかですね。「尊者阿難座よりたち」と言うて、尊者阿難がたって言った。そうすると、釈尊が「諸天の汝を教えて来たって仏に問わしむるや」と言うて、問いを吟味しておいて、「善きかなや。阿難。問いたてまつるところ、甚だ快し」というかたちで出世本懐が説かれています。だから、『大無量寿経』だけ読んでいますと、出世本懐というのは華々しい話だと思うでしょう。

ところが、『観無量寿経』の出世本懐はここで示されているわけですが、その示され方はものすごく泥くさい示され方だということです。われわれの家庭のなかの問題、そういう問題がそのまま生《なま》で出ていて、しかもそこに仏陀の出世本懐、阿弥陀の願意が開示されている。ここに『観経』の独自性があるのですし、『観経』が大悲の教えだということを決定する決め手があるわけです。その点に善導は非常な注目をして解釈をしたわけでしょう。

ところが、出世本懐ということがここにあるのだから、もっと華々しく解釈するだろうと、われわれは予想してここまでくるわけです。したがって、「即便微笑」についてはもっともっとりっぱな解釈が出てくると思うと、あにはからんや、まことにありきたりの解釈で終っていったということなのでしょう。そこに今申しました大事な問題があって、それを手がかりとして、それからあとの問題が展開されてくるわけです。だから、この一点が押えられ切っていませんと、『観無量寿経』という経説は凡夫の上に大乗の道を広開する教えだということはわからなくなるわけです。どちらかにかたよってしまうのです。われわれの意識が、凡夫の上に凡夫の道を教える教えになってみたり、あるいは大乗の教えを観念で説く一つの芝居になってみたり、どちらかになるわけです。それを許さないのがここの善導の解釈であると、わたしは思います。

三　世尊の応答

二従《リ》二「尓時世尊」《ト云》一下至《ル》二「広説衆譬《シユヒニ》」一已来、正明《ス》レ荅《コトヲ》下前《ニ》夫人別《ヘチノ》選《エラフ》二所求《シヨクヲ》一之行《ヲ》上。此《レ》明《ス》下如来従《リ》二上耆《ミキ》闍《シヤ》一没《モツノ》《カクレテ》王宮出《ニ》訖《オハテ》、至《テ》二此文《ノモンニ》一世尊嘿《モク》然《ネントメ》而《シカモ》坐《サメ》揔《スヘテ》未《タ》中言説《コム》上。但《シ下ハタ、》中間《チウケンノ》夫人《ノ》懴悔・請問《シヤウ》・放光《ハウ》・現国等《ハサルコトヲ》、乃《チ》是《レ》阿難従《シタカテ》二仏《ニ》一王宮《ニ》見《ニメテ》二此《コノ》因縁《ヲ》一、事了《コトオハテカヘテ》還《テ》レ山《ニ》、伝《ツタヘテ》向《テ》二耆闍《ノ》大衆《ニ》一、説《ニ》下如《ノ》レ上事《ノシヲ》上、始《ハシメテ》有《リ》二此《ノ》文一。亦非《ス》三是《レ》無《ニ》二時《ニ》仏語《コ》一也《ヤ》。応《ヘシ》レ知。言《フ》二「尓《ニ》時世尊《シ》告韋《カウ》提」《ト》一已下、正明《ス》二告命許《ユルス》説《コヲ》一也《ナリ》。言《フ》二「阿弥陀仏不《フ》遠《オント》」一者《ハ》、正明《ス》（ママ）三標《ヘウメ》レ境以住《ヲテチュスルコトヲ》二心《ヲ》。即有《リ》二其《ノ》三一。一明《ス》下分斉《フンサイス》不《トヲカラ》レ遠、従《ヨリ》レ此超《レテウ》《コヘ》二過《クワメ》《スク》十万億刹《ノクニヲ》一、即是《レ》弥陀之《ノ》国《クニナルコトヲ》上。二明《ス》二道里雖《リ》レ遙《トモハルカナリトサル》、去時一念即《ニ》到《イタルコトヲ》一。三明《ス》二韋提等及未来《キウミ》有縁《ノ》衆生、注《ト、メテ》レ心観念《ヲ》、定境相応《スレハ》《ノ》、行人自然常見《ニミルコトヲ》一。有《ニ》二斯《カ》三義《コノノキ》一故《ニ》、云《フ》二「不遠《フオント》」一也《ナリ》。言《フ》二「汝当繋念《ニヨタウケト》」一已下、正明《ス》下凡惑障《ホムワクサハリノ》深心多散動《クサントウス》、若不《シスハ》三頓捨《トムニステ》二攀縁《ヘムヲ》一、浄境無《ナキコトヲヨシ》中由《ニ》レ得《ケンスルコト》レ現《ヲ》上。此即《レチ》正教《フ》二安心住行《ヲ》一。若依《シヨルヲハ》二此法《ノニ》一、名為《テスト》二浄業成《ストナリ》一也。言《フ》二「我今為汝《カコムニヨト》」一已下、此《ハ》明《レス》下機縁未《キタ》二具《サレハソナハラ》一、不《ス》レ可《ラ》三偏《ヒトヘニ》説《ク》二定門《ヲ》一、仏更観《ニメ》二機《キヲ》一自開《ラカイシ下コトヲ》中三福之行《ノヲ》上。

（『全集九』八九頁）

所求を選ぶの行

「散善顕行縁」の第二段目ですが、『観無量寿経』の経文は、

その時世尊、韋提希に告げたまわく。汝いま知るやいなや、阿弥陀仏、ここを去ること遠から

ず。汝当に繫念して諦かに彼の国の浄業成じたまえる者《ひと》を観ずべし。我いま汝がために、広く衆の譬を説かん。（『真聖全一』五〇頁）

という、これだけの経文です。この経文について、

前に夫人別して所求を選ぶの行を答うることを明す。（『全集九』八九頁）

と、こういうふうに善導は言うています。だから、「別選所求之行に答える」ということです。この着眼は、これからあとの正宗分の経説のいちばん最後までの見通しと申しますか、教えそのものの質をここで言い当てているわけです。というのは、

夫人別して所求を選ぶの行を答うることを明す。（『全集九』八九頁）

と言うていますが、ここに「行」という字が置いてありますね。「別選所求に答うることを明す」とは言わないで、「別して所求を選ぶの行に答えることを明す」と、こう言います。続けて読みますと、「別選所求之行」です。「別選所求之行を答える」ということが、この一段のところで、まずわれわれが着目をしなくてはならない重要な一点であると、このように善導は押えていくわけです。

この経文についてのこういう押えが、やがて善導が最後に下品下生のところの「十悪五逆具諸不善」の人に対して、「汝もし念ずること能わずんば、無量寿仏と称すべし」、そして「具足十念、称南無阿弥陀仏」という、あの南無阿弥陀仏という念仏のところまでずーっと一貫する精神なのです。念仏というのはいったい何かというと、「別選所求之行」なのです。念仏とは正に韋提希が別して

選んだところの「別選所求之行」なのです。

他律的存在であった韋提希、いわゆる宿業の事実を「横《よこさま》に来たる」として逃げる方向に救いを求めていた一人の人間が、釈尊のもとにおいて自己自身がそのすべてを廃捨して、真に存在の根拠を阿弥陀の世界に求めようという、そういう自立的人間になった。その自立した人間に与えられた自立の行、それが南無阿弥陀仏だということを、最初のこの一句のところで善導は押えるわけです。だから、「別して所求を選ぶことに答うることを明す」でもよさそうだけれども、そうは言わない。「別して所求を選ぶの行を答うることを明す」と明瞭に押えるわけです。

だから、そこでひとつ見通しが立つでしょう。念仏なんてつまらんとか、つまるとか、そういう理屈はここで消えてしまうわけです。念仏がつまらんか、つまるかは、「別選所求」であるかどうかというところから始まってくるわけです。凡夫のために念仏が与えられているということは、ただ念仏すれば救われるという問題でないわけです。いわゆる、単に凡夫が念仏して救われるというような問題ではない。凡夫は凡夫であるけれども、「別選」する凡夫、真に凡夫を課題にする凡夫の問題です。

凡夫から夢見て仏になろうというのでなくして、凡夫をほんとうに課題にして、凡夫を問わなくてはならないような存在です。凡夫でない人間になろうという夢を見た凡夫ではなくして、凡夫であることがほんとうの問いになるような、そういうところから、いかにして凡夫でありうるかということが問題になるわけです。凡夫が凡夫として死んでいけるような、そういう自己になる道がどこにあるか。それに答えるのが「別選所求之行」です。それに答えるのが南無阿弥陀仏なのでしょう。

だから、いちばん最後の南無阿弥陀仏の解釈は、いちばん最初のこの経文の解釈のところに門があいているわけです。この門をあけたか、あけないかによって、『観経』の解釈が変わってしまうわけです。そういう意味で、

夫人別して所求を選ぶの行を答うることを明す。（『全集九』八九頁）

というのが、第二段全体の押えになるのであります。

善導の発想

ところが、もう一つここで、本文を見て行くに先立って注意をしておきたいことがあります。さきほどらい、言うていますように、そういう「別選所求之行」を明かす経文の精神を読みとったのは、いうまでもなく、「汝いま知るやいなや」という一句に触れて、それを読みとったわけですね。ところが、不思議なことには善導は「汝いま知るやいなや」という言葉について何も解釈していない。

「即便微笑」のところでも言いましたが、このあたりは百万言をも費やして解釈してくれるだろうと思ったら、ほとんど解釈しなかったですね。それと同じように大事なのが「汝いま知るやいなや」です。「即便微笑」から開かれてきた最初の言葉が「汝いま知るやいなや」なのですから、大

切な文であるはずでしょう。その「汝いま知るやいなや」という、いちばん最初の大事な、開口一番の言葉について、善導は特に解釈を加えていません。このことをひとつ念頭に置いてほしいのです。

もう一つ大事なことは、それに続いて「阿弥陀仏、ここを去ること遠からず」という大事な教えがありますね。ところが、善導は「阿弥陀仏不遠と言うは」と、こういうふうに言うています。「去此」「ここを去る」という大事な字が抜けているのです。文字を倹約したわけではないでしょう。「去此」というのは、われわれにとっては一大事の問題ですよ。「ここを去る」とは「穢土を去る」ということです。人間界を超えるというのですから、われわれにとって一大事の問題なのでしょう。そところが「去此」という二字だけ善導は抜いてしまって、「阿弥陀仏不遠と言うは」と言うて、その「遠からず」という、「不遠」という二字に着目をして阿弥陀を明らかにしているわけです。

このようなところにわれわれは注意をしていかなくてはならないと思います。案外、こういうことがおろそかになるからして、よくわからなくなるのだろうと思うのです。

ともかく、そういう意味では、「汝いま知るやいなや」という言葉について善導は特に解釈をしないということ、そして「ここを去ること遠からず」というところで、「去此」という二字について、善導はそれをはずしてしまっているということ、これは大事な問題であると思います。

大悲の具体性

ところで、釈尊の開口一番の、

汝いま知るやいなや。阿弥陀仏、ここを去ること遠からず。（『真聖全一』五〇頁）

という教え全体は、「別選所求の行に答うる」のだと、こういうふうに押えておいて、そこで善導は沈黙ということに着眼をしていくわけですね。仏陀の沈黙ということがいったい何を意味しているのかということをここで注意をしていこうとするわけなのです。

ところが、その注意のしかたがわたしには気に入らなかったわけです。このあたりのいきさつは、釈尊が耆闍崛山を没して王宮に出られた。そのところの経文から、この今の経文のところまで釈尊は嘿然《もくねん》として座っておられて何も言うていないということを明らかにするのだと、このようにまず最初に押えていますね。そして、その途中に出てきたいろいろの出来事はいったい何なのかということ、あれは阿難がそばについていて、そこに起こった出来事をのちに耆闍崛山へ還って人々に話したからこそ、あの出来事が経文に説かれているのだと、こう言うて、その最後に、

亦是れ時に仏語無きに非ずや。知るべし。（『全集九』八九頁）

と、このように押えて、沈黙ということを語ろうとするわけです。

ところが、気に入らないとわたしが言いましたのは、特にその最後の文です。「亦是れ時に仏語無きに非ずや」と親鸞は読んでいますが、普通に読めば「亦是れ時に仏語無きに非ざるなり。応に知るべし」となるでしょう。このように読んでいった時に、この句が非常にじゃまになるわけです。

沈黙ということに対する、われわれの感覚があるわけですね。その感覚というものをこの言葉がじゃますわけです。

沈黙を非常に尊重しているわれわれにとりまして、「沈黙していたのではないのだ」と、このように言われるとどうもおもしろくないわけです。しかも、その書きっぷり全体が、前後の様子から見ますと、ここだけ経典の文章の組織というものに注目しながら問題を論じているように読めるわけです。

ところが、よく考えてみますと、構えが二段になっているわけです。一つは、

これ如来上に耆闍より没して王宮に出で訖《おわ》って、この文に至って世尊嘿然として而も坐して揔て未だ言説したまわざることを明す。（『全集九』八九頁）

と、このように明瞭に切っています。いわゆる王宮に没出したその時から、この「汝いま知るやいなや」の一句にいたるまで、仏陀は沈黙しておいでになったと、はっきり押えてしまっているわけでしょう。

そして、にもかかわらず、その沈黙のなかで、なぜ韋提希の上にいろいろな出来事が起こってきたのかという問題を二段目に立て直すわけです。善導の文に即して言えば、世尊は黙って座っておられた。座っておられたそのなかに実は、「懺悔・請問・放光・現国」というような、あの重大な出来事が次々と韋提希という一人の人間の上に起こってきた。その起こってきた事実は、実はそれを見ていた阿難がやがてそれを人々に知らせたのであって、釈尊自身が、こうせいああせいと指図

をしたのではない。いわゆる、懺悔しなさいと釈尊が言うたのでもなければ、あるいは、通じて所求を請いなさいと言うたのでもない。また、「光台現国」のなかに別選せよと言うたのでもない。言葉としては何も言うていなかった、沈黙であった。ところが、沈黙の仏陀を前にした韋提希自身の事実として、これだけのことが起こってきたと、このように押えていくわけです。だから、一つは沈黙ということを明瞭に押えておいて、さらに沈黙のなかに韋提希がこれだけの転換をしていったということを押えて、それ全体を最後に、

是れ時に仏語無きに非ずや。知るべし。（『全集九』八九頁）

と、このように善導は押えたわけです。ずいぶん念入りな押え方でしょう。

そうすると、ここで善導が明らかにしようとしていることはいったい何なのかといいますと、仏の大悲の具体性ということを明らかにしようとするわけです。いわば、仏陀の沈黙こそ大悲の具体性であるということです。善導がここで押えようとしたポイントは、沈黙こそ大悲の具体性であるということなのです。

能動的沈黙

さきにわたしが、この文が気に入らないと言いましたが、その気に入らなさを解いてくれたのは、妙な縁ですが、マックス・ピカートなのです。彼の『沈黙の言葉』というのがヒントを与えてくれたわけです。ピカートの言葉がそのままここで当てはまるというのではなくて、ヒントを与えてく

れたのです。

沈黙は決して消極的なものではない。沈黙とは単に「語らざる」ことではない。沈黙はひとつの積極的なもの、ひとつの充実した世界として独立自存しているものである。

という言葉が、ピカートの言葉としてあります。沈黙というのと、しゃべらないというのとは違うというのです。沈黙というのは、そういう意味では最も積極的なことである。そして、沈黙のなかにはひとつの充実した世界として、独立自存ということが、沈黙という事実としてあると、こういうふうに言っています。

それを善導はここで押えたのだなと、わたしはピカートの言葉を縁として初めてわかったのです。善導がこういうことを言うた時に、なぜ気に入らなかったのかということを、逆に反省してみますと、こういうことなのです。沈黙は語らざることとイコールだと思う意識がこちらにあるからなのです。沈黙ということはしゃべらないことだと思っているわけです。われわれの意識は、沈黙ということと語らざることとをイコールにしているわけです。だから、黙っているからというて偉いことはないのです。『蓮如上人御一代記聞書』には、

「物をいえいえ」と、仰せられ候う。「物をいわぬ者は、おそろしき」と、仰せられ候う。

（『真聖全三』五五三頁）

というふうに言われます。黙っているということほど危いものはないのです。沈黙が語らざることとイコールであるような、そういう黙っているというのは最も危険なことだと思いますね。

ところで、釈尊は山をおりて韋提希のところへ出てきた。その時の経文について善導が、「世尊釈迦牟尼仏、身は紫金色にして」といって注意しましたように、あそこで初めて序分のなかで「釈迦牟尼仏」という仏名が出るわけですね。釈迦牟尼仏は余の仏に簡《えら》ぶのである。こういうふうに注意しています。

そうすると、釈尊が世に出興したもう所以を具体的に表わしているのが王宮への没出だと、こういうふうにあそこで善導は注意したわけです。言うてみれば、釈尊はあの王宮へ出てきた時から語らざる人間になったのではなくして、沈黙の人になったのでしょう。ピカートの言葉を借りて言うならば、そういうことです。語らざる人になるのであれば、山をおりてくる必要はないのです。山をおりてきたというところから、実は最も積極的な沈黙が始まるのです。山をおりてきたというのは大悲の自己表現なのです。だから、釈尊出世の本意というものは、山をおりたというかたちのところにあるわけです。

ところが、釈尊が山をおりてきたというところから、「汝いま知るやいなや」という、この開口一番の言葉まで、一言も言葉をはかず、沈黙を続けてきた。そこで、善導が言いたいのは、沈黙は決して語らざることではない。いわゆる沈黙こそ、実は大きな大悲の表現である、言葉以上の言葉であるということです。だから、そういう意味では、その沈黙のところに善導は大悲の善巧方便を見るわけです。「大悲矜哀の善巧」という事実を、仏陀の沈黙ということのなかに見取っているわけです。だから、それは沈黙ではあるけれども、具体的にはその沈黙が大悲善巧方便摂化の事実だという証しがあるわけです。

沈黙と語らざることとは同じ状況になるのですから、そこに証しがなければ語らざることは無意味なのです。かえってうっとおしいという話になります。黙って座っておられると息がつまる、気がめいるということは、その沈黙が語らざることである証しですよ。沈黙が真に積極的な方便摂化であるということは、証しがなくてはならない。その証しは何だったのかというと、その証しを善導は「懺悔・請問・放光・現国等」と、このように押えたのです。

同体のいのち

いうなれば、その仏陀の沈黙のなかに何が行なわれたかというと、韋提希という一人の人間の転換が行なわれたというわけです。沈黙のなかで、「我、宿何の罪あってか」と、このように愚痴を言うた韋提希が、「我に思惟を教えたまえ、我に正受を教えたまえ」と、このように道を求める人間へと変わっていった。いわば、人間の廻心、いわゆる人間の変革が沈黙のなかで行なわれているということです。そこに善導は注目するわけでしょう。

そこで、その沈黙こそ如来の大悲だというわけです。そして、その大悲ということを「同体の大悲」という言葉で押えたのは善導です。大悲の性格を「同体」という言葉で押えたわけです。もちろん、「同体」というのは、「一仏の所化は即ち是れ一切仏の所化なり」という時の解釈に使っているのですけれども、同時にあの「同体」ということは、運命を共同するという「同体」であるわけです。

そういう意味では、沈黙とは何かというと、大悲の心であると同時に、同体のいのちなのでしょう。だから、大悲の心をもって同体のいのちを生きるという事実、それが沈黙というすがたをとるわけです。

それは、他の経文を参照して言うならば、『維摩経』に「衆生病むが故に我病む」と言うことが、それを示すのでしょう。「あなたはなぜ病気しているのですか」といって文殊が聞いた時、「衆生病むが故に我病む」と、こう言うたのでしょう。衆生の病いを見ていて救うのではなくて、衆生が病むということが仏陀の病いだというわけです。

また、『涅槃経』で言えば、「阿闍世の為に涅槃に入らず」と言うたのと同じですね。大悲というのをそういう性格で押えるわけです。それをここのところで押えてもっと具体的に言うならば、大悲の心をもって同体のいのちを生きる如来の最も積極的な用き、それが沈黙というすがたをとるのであります。だから、沈黙のなかには、仏陀が大悲の心をもって同体の生命を生きている、その、いわばエネルギーの全焼というか、用きというものがあるわけです。

そうすると、大悲の心をもって同体のいのちを生きるということは、同体のいのちを生きる事実を大悲する心ですから、やがていのちそのものの自己否定というかたちをとるわけです。それを本願へかえしていうと、「若不生者、不取正覚」です。「設いわれ仏を得たらんに、正覚をとらじ」と、このように仏は誓うわけでしょう。その中味は何かというと、「十方衆生、我が国に生まれずんば」ということです。そこに、同体のいのちを生きつつ、そして「正覚を取らじ」というところに大悲の心が用く、こういうわけですね。

そういう意味では、大悲の心をもって同体のいのちを生きた最も積極的な表現が、この沈黙であると、このように善導は着眼していくわけです。だからこそ、沈黙の積極性が「懺悔・請問・放光・現国等」の事実を韋提希自身の上にあらわした。しかも、それは韋提希の独断でないことを証ししている一人の証し人がいるのです。それは阿難ですよ。仏弟子阿難がそのことを耆闍の大衆に向かって語る事実としてあるわけです。これは大事なことですね。そう読んでいくと非常に大きな問題でしょう。

沈黙の獅子吼

釈尊の韋提希への応答を、釈尊についてきた仏弟子阿難が見ているわけです。一人の人間の前に釈尊が黙って座っておられた。座っておられるなかで、その仏を前にして一人の凡夫が「我宿何の罪ありてか」と言って愚痴を言うて、そこから、やがて光の世界を見、そして阿弥陀の浄土を欣《ねが》うという存在に変わっていった。いわば一人の人間が変革されていくという事実、その事実が個人的事柄でないということを仏弟子阿難は知って、そして耆闍崛山へ還って、耆闍の大衆の会座でそれを公開したというのです。これが一人の凡夫をして大乗人として授記するという事柄です。

いわば、沈黙のなかに具現した凡夫の廻心の事実は、一人の人間の個人的な救いではなくして、いわゆる人類に語りかけるような出来事であるわけです。公なる出来事なのです。だからして、耆闍崛山上の広開大衆の説法の会座で阿難が、その見てきた事実を語るわけです。

ということは、沈黙そのものが言葉を持たない言葉であったということですね。沈黙というかたちをとって説法獅子吼していたということでしょう。沈黙というかたちの説法です。それは説法以上の説法なのです。沈黙ということのなかに口業の説法の大地を見た、と、こう言うてもいいかもしれません。

これから「汝いま知るやいなや」という言葉による説法が始まる、これからあとの口業説法、口で語る説法、いわば耳を通して聞こえる説法、それの大地を沈黙という世界のなかに見たわけです。その沈黙が浄土の機を開いたのです。浄土の機を開いて、その開かれた浄土の機に、浄土の教えが口業として語られてくるようになったわけです。

だから、沈黙のなかに初めて浄土の機縁熟するという事実があったわけです。「浄邦の縁熟し、浄業の機彰われる」という事実が仏陀の沈黙のなかに行なわれているわけです。つまり、沈黙を通して初めてそこに仏説を聞く人間が誕生したのです。その仏説を聞く人間に仏陀の説法が「汝いま知るやいなや」という言葉からして始まって聞こえていくわけです。だから、沈黙こそ口業説法の大地だと、こう言うてもいいのでしょう。

いわゆる同体の大悲の沈黙の獅子吼、それを善導は見て、そして見たが故に、

また是れ時に仏語無きに非ずや。知るべし。（『全集九』八九頁）

と、こういうふうに押えたわけでしょう。

それをわれわれは、そういう領解をもたないで、「また時に仏語無きに非ざるなり。知るべし」、という、「時に」を勝手に決めていくわけですよ。どう決めるかというと、「その時は黙っていたわけではありますまい」と、こういうふうに読むわけです。「時」というのは押えられていないわけです。「その時、黙っていたわけではありますまい」ではないのであって、「時」と言ってはっきり押えているのです。

「時」というのは何かというと、韋提希自身の上に転換が行なわれている「時」です。沈黙の「時」です。沈黙しながらしゃべっているというようなことはないのであって、沈黙は沈黙なのです。沈黙の「時」に、実は「仏語無きに非ざるなり」なのです。沈黙という事実のところに「仏語がある」と、こういうわけです。

これは、ピカートの言葉へ返して言うならば、「沈黙は語らざることではない」ということですね。沈黙が語らざることだと領解すると、仏陀の沈黙は無意味になる。無意味になることを弁証するために、その時黙っていたのではなくして、しゃべっていたのだと言うたのだ、というのでは、話が無茶苦茶になってしまいますね。

沈黙は最も積極的な獅子吼である。その沈黙の獅子吼ということを、

また是れ時に仏語無きに非ずや。知るべし。（『全集九』八九頁）

と、このように善導が押えたわけです。

時熟を待つ大悲

その「非ずや。知るべし」という「也《なり》」の字を親鸞は「也《や》」と、このように退一歩して読んだわけですね。ここに、「や」と読もうが「なり」と読もうがたいしたことでないことのようですが、もし親鸞がこのように読んだとするならば、これまたすばらしい読み方だと思うのです。「非ざるなり。知るべし」と、このように、「なり」と決定したのならば、「なり」と決定したことが偉大なことです。偉大なことですけれども、「なり」と語った限りにおいて、なお説明的なのです。「仏語無きに非ざるなり」と、そういう事実に目を開いたことはすばらしいことなのですが、そのすばらしいことを「なり」と読んだのでは、なおすばらしい説明、ということになる。いわゆる美事な解明ということになってしまうのでしょう。

ところが、「仏語無きに非ずや」と、こう読んだ時、その「や」というなかには、その沈黙のなかにいる韋提希と、沈黙のなかにいる善導と、沈黙のなかにいる親鸞がいるわけです。「仏語無きに非ずや」と、「や」と言うた時には疑問文でもあり、同時に強調の反語でもあるのです。疑問というのは、言葉を聞いたのではなくして、自己自身が変革されていったという事実のところに身を置いた人のみ言えるのが、こういう疑問と反語の複合ということです。どちらかわからないという疑問ではなくして、沈黙のなかに人が変わっていったという、その事実、沈黙のなかに変わらしめられていく恩徳感、それが「仏語無きに非ずや」と、このように親鸞が読んでいる気持ちなのだろうと思います。そういう意味で、実はこの沈黙について、意味を明瞭にしようと善導がここで努力したわけでしょう。

ところで、大悲の心をもって同体のいのちを生きるという、その沈黙が、実は人間を変革した。韋提希という人間を浄業の機として熟せしめた。その熟せしめられたところに初めて口業の説法が始まるわけです。だからこれは、いつも申しますように、決して仏陀の言葉は凡夫にストレートに聞かれるということはないのであって、機縁の熟したところに、熟せしめた仏陀の大悲の言葉が、言葉として聞こえてくるわけです。それが、これだけの注意をもって押えられてきたわけです。

そうすると、時機純熟という、その事実の背後には沈黙というすがたをとった大悲の善巧方便があるわけです。その一点に立って親鸞は「恩徳広大釈迦如来」と、このように言うたわけでしょう。「恩徳広大釈迦如来」というのは、何に対して「恩徳広大」と言たわけです。

最も積極的な身業の説法であるところの沈黙ということのなかに御恩を感じた。御恩を感じたということは、時機純熟という、そういう現実を成就したということに対する恩徳感です。それが沈黙の意味なのでしょう。そういうふうに押えてきた時に、あの沈黙とは正しく大悲の心が時熟を待つ忍耐です。いわば仏陀の忍耐でしょう。仏陀が凡夫の上に仏説の聞ける世界を開くための忍耐です。「我行精進、忍終不悔」ということです。忍耐は一服するということとは違うのです。忍耐している時というのがいちばん力を入れている時なのではないでしょうか。

ちょうど相撲でいうと、土俵の中央へ来てがっぷり四つになって動かない時です。見ている方は、ある意味ではいちばんつまらない時ですね。どうして水入りまで立っていなくてはならないのだと、どっちか動け、というような気もしますね。ところが、動かない。動かないというところに、汗をだらだら流すような力を入れているのでしょう。むしろ上手投げだとか何だとか、投げを打っている時は相手の力を利用して投げたのだからして力は半分でいいわけですよ。そうすると、じーっと両方が肩を寄せ頭をつけて汗をだらだら流している。そこに実は「忍終不悔」ということがあるのでしょう。

いわゆる因位ということがあるわけです。その因位に触れるか触れないかということが、仏陀の説法が大悲の教えとして頷けるか、あるいは単なる一つの説喩として聞こえるかの違いになるのでしょう。

そういう意味からすると、韋提希が転換して自立して別選する人間になったという事実を通して、大悲ということを見た。しかもそれが耆闍へ還ってから公開されたのだという注意を与えて、公性を明示しておいて、そして初めて「汝いま知るやいなや、阿弥陀仏、ここを去ること遠からず」という開口一番の説法の質を押え切ったわけです。そういう意味では、釈尊の沈黙に対する解釈が突如出てきたということは大事な意味をもつわけでしょう。

阿弥陀仏不遠

そして、次に、

「尒時世尊告韋提」と言う已下、正しく告命許説を明すなり。（『全集九』九〇頁）

と言います。「告命許説」というのは、問うた言葉を許して、そして答えを出したと、こういうことです。口で話を始めたという説法の事実ですね。だから、ここまできて初めて「爾時世尊」というところからの文字の解釈が始まるわけです。経文の方では、

その時世尊、韋提希に告げたまわく、汝いま知るやいなや。阿弥陀仏、ここを去ること遠からず。(『真聖全一』五〇頁)

と、このように書いてあるのです。それに対して「汝いま知るやいなや」には善導は触れていません。また「去此」の二字も抜いてしまって、「阿弥陀仏不遠と言うは」と、こういうふうに解釈をしだしています。善導のこういう解釈というのは、どうしてこういう抜き差しができるものでしょうか。他人に対しては「一句一字不可加減」というようなえらいことを言うておりながら、善導自身は本願の文を加減しただけでなしに、あちこちに加減がしてあるわけです。しかも、いちばんわれわれが力点を入れてがんばっているところを、スポーッと肩すかしをくわすような加減のしかたです。「汝いま知るやいなや」ということについてどんなことを言うてくれるかと思うと、何も言わない。「即便微笑」と言うからして立派な解釈をしてくれるかと思うと、何も言わない。そして「去此不遠」というて、「去此」というところでわれわれは力むわけですね。ところが、力んだところをスポーッとはずしてしまう。

そして善導の解釈は、「阿弥陀仏遠からず」と、これだけというところに、善導の経文に対する姿勢があるわけです。抜いたところとは、いらないから抜いたかというと、そうではないのです。

抜いたところは重要だから抜いたのです。重要だということはどういうことかというと、生命で聞きとることだということです。解釈することができないのです。「阿弥陀仏不遠」ということは、仏説として、言葉として聞こえることなのです。

「汝いま知るやいなや、阿弥陀仏、ここを去ること遠からず」と、経文の文字は書いてあるのです。ところが、その教えをほんとうに聞くところに、聞こえてくる言葉は何かというと、「阿弥陀仏遠からず」ということなのです。そうすると、「汝いま知るやいなや」と「ここを去ること」はどこへいったのかというと、「ここを去」ろうとする人間の生命のところに「汝いま知るやいなや」という大悲が感じられてくるわけですね。感じられてきた時初めて「不遠」、阿弥陀仏は遠くないという言葉が、大悲の言葉として聞こえてくるわけです。これが大事なことなのでしょう。

だから、そういうことで申しますと、もしあえて言うならば、「汝いま知るやいなや」ということの文字の解釈でなしに、生命の解釈はどこにあるかというと、前の沈黙の解釈のところにあるのでしょう。沈黙のところに大悲の精神、大悲の心を読みとった、そのことが、経文の言葉としては「汝いま知るやいなや」という言葉になっているわけです。

ここで一つ押えておきたいのは、「厭苦縁」のところで「真心徹到」と善導が解釈した、

唯、願わくは仏日、我を教えて清浄の業処を観ぜしめたまえ。（『真聖全一』五〇頁）

と、こう言うているところがあるでしょう。あの後に、

我今　（『真聖全一』五〇頁）

と言うています。ここに「我今楽生」と、このように言うでしょう。別選所求の韋提希の言葉が、

我いま極楽世界の阿弥陀仏の所《みもと》に生ぜんことを楽《ねが》う。（『真聖全一』五〇頁）

と、こういうふうになっております。ここでは、はっきり「我いま」と、こういうふうに韋提希は言うています。だから、阿弥陀仏の所を選ぶ言葉は「我いま」という言葉なのです。そうすると、「我いま」と、このように阿弥陀仏の世界を選んだ、その言葉を受けとめて、ここでは「汝いま知るやいなや」という言葉が生きてきているわけですね。両方とも「いま」と押えられているわけです。「我いま」と「汝いま」と対応するわけです。

我いま極楽世界の阿弥陀仏の所に生ぜんことを楽う。（『真聖全一』五〇頁）

という別選の我の言葉と、その言葉に阿弥陀仏が教えられてくる言葉は、

汝いま知るやいなや。（『真聖全一』五〇頁）

なのです。「我いま楽う」を受けて、「汝いま知るやいなや」、こういう対応があるわけです。

これは『大経』でいえば、法蔵菩薩と世自在王仏の対話が、こういう問題の根にあるわけでしょう。世自在王仏が法蔵菩薩に対して、

修行せんところのごとき荘厳の仏土は、汝自ら当に知るべし。（『真聖全一』七頁）

と、このように言う。それに答えて、法蔵菩薩は、

この義弘深にして、我が境界に非ず。（『真聖全一』七頁）

このように言うているでしょう。師の方は「汝自ら当に知るべし」と言い、弟子の方は「我が境界

に非ず」と、このように言うていますね。つまり、逆対応です。教えを聞きにきた一人の人間と、それに対して説く仏陀の説法のところでは、こういうすがたをとっているわけです。

阿弥陀なる本願の世界を問う問いは「我いま」と問われる。いうなれば、「いま」という現在という時点で「我」と、このように名のって問うわけです。その「我」と名のって問う問いに向かって仏陀は「汝いま知るやいなや」と、このように言うわけですね。これ以上説明する言葉はありませんから、もう言いませんが、そこらへんをじーっとよく考えてほしいのです。

そうすると、不思議なことに「汝いま知るやいなや」という言葉は、「我いま」と楽《ねが》った人間のなかに完全に消えてしまうのです。消えてしまうということは、「我いま」と言うた時の「我」のなかに、なおかつ問題が残っていることを、「汝いま知るやいなや」という疑問符をつけた言葉が教えるわけです。だから、「我いま」と言うた、その「我」が内に内にと「我」の根底をけずっていくような作業が、ここから始まるわけです。そして、完全に「我」のなかが「汝」で満ちてしまうというところまで、その作業が続くわけです。それがやがて、

汝一心に正念して直ちに来たれ、我能く汝を護らん。（『全集九』一八三頁）

という、あの「汝」という本願の喚び声になるわけでしょう。そして、親鸞はそれを解釈する時に、

「汝」の言は行者なり。これすなわち必定の菩薩と名づく。（『全集二』四六頁）

と、「汝」の方を「我」のすべてにしてしまいますね。そして、「我」とは「尽十方無碍光如来」だと言うて、「我」の方を阿弥陀にしてしまいます。あの転換までこれはずーっと続いていくわけ

です。

そうすると、「汝いま知るやいなや」の一句は不必要だから解釈しなかったのではないのです。「我いま極楽世界の阿弥陀仏の所に生ぜんことを楽う」と言うた、その「楽」いの心のところに「汝いま知るやいなや」という仏言はすっかりそのまま投入されてしまうのです。

その投入されたところから「阿弥陀仏、ここを去ること遠からず」という教えを聞いてみると、「ここを去る」という言葉はもはやそこでは消えてしまう。

なぜかというと、「此」とはどこだったのかというと、韋提希自身に即して言うならば、「此」とは、かつて「閻浮提・濁悪世を楽わず」と、こう言い、「地獄・餓鬼・畜生盈満して、不善の聚多し」と言うた世界以外に「此」はないのです。ところが、「我いま極楽世界の阿弥陀仏の所に生ぜんことを楽う」と、このように別選をした、その韋提希なる「我」が「いま」求めている阿弥陀仏の世界は、その「閻浮提・濁悪世」である「此」を「去」った世界として求めていたわけです。「此」には阿弥陀仏の世界はないわけです。こういうかたちで求めていくわけでしょう。

そうすると、「此」を「去」るという深い要求をもった存在、韋提希に答えられてくる仏説は、「阿弥陀仏不遠」という言葉以外にないわけです。「阿弥陀仏不遠」、「遠からず」ということだけが唯一無二の答えになるわけです。

そうしますと、その「阿弥陀仏不遠」という一句をもって、実は『観無量寿経』という経典は最後までそれが基調になって流れていくわけですね。その「阿弥陀仏不遠」のいちばん具体的なのが

「具足十念、称南無阿弥陀仏」なのでしょう。「具足十念、称南無阿弥陀仏」にはそれ以上の解釈がないわけです。もし解釈があるとすると、「阿弥陀仏不遠」ということです。

「下品下生」の「十悪五逆」の人間が、臨終に善知識に遇うて、念仏せよと言われて念仏したということでしょう。『歎異抄』の第二条で言うならば、「ただ念仏して」と、こういう教えを聞いて、「よきひとのおおせをこうむりて、信ずるほかに別の子細なきなり」という親鸞が誕生したということですね。それについて解釈はないわけです。そのことはなぜですかと問うならば、外から弁証する何ものもない。あるものは何かというと、「阿弥陀仏不遠」ということです。南無阿弥陀仏です。だから、「阿弥陀仏不遠」という事実があるわけです。「阿弥陀仏不遠」が教えの出発点であって、それがやがて具体的に「阿弥陀仏不遠」の事実を一人の人間の上に成就する。これが念仏の教えです。そういうふうに展開していくわけでしょう。

「去此」の二義

ここでもう一つ問題を押えておきます。阿弥陀仏について言う時に、「去此」という言葉は『大無量寿経』にもあるのです。『大無量寿経』で、阿難と仏との問答のところにあるのです。

> 阿難、仏に曰さく、法蔵菩薩は、已に成仏して滅度を取りたまえりとや、未だ成仏したまわずとやせん、今現に在ますとやせん。（『真聖全一』一五頁）

と、こういう問いを出します。それに対して、

仏阿難に告げたまわく、法蔵菩薩は、今已に成仏して、現に西方に在ます。ここを去ること十万億刹なり。（『真聖全一』一五頁）

と、このように言いますね。あそこにはっきり「ここを去る」と書いてあるのです。だから、「去此」、「ここを去る」という言葉のなかには二重の意味があるわけです。一つは、韋提希がここを去る世界、いわゆる彼岸として阿弥陀仏の世界を求めるという、そういう意味の「去此」です。もう一つは、仏陀がその阿弥陀の世界を語る時に、

ここを去ること十万億刹なり。その仏の世界を、名づけて安楽と曰う。（『真聖全一』一五頁）

と、このように教えた「去此」ということとがあるわけです。いわゆる仏陀の教える「去此」と、韋提希が求めた「去此」とがあるわけです。その彼岸を求めるという「去此」と、そして彼岸の世界を現成するという意味の「去此」とが、出くわす世界が、この『観経』の「不遠」と語られる世界なのです。

「不遠」の三義

そうすると、そこで「阿弥陀仏不遠」という教えだけが、開口一番の教えとして善導は押えるわけです。だから、

「阿弥陀仏不遠」と言うは、正しく境を標して以て心を住することを明す。（『全集九』九〇頁）

と、こう言っていますね。「境を標する」というのは、求める世界、阿弥陀の世界とはかかる世界

であるということを明らかにするということです。つまり、阿弥陀の世界とはかかる世界だということを明らかに標定して心をそこにとどめしめようということが、「阿弥陀仏不遠」という教えのもっている意味だというわけです。

こういうふうに押えておいて、「即ちそれに三つ有り」と言うて、ここに「不遠」ということを通して三つの意味を見ていきます。一つは「分斉不遠」、二つは「往生不遠」、三つめは「観見不遠」といわれることですね。これが「不遠」の三義です。この時に、こういうふうに言うているでしょう。

一つには分斉遠からず、これより十万億の刹を超過して、即ち是れ弥陀の国なることを明す。二つには道理遥かなりと雖も、去る時一念に即ち到ることを明す。三つには韋提等及び未来有縁の衆生、心を注めて観念すれば、定境相応して、行人自然に常に見ることを明す。この三の義有るが故に、「不遠」と云うなり。（『全集九』九〇頁）

と、こう言って、「不遠」ということだけに問題をしぼっていきますね。

ふつうにこれを解釈しますと、こういうふうに解釈するのではないですか。「分斉不遠」というのは、距離の問題です。だから、前に読みました『大無量寿経』のところに、「ここを去ること十万億刹なり。その仏の世界を、名づけて安楽と曰う」と言うている。十万億刹というのは、遠いように思うのは凡夫の意識であって、実は遠いことはない。他の諸仏の世界はもっと遠い、阿弥陀の世界は十万億刹だから近いのだ。だからして「分斉不遠」と、こう言うのだと、こういう解釈がありますね。多くこのようになっています。

そこで言おうとすることは、阿弥陀の世界と諸仏の世界との違いといいますか、弥陀と諸仏との違いということにおいて、遠さということの意味づけをしようとしているわけです。

ところが、二番目の「往生不遠」または「去時不遠」ということは、たとえ距離は十万億刹を過ぎてと、このように書いてあっても、その距離は往生の一念において超えることができる。往生の一念において到ることができるという意味で、「不遠」と言うのだというわけです。

三番目には「観見不遠」です。仏は遠い、しかしほんとうに仏を見ようとおもい、そして思惟・正受が成就するならば、能観の眼と所観の境とは一つになるからして「不遠」と言うと、こういう解釈です。

分限・往生・見仏

こういうふうに一応三つの「不遠」の義を解釈していくわけです。それはまちがいではないと思います。ところがわたしは、そういうことがなぜ「不遠」なのだと、もう一度問いたいのです。阿弥陀仏の世界は十万億刹のかなただ、諸仏の世界はもっと遠い、だから阿弥陀仏の世界の方が近いということが、なぜ「不遠」ということになるのか。あるいは、一念に往生できるから遠くないということはいったいどういうことなのか。そして、阿弥陀仏を見ようとすれば、見る心が亡絶して、ほんとうに正受が成就すれば、境と識とは一つになって、不即不離の世界が成就する、だから「不遠」というのだ、というけれど、そういうことでなぜ「不遠」と言えるのか。このようにもう一度問題を立て直してみたくなるわけです。

そうすると、ここでひとつ明らかにしておかなくてはならないことがあるのです。この善導の文は、確かに「不遠」という二字についての解釈のようであります。しかし、押えて言うと、そうではないですね。これは「阿弥陀仏不遠」という六字についての解釈なのです。その「阿弥陀仏不遠」とはいったいいかなることなのかということを、「不遠」という言葉で明らかにしようというわけです。それを「阿弥陀仏」の方を見落して、「不遠」だけの解釈だとするものです。わけがわからなくなるのだと思うのです。

そうすると、「阿弥陀仏不遠」ということの意味はいったい何かということですが、「阿弥陀仏不遠」ということの意味はそれほど考えなくてもはっきりしているのです。

分斉遠からず、これより十万億の刹を超過して、即ち是れ弥陀の国なることを明す。

（『全集九』九〇頁）

と善導が言うている。これでいいのです。これでいいというのは、それを再解釈する必要がないということです。どういうことかと言いますと、「これより十万億刹を超え過ぎて」という「超」という字が置いてあるのです。「超」という字は経文にはないのです。善導が押えた言葉です。さきほどのように解釈すると、阿弥陀の世界は十万億刹を超えたところにある、諸仏の世界はもっと遠いというのですから、これは「超」でないわけです。「過ぎて」というだけですね。ところが、「過ぎて」の意味は何かというと、「超えて」という意味だと、このように善導は押えた。だから、「十万億の刹を過ぎる」ということは「十万億の刹を超える」ということだ、超絶しているということだというわけです。そうすると、超絶している世界への近さというのはいったいどこで言えるのか。それは、超絶している世界が阿弥陀の世界だということにおいて、阿弥陀の世界、いわゆる無限の世界は、有限の延長上にないということを明瞭にしている。そのことをはっきり領かしめるものは何かというと、「分斉」ということなのです。

「分斉」とは「分量斉限」ということですね。「分量斉限」ということは、押えるとどういうことなのか、「分限」ということです。

そうすると、「阿弥陀仏不遠」という教意はどのように聞こえるのかというと、分限の自覚において「不遠」が知られるということです。有限と無限とは延長の問題ではない。有限は無限になることはできない。有限の積み重ねは無限になることはできない。金子大栄先生の言葉を借りれば、「有限は常に無限の外にある。無限は常に有限を内に包む」という関係ですね。そういう関係において「不遠」が言えるわけです。

だから、そういう意味では、「阿弥陀仏不遠」というのは、「十万億刹を超過する」ということにおいて有限の延長上にあるかなたではない。文字通り「彼岸」なのです。しかし、「彼岸」の阿弥陀に触れるのは、どこで触れるかというと、分限の自覚において触れると、こういうことでしょう。だから、そこに「分斉不遠」という言葉が生きてくるわけです。分限、分量斉限の自覚において、

「不遠」が自覚内容となる、ということでしょう。

それは、清沢満之先生の言葉をここへもってくれば、

我等の大迷は如来を知らざるにあり。如来を知れば、始めて我等の分限あることを知る。

（『清沢満之全集七』四八六頁）

と、こういうふうに言うておられることでしょう。「如来を知れば、始めて我等の分限あることを知る」と言うてあるように、「如来を知る」ということと「分限あることを知る」ということとは一つなのです。阿弥陀を知るということは、自己の延長上に阿弥陀はないという、そういう自己を知るということと一つである。したがって、分限の自覚として「不遠」が自覚内容となるところに、はじめて「阿弥陀仏不遠」ということの第一義があるということであるわけです。

その次には、その分限の自覚ということにおいて阿弥陀と我との関係は「往生」という関係で成り立つのです。阿弥陀の世界とわたしの世界との間には「往生」というかかわりをもってしか触れることができなくなる。

「娑婆即寂光土」というわけにいかないわけです。娑婆即阿弥陀の世界というわけにいかない。やはり「願往生」という言葉で語られる在り方において、阿弥陀の世界の「不遠」を生命のなかで確かめていくわけです。それは、あの「前念命終、後念即生」と善導が言い、その「前念命終、後念即生」に対して親鸞が、

本願を信受するは前念命終なり。即得往生は後念即生なり。他力金剛心なり。まさに知るべし。

（『全集二』一三頁）

と、こういうふうに言うています。いわゆる、「往生」の事実、それにおいて「不遠」ということが具体的な事実になるわけです。「阿弥陀仏不遠」という事実は「往生」としてしか成り立たない。その「往生」ということをここで押えるわけです。「往生」というのは、内容を押えて言うと、阿弥陀の世界に頷くということです。阿弥陀の世界に頷くということは、もっと言葉を換えて言うと、阿弥陀の世界に向かって生きる人間は、同時に阿弥陀の世界から迎えられる自己であるということの頷きですね。それは、いうなれば「観仏本願力」という、あの「観」ということです。

だから、そういう意味では、阿弥陀の本願の用きを観知するということは、阿弥陀の本願の用きを向こうに観るというわけにいかない。阿弥陀の本願の用きを観知するという事実は、阿弥陀に見られている自己を知るという事実のほかにないわけです。

金子大栄先生の言葉を借りれば、「所照の自覚」という言葉がそれを言い当てています。そうすると、この「阿弥陀仏不遠」という三義をもって、実は阿弥陀そのものを善導は明らかにしている。とすると、それは何かというと、分限・往生・見仏ということだと思うのです。分限・往生・見仏という内容においてしか、阿弥陀をわたしが知るということはありえないわけです。

この三つの内容をもって、「阿弥陀仏不遠」という教えの具体的な領解を善導は行なっていったわけでしょう。だからして、

この三の義有るが故に、「不遠」と曰うなり。（『全集九』九〇頁）

と言うて、しめくくるわけです。

初めには「阿弥陀仏不遠と言うは」という問題を立てて、三義で解釈をして、だから「不遠」という言葉のなかに阿弥陀仏への頷きの具体性があるのだと、このように善導は押えていこうとするわけです。こういうところに非常に大事な問題があるわけです。

人間の転換

善導の文で、「汝当繫念と言う已下は」というところですが、経文でいうと、
汝当に繫念して諦かに彼の国の浄業成じたまえる者《ひと》を観ずべし。（『真聖全一』五〇頁）
と、このように釈尊が韋提希に語りかける言葉のところです。この中心は「繫念諦観」ということです。「念を繫けて諦観せよ」と、こういうわけです。『観経』というのは、またこれだけのことを説いているとも言えるわけでしょう。『観無量寿経』ですから「無量寿を観ぜよ」ということです。心を一処にとどめて、そして無量寿を諦観せよと、こういうふうに言うわけです。したがって、「繫念諦観」ということが、実はこれからずーっと一貫して『観無量寿経』が説いていく勧励であるわけです。
そうすると、こういうふうに言えます。『観経』とは何か。阿弥陀仏を「不遠」として教える経である。その「不遠」をいかにして知らしめようとするのかというと、「念を繫けて諦観せよ」という「繫念諦観」ということをもって一貫して教えるのだ。それが『観経』だと、こういうふうに

言うていいでしょう。

ところが、ここで問題になりますのは、韋提希自身がこれ以前に、

唯願《やや》わくは仏日、我を教えて清浄の業処を観ぜしめたまえ。(『真聖全一』五〇頁)

と、このように願っていますね。韋提希は「清浄の業処を観ぜしめたまえ」と言うのですから、それの答えは、

汝当に繫念して諦かに彼の国の浄業成じたまえる者を観ずべし。(『真聖全一』五〇頁)

と、こういうふうに言うて、それでいいわけなのです。ところが、善導はそれをそういう言葉として解釈していかないわけです。言葉として解釈しなくて、この「繫念諦観」を勧めるところの仏陀の敬意、仏陀の精神に触れて解釈するわけです。その触れた頷きを、

正しく凡惑障り深くして心多く散動す、もし頓に攀縁《へんえん》を捨てずんば、浄境現ずることを得るに由無きことを明す。(『全集九』九〇頁)

と、こう言うています。「攀縁」といいますが、「攀《へん》」はよじ登るということです。したがって、縁にしがみつくということですね。だから、衆生の迷いをいうわけでしょう。

凡夫は惑障は深く心は常に散乱麁動である。ちょうど猿のようなものだと言いますね。猿というのはチョコチョコ、チョコチョコするのでしょう。だから、一処にとどまっているわけにいかない。そういう凡夫の惑障は深く、心は散乱麁動する存在にとって、もし頓に攀縁を捨てるということがないならば、清浄業処、つまり阿弥陀の世界を諦かに示現することはできない。だからして、「繫

念諦観」と、こういうふうに仏陀は教えるのだと、こういうふうに言うわけです。

一応それはごもっともです。心が猿のように動き回る人間に浄土を教えるわけにいかない。とすると、その浄土はどうして教えるのかというと、「繫念諦観せよ」ということを通してしか教えるわけにいかないというわけです。

ところが、そこに一つ善導は大きな着眼をしていますね。それは何かというと、人間の転換ということがそこで着眼されているわけでしょう。人間の転換というのが「繫念諦観」という言葉を通して着目されているわけです。この読み方も非常にやっかいといいますか、押えて善導は読んでいますね。ストレートに読んでいけば、

汝当に念を繫けて諦かに彼の国の浄業成者を観ぜよ。


と、こう読むのでしょう。

ところが、いわゆるストレートに読んでいないわけです。


汝当に念を繫けて諦かに彼の国を観ぜよ。


という意味がまずあるわけですよ。いわゆる、「繫念諦観」ということをもって彼の国を観ぜよ。「繫念諦観」ということをくぐらないならば、彼の国を観ずることはできない。散乱麁動のままでは彼の国を観ずることができないという問題があります。

散乱麁動というのは、ただ上調子だというわけではないのです。人間の質を押えているわけです。どんなに心を凝らしてもだめなのです。何故なら心を凝らしているという散乱麁動の心があるから

です。そういう意味では、人間というのは、まじめになって力んでいてもだめなのです。そういうことがあるわけです。

だがしかし、その散乱麁動の心が止むということがなければ、彼の国を観ずることはできないという事実がある。そこに「由無し」、理由がない、ということがありますね。

そうすると、そこで一つの大きな問題があるわけです。いかにして人間はその散乱麁動の心を、「繫念諦観」というような教えに耐えうる、そういう心に転ずることができるかという問題です。これが一つ『観経』のなかを貫いている問題であるわけです。

人間が努力を重ねることによって、散乱麁動の心を「繫念諦観」できる心に変えられるかというと、それは不可能なことです。そうすると、散乱麁動の心にかかわっている意識の転換がなくてはならない。そういう問題がここにある。

そういう意味では、「彼の国」とは「繫念諦観」せずんば見ることができないという問題があります。と同時に、「彼の国」に触れなければ「繫念諦観」は成就しないという問題がある。こういう二重の問題があるわけです。「彼の国」、阿弥陀の国は「繫念諦観」ということが人間に成就しなければ見ることができないという問題がある。しかし、同時にそのことは、一転して言うならば、「彼の国」に触れることなくして人間の上には未来際を尽くしても「繫念諦観」は成就しないという、矛盾した問題があるわけです。阿弥陀の世界に触れなければ阿弥陀の心に頷くことはできない。しかし、有限の努力を積み重ねては阿弥陀の心に触れることはできない、こういう矛盾があるのです。だから、そういう意味では、「繋念諦観」という、この一句をまんなかにして、大きな問題が提起されているわけです。

ここに、『観経』がやがてこの問題をつきつめていって、「繋念諦観」の成就とは何であるかということを一貫して問うていくわけです。問うていくというか、韋提希に語りかけていくわけですね。定善観を求める韋提希に、その「観」ということを勧めながら、散乱麁動の心に領かしめ、散乱麁動の心のどうにもしてみようのない事実をさらに見せしめることによって、無善造悪というところまで導いていくわけです。そこに「繋念諦観」の成就という問題があるわけです。つまり、人間の転換という問題に迫っていくわけです。

だから、『観経』はそういう意味では、非常に慈悲深い経典であって、やさしい経典のようだけれども、そういう意味では全く厳しい経典ではないですか。一点も夢を見させないのです。観念の世界に自己を遊ばせない。徹底して観念の世界を破っていって、ついにグーの音《ね》も出なくなるというところまで人間というものを洗い出していくような経典です。そういうところに「繋念諦観」という言葉がまず最初に出るわけがあるのです。

教意の読破

それを善導は、読む時はおそらくこのまま読んだのでしょうが、ここで解釈する時には、こういう解釈のしかたをしています。

汝当に繫念して諦かに彼の国の浄業成じたまえる者を観ずべし。（『真聖全一』五〇頁）

と、このように経文の方は読んだに違いない。けれども、解釈は二つの解釈をして、

凡惑障り深くして心多く散動す、若し頓に攀縁を捨てずんば、浄境現ずることを得るに由無きことを明す。（『全集九』九〇頁）

と言うています。だからして、浄土の境が顕現するということは理由がない。散乱麁動の心のままでは浄境を現ずるには理由がないと、こういうふうに言うている。

そうすると、散乱麁動の心をいかにして「繫念諦観」の心にするかという問題があります。しかし、それのことをはっきりと押えて、

これ即ち正しく安心住行を教う。（『全集九』九〇頁）

と言うています。ということは、こういう説法が実は正しく安心住行を教えるのだということでしょう。「安心住行」というのは、心を一処にとどめるところの実践です。とすると、正に「繫念諦観」を教えているのだと、このように言うのです。ちょっとやっかいなようですが、よく考えて下さい。

「繫念諦観」ということがなければ阿弥陀の世界、つまり浄境を現ずることはできない。しかし、「彼の国」に触れるということがなければ「繫念諦観」は成就していない、という矛盾を含んで人間は生きている。そういう人間存在に向かって「汝当に繫念して諦かに彼の国の浄業成じたまえる者を観ずべし」と教えられる。その教えが人間に「安心住行」とは何であるかを教えているのだと

いうことですね。心を一処にとどめるという「観仏」とは本質的に何か、ということを人間に教えている。だから、「観仏」とが人間にできるというようなことを教えているのではない、人間の転換を教えているのだというところまで、善導は押えているわけです。それはその次の言葉が明瞭にしているわけでしょう。

もしこの法に依るをば、名づけて浄業成ずと為すとなり。（『全集九』九〇頁）

と、こういうふうに言うていますね。その「浄業成ず」は「浄業成者」という、あの言葉をとってきているのです。だからして、「浄業成者」と言うた時には阿弥陀のことをいうのですけれども、ここでは「浄業成ずと為す」と、こう言うていますね。

そうすると、「この法」は「安心住行」、つまり「繫念諦観」によることを清浄の業が成就すると、このように名づけるのだと、こういうふうに言うているわけです。ここに善導の苦労があるのであります。

それを、従来はこういうふうに解釈しているのでしょう。この「繫念諦観彼国浄業成者」というのは、二つの読み方がある。一つは、

念を繫けて諦かに彼の国の浄業成者を観ずべし。

という読み方である。もう一つは、

念を繫けて諦かに彼の国を観ずべし。浄業成ぜる者なり。

という読み方があると、こういうふうに言います。あとの読み方は実際にあるのですかね。ともか

くそういうふうに読むことがあったのだと、こういうふうに言います。そして、善導はそういうふうに一応読んでいるように多くの先輩方は解釈しています。

しかし、だいたい「諦かに彼の国を観ずべし。浄業成ずる者なり」とは読めないわけです。なぜかというと、諦かに彼の国を観なさい、そして浄業成ずる者であると言うわけでしょう。その浄業成ずるというのは、彼の国を観るということを成就した者という意味ですから、能観の人間を言うているわけですね。ところが、それでは読み方そのものに矛盾が出てくるわけです。そして善導もそんなふうには読んでいないのではないでしょうかね。

ところが、なぜ先輩が二つ読み方があるというようなことを言い出したかといいますと、「この法に依るを、名づけて浄業を成ずと為すなり」の「成ず」の「成」の下へ勝手に「者」の字を置いてしまったのでしょう。だから、「繋念諦観彼国浄業成者」というのを、「繋念して諦かに彼の国の浄業成者を観ずべし」という読み方と、「繋念して諦かに彼の国を観ずべし。浄業成ぜる者なり」という読み方と、二つある。だからして、善導は後の方の意味に読みながら、前の方の意を表わそうとしたのだという、ずいぶん面倒なことをやっているわけです。しかし、善導の解釈には「者」の字はないのです。「浄業成就」と書いてあるだけです。「浄業が成就する」と書いてあるだけで、「浄業成就する人間」というような意味の字は一つもないのです。ない字は勝手に加えて読まないことです。ない字をひっつけて読むと、読んだその時から、ない字があるような意識によってとらえられるのです。そうすると、そこからまちがっていって、しまいまでまちがいっぱなしになってしまうわけです。ない字はないのですから勝手に読まないことです。

　この善導の文の場合もそうなので、「浄業が成就される」と、こう言うているのであって、浄業を成就する人間がいるというようなことはどこにも書いてないのです。そうすると、善導は、彼の国に触れずんば繫念諦観は成就しない、しかし繫念諦観を成就しないならば彼の国に触れることもできないという、この矛盾をいかにして突破するかということが、「繫念諦観彼国浄業成者」という教えの意なのだと領解するわけです。その教えの意に触れ、その教えに随っていく、そこに浄業の成就があると、このように言うわけですね。

　いわば清浄業処を観ようとする韋提希に、清浄業処が成就していくという事実がある、このように最初に押えているわけです。こういうことが、何でもないことのようですけれども、非常に重要な事柄になってくるわけです。

対機説法

　その次には、
　「我今為汝」と言う已下は、これ機縁未だ具わらざれば、偏えに定門を説くべからず、仏さらに機を観そなわして自ら三福の行を開したもうことを明す。（『全集九』九〇頁）
と言うていますが、これも善導独特の解釈なのです。なぜかといいますと、ここの経文は、
　我いま汝が為に、広く衆の譬を説かん。（『真聖全一』五〇頁）

と言うています。「我いま汝が為に広く衆の譬を説」こうと、このように釈尊が言われた言葉です。ところが、その「我いま汝が為に、広く衆の譬を説」くと、こう言うている経文を解釈するのに、善導は、「譬」ということについての解釈もないし、「広く説く」ということの解釈もせずに、ただ一気に、

これ機縁未だ具わらざれば、偏えに定門を説くべからず、仏さらに機を観そなわして自ら三福の行を開したもうことを明す。(『全集九』九〇頁)

と、こういう解釈をしているのです。だから、これは経文の解釈になっていないわけです。いわゆる、「広く衆の譬を説」こうと言うている仏説の言葉についての解釈にはなっていないわけです。

しかし、これは「衆の譬を説」こうと言うた仏意の領解にはなっているのです。これは大事なことですね。言葉の解釈にはなっていない。ところが、善導はこれでいいというわけです。なぜかというと、「広く衆の譬を説」くという、「衆の譬」とは何かという解釈が今必要なのではなくして、「我いま汝が為に、広く衆の譬を説かん」と言うた、その仏意に触れることが大事なのだと、こういうわけです。仏意に触れてみると、そこにどういうことが領かれるかというと、

機縁未だ具わらざれば、偏えに定門を説くべからず。(『全集九』九〇頁)

と、こう言っていますように、人間に、教えにめざめる機縁がまだ具足していない。機縁が具足していないというのは、韋提希が願うた言葉だけならば、一切の衆生の機縁が、そこにすべて表現されているというわけにいかない、というわけです。機縁が具足していないから、仏陀にしてみれば、

ただ定善の観法だけを説くわけにはいかない。だから、仏陀自身が衆生の機縁を観《み》そなわして自ら散善三福の行を開こうとしている。そういう仏意が「我いま汝が為に、広く衆の譬を説かん」という言葉のなかに隠れているのだ、というわけです。

「汝が為に、広く衆譬を説かん」と、こう言うている意は何か。衆の譬というのは、具体的には何かというと、それは具体的には、本文へ入りまして十三観というかたちで説かれている観法なのです。あの観法はみな譬なのです。

たとえば、「太陽が沈んでいくすがたを見よ」、こう言った時には、やはり太陽が沈んでいくという事実にたとえて何かを語っているわけでしょう。「水の澄んでいくすがたを見よ」、こう言っているところには、水が澄んでいくという現実の事実をたとえとして、何かを語っているわけです。「浄土の宝樹を見よ、宝林を見よ」、こう言うている時には、林ということで感ずる人間の感情を通して、何かを知らしめようとしているわけですね。そういう意味では、十三観というのは全部譬えです。

だからして、「衆譬を説く」ということは、人間が感ずる心にそって、人間を超えた世界をそこに開示していこうとするためのものだというわけです。だから、それは端的には十三観の教えを示しているわけです。しかし、善導は、十三観だけが譬ではないと、このように言うのです。仏陀の言葉はすべて譬喩だと言うわけですね。無限を有限において語るのであるからして、すべて語られたものは譬喩である。だから、その譬喩にわれわれがとらわれるのではなくして、譬喩をくぐって感ずる、その純粋な感情において頷く世界、それが実は阿弥陀の世界なのだと言うわけです。

仏自開　だから、ただ定善を説くというだけであるならば、人間のすべてを摂し尽していくということができない。そこに定善を願うた韋提希の言葉を受けとめながら、仏はやがて、そのすべての譬喩によってしか真実の阿弥陀の世界を観ずることのできない人間界というものを、三福の行として開いていくのだと、こういうことがあるわけです。だから、その三福の行というのは、ただとてつもない遠い話をしているのではないのでしょう。あまりにも具体的すぎて、見るのはいやだというような世界が三福の行の世界なのですよ。だってそうでしょう。三福の行のいちばん最初は「一者孝養父母」です。そんなことは聞くのもいやだというようなものでしょう。「親に孝行せよ」などという話は聞く必要がないというのが、何かのかたちでわれわれの意識のなかにあるのではないですか。

そのいやだという心情のなかに隠れているものがあるわけです。それをくぐらずしては、実は阿弥陀の世界といっても、わかりっこないのです。それをくぐらないで知った阿弥陀の世界というのは観念なのです。しかし、その世界をくぐらないで、阿弥陀を見ようとするのが定善観という行ですね。

実は韋提希はそれをやろうとしたのでしょう。わが子に背かれた。したがって、子どもの顔を見るのもいやだ。だから、子どもの顔の見えないところで阿弥陀の世界を見たいというわけでしょう。

見るのがいやだという問題を解決できないというかたちで、実は浄土を見ようとするわけですね。

「願わくは我、未来に悪声を聞かじ、悪人を見じ」というわけです。

見たくないと言うて、その意識はそのままにしておいて、阿弥陀の世界を見ようというわけです。

そこに、人間の深い問題が隠れているわけであり、その問題を指摘するのが三福の行です。

　いってみれば、お釈迦さまに皮肉を言われているようなものです。親子げんかをして、もう親と子どもが顔を合わすのはいやだという人間に、親孝行しなさいと言うようなものでしょう。「もう話にもならん」というわけです。ところが、話にならんと言うて逃げ出そうとするところに問題があるのです。だから、三福の行は先刻承知というかたちで、そんなことはもはや聞く必要がない。それを超えた、いわば「善悪の彼岸」を教えてくれと、こう言うている韋提希の願いのなかには、実は人間を尽くすことができないという、「不具」という問題があるのです。

　われわれの要求はいつも不具足的要求です。宗教的要求といっても不具足的要求なのでしょう。不具足というのは、なぜ不具足というかというと、大地から足を離して浄土を観《み》ようというところに、不具足ということがあるわけです。ところが、それに対して仏陀は、大地に足をつけて浄土を観るということを教えるわけです。大地から足を離して浄土を観ようとする、その不具足的な要求に対して、大地に足をつけて浄土を観ることを教えるわけです。

　ここに、前から言うている、「繫念諦観」という教えの徹底があるわけですね。そして、それを明らかにするのに、三福の行を仏は開示する。そのことによって、実は定善はつまらんというような話ではなくて、ほんとうの意味での観仏成就ということを明らかにするのだと、こういうわけです。

こういうふうに見てきますと、経文と釈文とが合わないようにみえるところに、「散善顕行縁」の領解というものがあるわけです。だからそういう意味では、「散善顕行縁」というのは、読んでおりますと、初めの方の「即便微笑」だとか、あるいは「汝いま知るやいなや、阿弥陀仏、ここを去ること遠からず」というあたりはすばらしいことが説いてあると思うのです。ところが、後の文字通り「散善顕行縁」という言葉を善導がつけた、「一者孝養父母」というところからの経文へ入りますと、もうだれも読まない。ここはとばして後へ進んでしまうのではないですか。ところが、そこを善導は「仏自開」と言うたのです。われわれは人間であるからして、人間のことは知っているという、その知っているという全体が無知ということですね。その無知を仏は自ら開くことによって、観仏の世界の大地を明らかにしている。これがこの「散善顕行縁」の問題点なのです。

四　廻心皆到

三従《リ》二「亦《ヤク》令未来世」《ト》云二下至《ル》二「極楽国土」《ニ》二已《コノ》一来《ハ》、正明《ス》二挙《アケテ》レ機《キヲ》観修《クワンシユ》得益《スルコトヲ》一。此明《ス》下夫人所《ノロ》レ請《スル》、利益弥《イヨ》く深《フカク》、及《マテ》二未来《ニ》一迴一心《ノ》皆到《ナイタルコトヲ》上。（『全集九』九〇頁）

不本意なる現実

第三段目ですが、これは経文でいうと、

亦未来世の一切の凡夫の浄業を修せんと欲わん者をして、西方極楽国土に生ずることを得しめん。(『真聖全一』五〇頁)

という、これだけの経文です。このきわめて短い経文について、きわめて短い解釈をほどこして、しかも一段というふうに押えています。短い部分ではありますが、これを善導が一段として切ったというところには、切ることによって明確に押えたい内容を見ているということです。それは何かというと、これから説かれるところの三福の行というものは何であるかということを、ここではっきり規定しているわけでしょう。いわゆる三福の行というのが、これからなぜ説かれなくてはならないのかといえば、

機を挙げて勧修得益することを明す。(『全集九』九〇頁)

と言うているように、いわゆる定善を願うた韋提希の請い、要求を受けとめながら、未来世一切凡夫の浄土に生まれんとして浄業を修せんと願うている者のためにと、こういう仏陀の願いというものを表明すべく三福の行は説かれていくのだというわけです。

これは何でもない規定のようですが、大事なのです。なぜかというと、さきほどらい言いますように、『観経』のなかでの韋提希の要求としては、散善などというものは、もう問題にならなかったわけです。「一者孝養父母」と言って説かれるようなことは、韋提希自身にとってはもう論外な

のです。そういう世界で苦しみ抜いたのが韋提希なのでしょう。親孝行という倫理の世界に身を置いて、倫理の破綻したところに韋提希という存在がいるのです。そういう人間にとって親孝行の教えなどというものは問題にならないことなのです。

ところが、その問題にならないことが、実は人間にとって最も基底的で、そして普遍的な問題の場所なのです。ということは、それは如来においてしかわからないことだということです。だから、未来世の一切の衆生が浄業、つまり浄土へ生まれる道を求めようと欲うならば、そのためには定善を説くのでは尽きない、散善を説かなくてはならない、こういうかたちで散善の位置を決めていくわけです。

ともかく、散善の世界というものは、韋提希にとってみれば、見るのもいやな世界なのです。善だの悪だのという世界は、もう二度と見たくないというわけでしょう。二度と見たくないということは、何が善であるか何が悪であるかわからないということです。悪の基準が善に変わっていく、また善の基準が悪に変わっていくような、善悪そのものが基準を失っていくような世界に生きているということですね。韋提希自身の感慨、感情からいうならばそういうことでしょう。

したがって、文字通り「善悪の彼岸」を阿弥陀の世界に求めて、「此《ここ》」を去ろうとするわけですね。そういう意味では、韋提希にとって散善というのは、自分のすでに知り尽くした世界、もう歩き尽くし、疲れ果てた世界なのです。そういう世界で悪戦苦闘をして疲れ果てたということがあるわけでしょう。

最後まで子どもを信じており、自分の夫を助けようとし、いわば善を尽くして、尽くしたあげく、報いられたものは何かというと、「我いま愁憂す」という現実だった。そういうことが報いとして与えられたのですから、韋提希にとっては疲れ果てたという世界です。

ところが、なぜ韋提希はその散善の世界に疲れるような生き方をしたのかという問題は、解けずに残っているわけです。いわゆる、関係を生命として生きているのが人間である、にもかかわらず、なぜその関係を生きることに疲れるのか、という問題は残っているわけです。卑近な例を出せば、われわれは、親子・夫婦等の関係を生命として生きている。ところが疲れる。疲労困憊《ひろうこんぱい》するから、時々親父でない自分になろうとするわけです。そして、一杯飲みに行きます。そうすると、子どもの前では見せてはならないような顔を平気でしますね。いわば、親からの脱出です。ところが、親からの脱出とは可能なのかというと、可能ではなくて、一杯飲み屋でいいかげんな顔をして飲んだという親になるわけです。脱出するつもりが、逆に規制されるわけです。生きるということは、こういうことなのです。

そういう意味では、韋提希にとって散善の世界はもはや見るのもいやだという世界ですね。しかし、見るのもいやだけれども、その世界のなかに韋提希はいるわけです。見るのもいやだということにおいて、その世界からどこかへ飛び出しているのではなくして、その世界のなかにがんじがらめになっているわけです。

そうすると、いやだ、疲れた、もうかなわんということはあるけれども、なぜ関係を生きる人間が関係に疲れるのか。なぜ関係を生きる人間が関係から脱出しなくてはならないような、そういう愁憂の世界へ沈み込まなくてはならないのか。この問題だけは未解決というかたちで残っているわけです。

宗教の三要素

しかしながら、その問いに対する答えはまだ出ていないわけです。『観経』では、いちばんしまいまでいかないと、ほんとうの答は出ないわけです。しかし、問わなくてはならない韋提希という存在の問題は、そのまま手も触れられないで残していくというわけにはいかない。

そこで仏陀はまず彼岸を願う夫人に対して、実は彼岸を願わなくてはならないような此岸を明らかにするということがなくてはならないとせまるわけです。韋提希にとっていうならば、もう見るのもいやだというか、疲れ果てさすような関係の世界の事実だけれども、そこのほかに道がないというう、そここそ実は生きる場所、生の大地だということを知らしめるのが、仏陀の教えの眼目なのです。だから、そこを離れて阿弥陀の世界を求めようとする韋提希に向かって、そこにおいて阿弥陀の世界に頷くという、そういう韋提希を誕生せしめようというのが、「即便微笑」した釈尊の願いなのです。

そうすると、その願いは韋提希という一人の人間のためにというわけにいかないのであって、未来世一切衆生が、真に自己を成就しようと願い、浄業を求めるならば、その者のために今それを成就する道を説こう、というかたちで明らかにされるのが、この散善の教えです。それが仏陀によって説かれ、位置づけられる散善の教えなのだと、こういうふうにここで規定していくわけです。だからして、善導は、

機を挙げて勧修得益することを明す。（『全集九』九〇頁）

と押えるわけです。機を挙げるというのは、未来の一切衆生、と、このように機を挙げたわけです。機を挙げ、そして未来世の一切の衆生の浄業を修せんと欲わん者に勧修するわけです。道を求めることを勧めるのです。真に宗教的存在たれという、そういう願いが仏陀の言葉としてあるわけです。真に宗教的存在たれというのは、天狗のようになれということではなくて、真にあなたがあなた自身になれということであるわけですね。そこに「勧修」ということがある。もし真に宗教的存在たらんとするならば、「西方極楽国土に生ずることを得しむ」と教えるわけです。

西方極楽国土というのは何であるかはこれからはっきりしますが、ともかく「西方極楽国土に生ずることを得しむ」ということが「得益」ですね。そうすると、何でもないことを言うているようですけれども、この段では「挙機」・「勧修」・「得益」と、こういう三つのことが押えられているわけです。いうなれば、こういう三つの要素があるわけです。

ある意味では、宗教というのは、この三つの要素につきてしまうのではないですか。宗教というといろいろな難しいことがあるようですが、押えていけばこれだけになるのです。

まず、あなたはだれですかという問題がありますね。そして、あなたはあなた自身にならなくて

はならないという勧めがあります。そして、ほんとうにあなたがあなた自身になろうとするならば、あなたは真にあなた自身を成就するに違いないという答えがありますね。そうすると、宗教とは機を挙げ、修むることを勧め、益を得ることを明らかにする。これで尽くされるのではないですか。

そういう意味では、「散善顕行縁」という一段は、何でもない三福の教えが説かれるようですが、その大地に仏陀が自ら自開している、このような宗教的人間の現実性が明らかになっているわけです。

そういう意味では、短い一段ですが、大事なことを押えていると思うのです。それは「挙機」・「勧修」・「得益」というこの三つで『観無量寿経』という経説が押えられている。いわば「未来世一切凡夫の浄業を修せんと欲わん者をして、西方極楽国土に生ずることを得しむ」るということのほかに、釈尊出世の本懐はないわけですから、それを明らかにするわけです。

宗教の公開性

だいたいこれまでに「未来世一切の凡夫」というような言葉はなかったですね。出ていたのは、韋提希とか阿闍世とかいう、一人の人間のことしか出てこなかった。ここへきて初めて「未来世一切衆生」という言葉が出てくる。ここで初めて宗教の公開性ということが仏陀の言葉を通して出てくるわけです。ところが、その言葉をなぜ語り出されたかというところに、善導の着眼があるわけです。そして、『観経』の眼目が、ここにあるというわけです。それは、善導自身が、これ夫人の請する所、利益いよいよ深く、未来に及ぶまで廻心して皆到ることを明す。

（『全集九』九〇頁）

と、こう述べていることでも頷けます。こういう未来世一切凡夫の救いの道としての宗教の公開性、それが明らかになるのは、正に韋提希夫人がその善悪の世界に困憊《こんぱい》して、「善悪の彼岸」を求めるという請求によって、その利益として明らかになったわけでしょう。韋提希が現実に絶望したという事実をくぐって、実は未来世一切凡夫の救いが開かれるということになったのだと、こういうわけです。だから、夫人の請する所の利益いよいよ深くというわけです。

このあたり、言葉も厳密ですね。「いよいよ広く」とは言わない。「いよいよ深く」と言うています。それは利益の深さです。利益が多いとか、広いとか言わないで、深くというわけです。未来世一切の凡夫の問題というのは広さの問題ではないのです。

宗教問題を扱う時に、われわれはすぐ広さの問題で解消していこうとするのではないでしょうか。いわゆる、論じている内容が、いつのまにか没宗教的な社会問題に変質してしまうわけです。それは、宗教問題の深みというものを見ることができなくて、広さのところへ解消していくわけでしょう。全人類を救う宗教というのは、広さで語ることができるかというと、語ることはできませんね。たとえば、全人類を救う宗教を、もし広さという意識で語るならば、黒人と白人とが一つのキリスト教という、その教えのもとに角逐《かくちく》をしていかなくてはならない現実を、広さの意識でどうやって解決するのですか。そういう問題がありますね。

宗教問題を広さで解消しようとしたならば、その時には、没宗教的なものに転落せざるをえない。そこに、広さでなくて、深さという問題があるわけでしょう。

そこで、韋提希という一人の人間が善悪の彼岸を求めた、その求めに応じる利益として、いよいよ深く未来の一切衆生にまでその救いが及ぶこととなると言うています。つまり深さによって未来の一切衆生の救いが開かれたというわけです。広さによって未来世一切の衆生の救いがわかったというのではなくして、一人の存在の根源的な問いの深さにおいて、一切衆生の救いの意義が開かれたと言うわけです。

それが、善導の言うところの「広開浄土門」ということです。この「広開」ということの意味が、ここの一段のところではっきり押えられているわけです。利益深くして、未来の一切の凡夫に及んだというかたちで押えています。そうすると、「及んだ」ということはいったいどういうことなのかというと、「廻心皆到」と、これだけの言葉で「及んだ」ということを語っているのです。廻心すれば皆到ると、これだけで押えてしまったのです。

いわゆる人間の問題は人間的発想のなかからは、ついに解決が出ないということへの断念が、新しく人間という存在を再生する。つまり廻心すれば皆到ると、こういう一点で押えたわけです。非常に深い問題を短い言葉で押え切っているわけです。

この一段は、言葉は短いけれども、簡潔に宗教問題の問題性と、その宗教という事柄の深みというものを、具体的に善導が押え切ったわけです。それは、ここにいたって初めて仏陀の言葉として、未来世の一切の凡夫の浄業を修せんと欲わん者をして、西方極楽国土に生ずることを得しめん。

（『真聖全一』五〇頁）

と、こういう言葉が開かれた。そこで善導は、はっきりと、そのことの意味を見取ったわけです。この「未来世一切凡夫」という言葉はどこから発せられるのかというと、人間の言葉として「未来世一切凡夫」という言葉が、ほんとうに出るだろうかという問題があるわけです。そういうことを考えますと、人類の平和というようなことは、軽々しく口にしてはならない程に重い内容をもった言葉だと思うのです。それが、あまりにも軽々しく使われるところに、実は人間の問題が逆に疎外されていくということがあるのではないですか。人類の平和を語りつつ、語っている者自身が自らの利己性に盲目であるという問題を解決せずに、平気でいるということがありますね。そういう人間の問題に善導は鋭く着眼をしているわけです。

そのことを宗教の問題をくぐって、一切衆生の救いが開示されるということは、「広さ」における問題ではなくして、「深さ」における問題であるとしてみることになる。そうすると、深さにおける問題は、深さをみる存在としての廻心においてしか成り立たない。まさに「廻心皆到」です。つまり人間の存在の構造が変わらなくてはならないという問題です。いわゆる、私的存在が転ずるということをくぐらずしては語れないような問題が、一切衆生、あるいは一切の凡夫というような言葉として表現される事柄なのです。それを仏陀自身が知ろしめして語ったというところに、善導は深い驚きをもったわけでしょう。だから、散善といわれる三福を説く位置を決定するのに、こんな短い一段を設けて、そこに実は重要な問題を押え切ったということがあるのです。

そうすると、それだけ用意がされた上で、そういうかたちで仏が自開する三福の行とは何なのかということが次に出てくるわけです。

五　三福の行

四従《リ》㆓「欲《ヨク》生彼国者《シヤ》」㆒下至《ル》㆓「名為浄業《ニ》」㆒已来、正明《ス》㆔勧《スルコトヲ》㆓修三福之《ノ》行《ヲ》㆒。此《レ》明《ス》㆔一切衆生機《ノキニアルコトヲ》有㆓二種㆒。一者定、二者散。若依《シヨレハ》㆓定行《ニ》㆒即摂《セフスルニ》㆑生《ヲ》不《ス》㆑尽《ツキ》。是《ヲ》以《テ》如来方便《ヘンソ》、顕㆓開三福《ノヲ》㆒以《テ》応《ス》㆓散-動根機《トウノコンキニ》㆒。言《フ》㆓「欲生彼国」《ト》㆒者《ハ》、標《ヘウ》㆓指《シスル》所帰《シヨクキヲナリ》㆒也。言《フ》㆓「当修三福《タウシユ》」《ト》㆒者《ハ》、摠標《ソウソアラハス》㆓行門《ヲ》㆒也。云-何名《カクル》㆑三《ト》。一者孝養父母、即有《チリ》㆓其《ノ》四㆒。一言《フ》㆓「孝養父母」《ト》㆒者《ハ》、此《レハ》明《ス》㆓一切《ノ》凡夫皆藉《ヨテ》㆑縁《ニ》而生《スルコトヲ》㆒。云-何藉《カヨル》㆑縁《ニ》。或有《ハリ》㆓化生㆒、或《ハ》有《リ》㆔湿《シフ》《ウルヲス》生㆒、或有《ハリ》㆓卵《ラム》《カイコ》生㆒、或有《ハリ》㆓胎《ハラマル》生㆒。此《ノ》四生《シノ》中《ニ》各各《ニ》復有《リ》㆓四生㆒。如《シ》㆓『経』《ニ》広説《クトクカ》㆒。但《タヽ》是相因而《シレハヒヨテシカモ》生、《スレハ》即有《チリ》㆓父母㆒。既《ステニ》有《レハ》㆓父母㆒、即有《チリ》㆓大恩《オン》㆒。若無《シ》㆑父者《ハ》、能《ノウ》-生之因《ノイン》即闕《チカケナン》。若無《シ》㆑母者《ハ》、所-生之縁《ノ》即乖《チソムキナム》。若《シ》二人倶《トモニナクハ》無即失《チウシナヒテン》㆓託《タク》生之地《ノトコロヲ》㆒。要《カナラススヘカラク》須《ヘシ》㆔父母縁《ノエン》具《クソ》方《マサニ》有《ル》㆓受《シユ》身之処《ノコトハリ》㆒。既欲《ニホスル》㆑受《ニウケムトミヲ》㆓身㆒、以《テ》㆓自《ラノ》業識《ヲ》㆒為《シ》㆓内因《ナイイント》㆒、以《テ》㆓父母精血《ノセイクエツヲ》㆒為《ス》㆓外縁《クエト》㆒、因-縁和合《スルカ》故《ニ》有《リ》㆓此身《ノ》㆒。以《テ》㆓斯義《コノヲ》㆒故《ニ》、父母恩重《ノオンオモシ》。母懐胎《（ママ）ハワクワイタイ》《ハラミハラム》已経《オハテヘテ》㆑於《ヲ》㆓十月㆒、行住坐臥常生《ニシヤウス》㆓苦悩《クナウヲ》㆒。復憂《ウレウ》㆓産《サンノ》時死難《ノナンヲ》㆒。若生《シ》已《ヌレハ》、経《ヘテ》㆑於《ヲ》㆓三年《（ママ）》㆒恒常《カウシヤウ》眠《ネムリ》㆑屎臥《シニフス》㆓尿《ネウニ》㆒。床被《ヒロ》衣《ヒロキタル》服、皆亦《ナマタ》不-浄《ナリ》。及《オヨテ》㆓其長大《ノ》㆒愛《ニ》㆓婦《アヒシメヲ》㆔親《シタシミテ》㆑児《コヲ》、於《オイテ》㆓父母処《ノトコロニオヨヒテ》㆒反《カヘテ》生《ス》㆓憎疾《ソウシチヲ》㆒、不《サル》㆑行《セ》㆓恩孝《オンカウヲ》㆒者《ハ》、即与《チト》㆓畜生㆒無《ナキ》《カラ》㆑異《コトナルコトナリ》也。又父母者《ハ》世間福田之極《ノキワマリナリ》也。仏者《ハ》即是《チレ》出世福田之極《ノキワマリナリ》也。然《シカルニ》仏在世《ノ》時遇《アヒテ》㆓値時年飢《ケ》《カツヘ》

倹《ケンセルニ》《ウヘ》一、人皆餓死白《ナカシメハク》骨縦《コツシユ》横《ワウナリ》《ウヘニシニシロキホネタヽサマヨコサマ》。諸《ノ》比丘等、乞《コフ》食《コツシキスルニ》難《カタシ》レ得《エ》。於《ニ》レ時世尊待《マテ》二比丘等去《サル》後《ノチヲ》一、独《ヒトリ》自入《ライリテ》二城《シヤウニ》一乞《コツ》-食《シキシ下》。従《リ》レ旦《アシタ》至《マテ》レ中《ニ》門門喚《ニヨハヒコヒ下ヘトモ》乞、無《シ》二与《アタフル》レ食者《ヲモノ》一。仏《ノ》還《カヘテ》空《ムナシクシテ》レ鉢《ハチヲ》而帰《カヘリ下》。明《アクル》日《ヒ》復去《ユキテ》、又還《下ニ》不《ス》レ得《ノ》、《下ハ》後日復去《ユキ下ニ》、又亦不《ス》レ得。忽《タチマチニ》有《テ》二一《ノ》比丘一、道逢《ニアヒテ》見《ニ》レ仏《ヲ》、顔色《ケンシキ》《カヲシヨク》異《コトニ》二常《ツネヨリモ》一、似《ニタリ》レ有《イマスニ》二飢《ケ》《ウヘ》相《ノ》一、即《チ》問《上リテ》レ仏言《ニマウス》。世尊、今《マ》已食竟《ニシキシオハリ下ヘリヤト》也。仏《ノ》言《下ハク》。比丘、我経《レヘテヨリ》二三日《ヲ》一已-来、乞食《コツスルニ》《コフ》不《ス》レ得《ヒトカヒヲ》二一匙一。我今飢虚《レマケコニメシ》無《ラ》レ力、能《ク》共《トモニナンチトコセンヤ》レ汝語。比丘聞《キヽ》二仏語《ヲ》一已《テ》、悲涙《ヒルイノ》《ナミタ》不《ス》レ能《ハ》二自勝《ラタユルコト》一。即自念言《チラコンスラク》。仏是《ハ》無上福田《ノ》、衆生覆護《ノフクコナリ》《オヽフマモル》。我此《カノ》三-衣売却《ウリサケテ》、買《カヒ》二取《トテ》一鉢飯《ノホンヲ》《イキハンタテマツル》一、奉《フ》二上《シヤウセムコト》於仏《ニ》一、今正是時《マクレ》也《ナリ》。作《ナシ》二是念《ノヲ》一已《テ》、即買《チカヒ》二得一《テ》-鉢飯《ノヲ》一、急《スミヤカニモテタテマツル》将上レ仏《ニ》。仏知《シロシメシメシカモコトサラニ》而故《テ》問言《ハク》。比丘、時-年飢倹《シネムケケンニシテ》人皆《ナカ》餓-死《シス》、汝今何《チマイツレノトコロニテ》処得《テ》二此一鉢純色飯《ノシユンシキノホンヲキタレルソ》一来。比丘如《シク》レ前具《ノツフサニ》白《ス》二世尊《ニ》一。仏又言《ハク》二比丘一。三衣者《ハ》即是三世諸仏之《ノ》幢相《トウナリ》。此衣《ノコロモ》因-縁、極《メテタムトク》尊極重《テオモシ》、極恩《メテオンアリ》。汝今《チ》易《マカヘ》二得此飯《テノホムヲアタフルコト》一与《ニ》二我《ハ》一者、大領《キニリヤウスレトモ》二汝《ナンチカカウシムヲ》好心一、我不《レシ》レ消《ケサ》二此飯《ノヲ》一也。比丘重《カサネテ》白《メ》二仏《ニ》一言《サク》。仏是《ハ》三界福田《ノ》、聖中之極《ノキワマリナリナヲシノ下ハシト》。尚言レ不二消一者《ハ》、除《テ》レ仏《ヲ》已-外誰《ハタレカ》能消《クケサンヤ》也。仏言《ノハク》。比丘、汝有《チリヤ》二父母一已《イナ》-不《ヤ》。荅言《テサク》。有《リ》。汝将《チモテク》供二養父母《ノ》一去《ニサレ》。比丘言《サク》。仏尚《ナホ》云《ノ下フ》レ不《シト》二消《ケサ》一。我父母豈《アニ》能《ク》消《ケサムヤ》也。仏言《ハク》。得《エテム》レ消《ケスコトヲ》。何以故《ヲノニ》、父母能生《クセリナンチカ》二汝《ヲ》身一、於《オイテナムチニ》レ汝有《リ》二大重恩《チウオン》一。為《ニ》レ此《コレカ》得《エテン》レ消《ケスコトヲ》。仏又問《ハク》二比丘《ニ》一。汝父母有《カリヤ》二信《スル》レ仏《ヲ》心一レ不《イナヤ》。比丘言《ハク》。都《スヘテ》無《シ》二信-心一。仏言《下ハク》。今有《リ》《ルヘシ》二信心一。見《テ》二汝与《カアタヘムヲ》二飯《ホンヲ》一大生《ニメ》二歓喜《ヲ》一、因《ヨテ》二此《レニ》一即発《チサム》二信心一。先《ツ》教《ヘテウケシメヨ》受二三帰-依《エヲ》一。即能消《チクケサン》二此食《ノシキヲ》一也。時比丘既受《ニウケテ》二仏教《ヲ》一、愍仰《ミムカウメ》而去《サンヌ》。以《ノ》二此義《ヲ》一故、大須《ニラク》《ヘシ》三孝《ケウ》養二父母《ニ》一。又仏-母《フチ》摩耶《モマヤ》生《ノ》二仏《ヲ》一、経《ヘ》二七日《ヲ》一已即死《ハテチシメ》、生《ス》二忉利天《ニ》一。仏後《コニ》成-道《ノ》、至《テ》二四月十五日《ニ》一、即向《チフテ》二忉利天《ニ》一、一夏《ケ》《ナツ》為《ニ》レ母《ノ》説-法《シ下》。為《タメナリ》レ報《ホウセムカ》二十月懐《クワイ》胎之恩《ノオンヲ》一。仏尚自《ナヲラ》収《オサメテ》レ恩孝《ヲ》養《シ下》父母《ニ》一。何況《ニイハムヤ》凡-夫而不《サラム》二孝養《セ》一。故知《ニリヌ》。父母恩深《ノオムフカクコクチウナリ》極重也。「奉事師長《フシトハ》」者、此明《レス》下教二示《シ、》礼《レイ》節《セツヲ》一、学識《カクシキナス》成レ徳《ヲ》、因行《インナク》無レ虧《カクルコト》、乃-至《ナルマテ》成《ニ》レ仏此猶《レナホシ》師之《ノ》善友力《ウノチカラナリ》也、此之大恩最《モトモ》須《ラク》《ヘキコトヲ》敬重《キヤウチウス》。然《シカモ》父母及《ヒ》師《シ》長《ヲ》者《ハ》、名《テ》為《ス》敬上《ノ》行《ト》也。言《フ》「慈《シ》心不殺《セチト》」者《ハ》、此《レ》明《ス》一切衆生皆《ナ》以《テ》命《チヲスルコトヲ》為《ト》本。若見《シテ》悪縁《ヲ》、悕《オソレ》走《ハシリカクレ》蔵 避《サルハ》者、但《タヽ》為《タメ》護《マホラムカ》命《ヲ》也。『経』《ニ》云《ハク》。「一切《ノ》諸《ノ》衆生、無《ナシ》不《ト云コトアイセ》愛《ヲ》寿命。勿《ナカレ》殺《コロスコト》、勿《レ》行《スルコトチヤウヲ》杖。怒《イカルニオノレヲ》己可《ヘシ》為《ナス》喩《サトリヲ》」。即《チ》為《ス》証《スト》也。言《フ》「修《シユ》十善業」《ト》者《ハ》、此《レ》明《ス》十悪之《ノ》中《ニ》、殺業《セツコフモトモ》最悪《ナルコトヲ》。故《ニ》列《ツラネテ》之《ヲ》在《オク》初《ハシメニ》。十善之中《ニハ》、長命最《モトモ》善《ナリ》。故《ニ》以《テ》之《ヲ》相対《ヒタイス》也。已《ノ》下九悪九善者《ハ》、至《テ》下《ノ》九品《ノ》中《ニ》、次《ニ》応《ヘシ》広述《クシユツス》。此《ハ》明《スセヲ》世善。又名《ク》慈《シ》下行《ノト》也《ナリ》。二言《フ》「受持三帰」《ト》者《ハ》、此明《ス》世善軽微《キヤウミニノ》感報《カムホウ》不《ス》具《ツフサナラ》、戒徳巍巍《クキヽトノ》、能《ク》感《カムスルコトヲ》菩提之果《ヲ》。但《タヽシ》衆生《ノ》帰信従《ヨリ》浅《アサキ》至深、先《ツ》受《ウケシメテ》三帰《ヲ》後教《ニシフ》衆戒《ヲ》。言《フ》「具足衆戒」《ト》者《ハ》、然《シカモ》戒有《ニリ》多種。或《ハ》三帰戒、或《ハ》五戒・八戒・十善戒・二百五十戒・五百戒・沙弥戒、或《ハ》菩薩《ノ》三聚戒・十無尽戒等《ナリ》。故名《ニク》「具足衆戒」《ト》也《ナリ》。又一一《ノ》戒品中《ノニ》、亦有《ル》少分《セウフン》戒・多分《フン》戒・全分《セン》戒也《ナリ》。言《フ》「不犯《ホン》威儀」《ト》者《ハ》、此明《ス》身口意業、行住坐臥《ニ》、能与《クタメニ》一切《ノ》戒《ノ》、作《ナスコトヲ》方《ノ》便威儀《ヲ》也《ナリ》。若軽重麁細《シハキヤウチウソサイ》、皆《ナ》能《ク》護《コ》持《チノ》、犯《ホンスレハ》即悔過《チクエクワス》。故云《ニフ》「不犯威儀」《ト》。此名《ヲク》戒善《ト》也《ナリ》。三言《フ》「発菩提心」《ト》者《ハ》、此《レ》明《ス》衆生《ノ》欣《コン》心趣《オモムキテ》大《ニ》、不《サルコトヲ》可《ラ》浅《アサク》発《ス》小因《インヲ》。自《ヨリハ》非《ス》広《ク》発《ニ》弘心《クヲ》、何能得《ソクエム》与《ト》菩提相会《ヒエスルコトヲタヽクハ》。唯願我身《カ》、身同《ク》虚空《ニ》心斉《ヒトシク》法界《ニ》、尽《ツクノ》衆生性《シヤウヲ》。我以《レテ》身業《ヲ》、恭敬供養礼《ツヽシミウヤマテマウケシ》拝《ノ》、迎送《カウソウシライ ムカヘオクル》来去《コヲ》、運度《ウントノシメム ハコヒ反》令《ツクサ》尽。又我以《レテ》口業《ヲ》讃《サン》歎《タン オカム》説法、皆受《ナウケテ》我化《ワカヲ》、言《コトハノシタニ》下得《ヲ》道者令《ハシメム》尽《サ》。又我以《レテ》意業《ヲ》、入定観察《サチノ》、分《ワカテ》身法界《ヲニ》、応《ノ》機而度《ニトノ》、無《ナカラムヒトリモスト云コト》一不尽《サ》。我発《レス》此願《ノヲ》、運運《ウンウンニソウ》増長猶《メナホ》如《ク》虚空《ノ》、無《ナク》処不遍《トノサルコトヘンセ》、行流無尽《ルムシンニノテツ》、徹窮後際《クノサイヲ》、身無《ニク》疲倦《ヒクエン ツカレモノウシ》、心無《ニナカラムエム》厭《アクコト》足《ソク》。又言《フ》「菩提」《ト》者《ハ》、即是仏《チレ》果之名《ノナナリ》。又言《フ》「心」《ト》者《ハ》、即是衆生能求之心《ノノウクノナリ》。故云《ニフ》「発菩提心」《ト》也《ナリ》。四言《フ》「深信因果」《シムト》者《ハ》、即有《チリ》其《レ》二。一明《スケンノクノ》世間苦楽因果《ヲ》。若作《シツクレハ》苦因《クノインヲ》、即感《カムスクノ》苦果《クワヲ》。若作《シナセハラクノ》楽因《ヲ》即感《カンスノ》楽果《ヲ》。如《シ》似以印《テインヲインスレハテイヲ》印泥、

印壊《イヤフレテ》　文成《スルカ》一。不《サレ》レ得《ト》二疑《ヒヲ》一也。言《フ》二「読《トク》一誦《シユ》大乗《ト》」一者《ハ》、此《レ》明《ス》下経一教《ハタトフルニ》喩レ之《ヲ》如《シ》レ鏡《カヽミノ》、数《シハ〳〵》読数《ヨミシハ〳〵》尋《タツヌレハ》、開二発《ス》智慧《ヲ》一、若《シ》智慧眼《ノマナコ》開《ヒラケヌレハ》、即能《クイトヒテ》厭レ苦《クヲ》欣《コム》中楽《ケウスルコトヲ》　涅槃等《ヲ》上也。言《フ》二「勧進行者《ト》」一、此明《ス》下苦《ク》法《ハ》如《シ》二毒《トクノ》一、悪法《ハ》如《シ》レ刀《ツルキノ》、流二転《ノ》三有《ニ》一、損《ソン》二害《カイス》衆生《ヲ》一、今既善《ニハ》如《シ》二明鏡《キヤウノ》一、法《ハ》如《シ》二甘露《アマキツユノ》一、鏡《カヽミハ》即照《テラメ》二正道《ヲ》一以帰《テクキシニ》二真《ニ》一、甘露即注《ハソヽイテ》二法雨《ウヲ》一而無《シ》二竭《ツカルヽコト》一、欲《スルコトヲ》中使《シメムト》二含霊《カンレイヲ》一受《ウケ》レ潤《ウルヲイヲ》、等《ヒトシク》会《エセ》中法《ノ》一流《リウニ》上。為《タメノ》二此因縁《ノ》一故《ニ》、須《スヘカラク》二相勧《ヒスヽム》一。言《イフ》二「如此《シ》三事《シト》」一已下《ハ》、摠結《ソケツ》二成《ス》上行《ノヲ》一也。（『全集九』九〇頁）

機の二種

「散善顕行縁」の四段目の経文は、こういう経文ですね。

彼の国に生まれんと欲わん者は、当に三福を修すべし。一つには父母に孝養し、師長に奉事し、慈心にして殺さず、十善業を修す。二つには三帰を受持し、衆戒を具足し、威儀を犯さず。三つには菩提心を発し、深く因果を信じ、大乗を読誦し、行者を勧進す。この如き三事を名づけて浄業と為す。（『真聖全一』五一頁）

こういう経文です。だから、文字通り三福とは何かということが、この経文に示されているわけです。だから、これまでのところよりも、ここのところは経文も長いし、そして、それについての解釈も長いけれども、「散善顕行縁」の主題としていうならば、説明的なのです。

ところが、その説明の最初で、善導はこういうことを言うわけですね。

正しく三福の行を勧修することを明す。（『全集九』九一頁）

だから、この一段は、三福の行を修めよ、と、このように勧めることを明らかにしたのである。さらに、

これ一切衆生の機に二種有ることを明す。(『全集九』九一頁)

と、こう言うて、「一つには定、二つには散」と、このように言うていますね。そして、

若し定行に依れば即ち生を摂するに尽きず。是を以て如来方便して、三福を顕開して以て散動の根機に応ず。(『全集九』九一頁)

と、こういうふうに言うています。

言葉の意味は、一切の衆生の機に二種有る。それは、一つは定の機であり、二つには散の機である。だからして、もし韋提希が願うたように、定行を説くというだけであるならば、一切衆生をそこに摂し尽くすというわけにいかないだろう。だからして、仏陀釈尊は方便して、散乱麁動の機を摂するべく三福の行をここに開顕するのである、と、こういうことです。

そのとおりで、何も問題はないわけです。問題はないけれども、一つここではっきりさせていきたいことは、

一切衆生の機に二種有ることを明す。一つには定、二つには散。(『全集九』九一頁)

という、この書き方です。一切衆生に二種類の機が有ると、こういうふうに理解しますか。そして、一種類は散の機であり、他の一種類は定の機だと、こういうふうに読みますか。だいたい人間の意識というものはそのように動くのです。だいたい人間は対象化する意識でものを見るものですから、

そのようになります。

そういう意味では、そのように意識的に読むか読まないかはともかくとして、意識のなかではそう読んでいますね。一切衆生というのは、すべての人間ということで、それには大別して二種類の人間がいると受けとるわけです。しかし、よく考えてみると、そのような人間の分類というのはあるはずないですよ。だいたい、真宗学というのはおもしろいですね。事実にかえしてみるとそのような人間の分類はありえないにもかかわらずもっとものような顔をして、そういう分類をしているのですからね。だいたい、人間を分類するのに、散動の機と、それから観法を修することのできる人間というような二類に分けることができますか。もしできるとしたら、よほどあつかましい分け方です。

あの人は心を一処にとどめることができる、この人間はいくらやっても心が散る、そんなことで人間を二類に分けるというようなことはできっこないことでしょう。ところが、真宗学のなかではできるということになっているのですね。こういうところに、読む時に注意が怠られているということがあるのではないかと思えるのです。

ここには決して一切衆生に二種の機有りとは書いてないのです。もし一切衆生に二種の機有りと、こういうふうにひっくり返して書いたのならば、一切衆生に二種の機類があると、こういうふうに類別したことになりますね。

一切衆生というものを大別すると、いろいろな基準によって人間を分けることができる。バカとりこうという分け方もあるかもわからない、あるいは強者と弱者という分け方もあるかもわからないでしょう。いろいろあるか知らないけれども、一切衆生というものを宗教的視点で分けるならば、定という機類と散という機類とに分けられる、と、こういうふうに分けているようにわれわれは読みます。

しかし、それは読み方の浅さ、不注意さであって、一切衆生に二種類有りとは善導は言うていないわけです。一切衆生の機類に二種有るとするならば、一切衆生に二種の機有り、と、正確にはこう言わなくてはならないですね。

機という言葉を類別の意識で使うならば、一切衆生に二種の機有りと、こう言わなくてはならない。ところが、善導はそう言わないので、「一切衆生の機に二種有り」と述べているのです。そうすると、この機というのは分類の意識で扱った言葉ではなくて、いつも善導が使うように、機というのはチャンスという意味です。法に触れれば、触れたということによって発動するという意味です。可発ともいいますから、発すべくして待っているということです。弓を満月のように引きしぼった。一触即発だというでしょう、一触即発というのを機という言葉が表わすわけです。人間というのは、どんな生き方をしていても一触即発という生き方をしているのだと言ってもいい。どういうこととして一触即発かというと、触れれば真に自己にめざめるべく一触即発のかたちで迷うているわけです。

だから、迷いが深いといいますが、迷いが深いというて底の底に沈んでいるのではないのです。

迷いが深いというのは、一触即発の事実を生きながらめざめないということが、迷いの深さです。だから、存在というのは常に一触即発なのです。

それには二つの一触即発さがあるのですよ。そういう言い方ですね。だから、一切衆生のチャンスの現われ方、いわゆる人間が宗教的存在となる、そのチャンスの現われ方に二《ふた》いろあるというわけです。二類の人間がいるということではなくて、二種のチャンスの現われ方があるのです。

一つは定、観法というかたちを通して転ずるというあり方がある。もう一つは散乱麁動のなかで行を修していくという、そういうあり方を通して触れていくということがある。

だから、いわば散乱麁動のあり方で触れていくという方がむしろ一般性をもつわけです。そうすると、定の機といわれる、観法を修し、修するということをもって宗教的存在に覚醒するというあり方の方が、むしろ特殊なのです。散乱麁動の心の生き方、いわば、ここにいて心ここにあらずという、そういうあり方でいつも生きている。そういう日常性に埋没するというかたちをとりながら、にもかかわらず、やはりチャンスとして生きている。真に存在の充実を求める、真に自己の成就を求める、というあり方です。それの方が普遍性をもっているわけですね。普遍性というか、大地性をもっているわけです。

そうすると、止観を求める人間のために教えが説かれると、そういうことになるならば、一切衆生をそこに摂し尽くすというわけにはいかない。散乱麁動のなか、日常性のなかに埋没しているということの方が、実は実動的なのです。

そういうことがここで押えられているわけでしょう。だから、一切衆生の機類に二種有るのではなくして、一切衆生の機、チャンスに二種有りということです。一切衆生が真に宗教性にめざめるというチャンスに、二つのチャンスがある。一つは止観というかたちをくぐるチャンス、一つは散乱麁動のなかに道を求めるというチャンスです。そういう二つがある。だからして、韋提希が求めたように、定行のみをもし仏が説いたならば、一切衆生をそこに摂め尽くすということはできない。そのことを知ろしめして如来は方便をもってわざわざ三福の行が何であるかをここに開顕して、散乱麁動の根機に応えられたのであると、こういうことなのです。だから、「一切衆生に二種の機有り」ではなくして、「一切衆生の機に二種有り」という、このことがはっきりしていかなくてはならないことなのでしょう。

本来的平等

人間に二種類の存在というのはないのです。人間は一種類なのです。人間は人間として一種類なのです。もし差別の目で見るならば、二種類どころでない、それこそ千差万別です。人間というのは、みんな一国一城の主《あるじ》なのですよ。一億の人間がいれば、一億の国があるわけです。日本という丸のなかに一億の国があるのです。五人の人間の家庭があれば、五人の国があるわけです。そういう分け方をすれば、二類などという分け方は小さな分け方で、千差万別という方が正確です。

したがって、もし分けるというならば、チャンスとして二つに分けられる。それは、類として分けるのではなくして、チャンスとして分ける。しかし、チャンスとして分けるということは一つしかないわけです。分けるというもとは一つしかないのです。宗教的に覚醒する存在としては一機、一つです。人はすべて真に宗教的たりうる存在として今を生きている、ということでは一つなのです。だから、定機と言おうが散機と言おうが、やがて最後に出てくる「無善造悪」というような人間であることにおいて一つなのです。

もし宗教のなかに、人間の分類意識が入り込んだら手がつけられなくなるのですよ。そのような分類意識から人間を解放しようというのが、もともと宗教の課題なのです。たとえば、善悪だとか、あるいは好醜、好嫌であるとか、あるいは貧富であるとか、いろいろな差別があるわけでしょう。どれも人間における属性の差別です。属性の差別をもって、人間の実在の差別にそれを適応させているところに人間の問題があるわけでしょう。そういう差別は全部ゼロだと、このように言い切らすものが宗教の本来的役割です。

貴賤細素を簡ばず、男女老少を謂わず、造罪の多少を問わず、修行の久近を論ぜず、

(『全集一』一三二頁)

と親鸞が言うたように、そんなものは全部、考えてみれば、ちょうど砂の上に書いた絵みたいなものなのだ、あれども無きが如きなのであって、執着がそういう差別をもって人間をがんじがらめにしているだけである。そういう属性による人間の差別を無化するというところに宗教という問題があるわけです。それは観念的にそうするという話ではなくして、具体的にそうなのです。

だいたい出家というものはそうでしょう。出家というものは、そのような差別を無化したということの具体的表現です。仏陀の教団において、かつてバラモンの出身であった者も、かつてセッテーリの出身であった者も、あるいはベーシャの出身であった者も、センダラの出身であった者も、仏陀の教団においては、平等に比丘と、このように呼ばれます。具体的にそうなっているのです。属性的差別というものは、本来的に無意味であったという、属性的差別の無根拠性というものを摘発したわけです。

そういう意味では、大なり小なりそういう問題をあらわにするのが宗教の課題なのです。だから、貧乏人だからといって宗教者になれないという規定は絶対にありえないはずです。金持ちだからといって宗教者になれるという規定もないわけです。そういう意味では、その属性の差別がそのまま人間の差別に適応するという、その発想の無根拠性というものをあらい出すのが宗教なのです。

ところが、その宗教のなかに属性的差別の意識が入り込んだら、もう手がつけられないわけです。貧乏人だ、金持ちだということは問題にならないというのですから、かえって始末が悪いのです。そんなくらいなら問題にしてくれていた方が有難いといいたくなるようなことです。地獄の沙汰も金しだいなら何とかなるのですが、お金は通用しないというのですから、手の下しようがないわけです。

ともかく差別というならば千差万別と言わなくてはならない。しかし、ないと言うならば、一つと言わなくてはならない。そうすると、一つだけれども、なおかつそこに一つと言わせないものがあるとすると、それは何か。それはチャンスの相違と言わなくてはならないですね。それが、「定」というチャンスと「散」というチャンスなのです。こういう分け方が、実は宗教における人間の押え方なのです。

だから、機ということを、あくまでも機類として読まないで、あくまでも機は機以上に読まないし機以下にも読まないというふうにすれば、そのことは通っていけるわけです。ともかくそういうことで、定善だけが説かれずに散善が説かれてあるというところには、そういう意味があるというわけです。

幸福への道

そうすると、散善が説かれるという、散善とは何かというと、

「当修三福」と言うは、摠じて行門を標わすなり。（『全集九』九一頁）

というわけです。そして、「当に三福を修すべし」と、こう示されたのは、その散乱麁動の根機に応ずる行が示されているのだ。それはどのようなものであるかというと、まず「孝養父母」と始まるわけです。

ここでも一つ問題があります。最初にこの『観経』を読んだ時に、妙な言葉があるものだなあと思ったのです。三福の行と書いてある。「福」という字でなぜ人間の行が説かれるのかなと、初めは不思議に思ったわけです。ところが、これが実は人間における問題の根っこにあることを指摘さ

れているわけですね。

「福」というのは、「禍」に対する言葉です。吉凶禍福と、このように言うでしょう。福とは何かというと、幸福です。そうすると、三福の行というかたちで一切衆生の救いの行が押えられているということは、人間存在というものを、言葉でいうならば、幸福を求める存在として押えているということです。だから、たとえば宗教というような言葉を使っても、やはり幸福という言葉の深みにおいてか、延長上においてか、やはり使うわけでしょう。だから、そういう意味では、幸福を求める存在として人間を押えて、幸福になるべき道として三福の行が説かれるということは、非常に重要なことを押えていると思うのです。

ある所で、幸福を求める存在として人間を押えるのは甘いと、このように指摘されたことがありますが、甘いか辛いか知らないけれども、本人に聞いてみればわかるわけです。自分はもっと実存的な、形而上的なことを考えているというても、やはり幸福を求めているのですよ。ニュアンスの違いはあってもやはり求めているのは幸福なのです。だから、三福の行というのは、否《いな》やを言わさないところで押えられているわけです。

ところが、問題は、幸福を求める存在であるが、何が幸福であるかを知らない存在であるということがありますね。だからして世界中に幸福論というものが無数にあるわけでしょう。たいていの識者が一遍は幸福論を書かなくてはならなかったのはなぜかというと、条件が無数にあるからです。逆に言えば、何が幸福であるかということが不明なのです。幸福を求めるということはわかっているけれども、いったい真の幸福とは何かということは不明である。不明であるからして、仮説をもってここに幸福ありと言おうとするのが幸福論だということになるわけです。

そのように、幸福を求める存在であることはわかるけれども、何が幸福であるかがわからない。とすると、いったい幸福を求める存在にとって、幸福を与える道は何であるか、それが三福の行として開示されてくるわけです。いわゆる世福・戒福・行福と言われます。この分類も善導の分類です。善導自身が言うた分類です。「定善義」のいちばん最初に言うているわけです。

そうすると、世福というのは世間的善です。幸福追求のために設定される世間的善ということです。戒福というのは、戒律を守るということを通して幸福を求めていく。幸福を求めるということによって、世間的善に終らずして戒律を守る存在となるのが戒福です。行福というのは、発菩提心という言葉が示すように、幸福を求める存在として菩提心を発すということがある。

そうすると、世福・戒福・行福というのは、三つのことが説いてあるようですが、三つではないのです。「福」という字が一貫しますように、これは一つのことです。一つというのは同じことを言うているという意味ではありません。幸福を求めるという、その願いの成就を、世・戒・行という三つのあり方が明らかにしていくわけです。これが、世・戒・行の三福ということです。

だから、この「散善顕行縁」ということは、世・戒・行と、こういうふうにだんだん上昇的であるわけです。世善よりも戒善の方が、やはり幸福を求める存在である自己を規定して透明にしていくわけです。その戒善よりも、発菩提心、読誦大乗というような大乗佛道の実践ということはさらに幸福そのものを明確にしているわけですから、しだいにそれは上昇的なすがたをとっています。ところがおもしろいのは、あとの散善九品の教えは三福の行とは逆方向に向いて歩いていますね。いちばん最初が上品上生ですから、上品上生は発菩提心の行です。それから中品中生へきて世福が出てきて、下品へくると、だんだん悪くなって、世善も行ずることができない人間が出てくる。いちばん最後になると「十悪五逆、具諸不善」という、手のつけようがない人間が示されてくるわけです。

だから、福を求める存在に向かって、福を求める道はここにあると教えられる仏陀の教えは、世・戒・行というかたちで示される。しかし、それの実践においては逆に行・戒・世と、このように自己が、その実践による自覚の深みにおいて、自己なる存在を見ていかなくてはならなくなる。こういう違いがあるわけです。

ともかくそういう意味では、「福」という字で統一されていますように、世・戒・行ともに幸福を求める存在に示教された実践、つまり善の実践であるということにおいて一つなのです。

縁生存在

一つには孝養父母、即ち其の四有り。(『全集九』九一頁)

と書いてありますが、この「其の四」というのがよくわからないのです。「其の四」という意味は、どうしてこんなことを言うたのかよくわからないが、わたしはこの「四」というのは、今の世福を説くなかに「孝養父母」、「奉事師長」、「慈心不殺」、そして「修十善業」というのがありますね。これを指すのだろうと思うのです。しかし、他の意見もありますから、どうなるかわかりませんけれども、わたしはそのように思っています。

即ちそれに四つ有る。だから、わたし流に言うと、孝養父母ということと、奉事師長ということと、慈心不殺ということと、それから修十善業、という四つ、こういうふうに見ていくのです。だから、孝養父母に四つあるということではないのではないかと思うのです。もし孝養父母に四つあるというと、孝養父母を明かす事柄が四つということで押えられたのかもわかりませんが、ともかく読んでいきます。

一つに「孝養父母」と言うは、これは一切の凡夫皆縁に藉って生ずることを明す。云何が縁に藉る。或は化生有り、或は湿生有り、或は卵生有り、或は胎生有り。この四生の中に各各にまた四生有り。（『全集九』九一頁）

これもよくわからないですね。この四生のなかに各々また四生ありというのも、何をもって善導は言うているのかよくわかりません。先輩の説を見ますと、先輩もみんなよくわかっていないようです。

『倶舎論』を見ると、地獄・餓鬼・畜生・人・天という五種にそれぞれ四生があると言う。それを指しているのだろうと言うている人もありますし、あるいは逆に四生の一つ一つに五種があると説いている説があるから、それを指しているのだろうと言う人もあります。ともかく「この四生の

なかに各各また四生有り」と、こう言うて、

『経』に広く説くが如し。（『全集九』九一頁）

この『経』は『菩薩処胎経』であろうと、このようにいわれています。

とにかくここで、一つには孝養父母である。これは一切の凡夫は皆縁に藉って生ずることを明らかにしているのだと、こう言うていますが、直接の注意としては不適当な注意ですね。「孝養父母」と、このように教えられていることは、一切の凡夫は皆縁に藉って生ずるということを明らかにしているのだというのでは意味が通じません。「親孝行せよ」と、こういうふうに『経』に書いてあるということは、一切の凡夫はみんな縁に藉って生ずるのだということを明らかにしているのだと言われても、わかりません。本文と答えとが、とんちんかんです。ところが、このとんちんかんのところがやはり大事なのでしょう。

ここで一つわざわざ「凡夫」という言葉を使っていますね。そうすると、この「凡夫」は仏に簡《えら》んでいるのだと思います。仏も肉体は縁によって生じてきているに違いないです。しかし、仏の誕生は縁によって生ずるという誕生のしかたでないわけですね。仏という存在の誕生は自覚ということです。だから、仏陀とは何か、自覚をもって誕生とする存在、それが仏陀です。

未自覚存在としての凡夫とは何かというと、縁によって生ずるという、その肉体的、あるいは精神的というけれども、いわゆるその存在は、条件的あり方そのもの以外でもないし、そのもの以上でもない、またそのものにめざめるということもない。そういうあり方で生きているのが凡夫なの

でしょう。そういう意味で、一切の凡夫は縁に藉って生ずるということを明らかにしているのだと、こういうふうに押えていくわけです。

実はここで、その縁によって生ずる「縁生」ということが存在の事実であるということへの頷きを欠いたならば、孝養父母ということは決してわからないことなのでしょう。ここに、非常に大きな問題がかくれています。

「孝は百行のもと」と、このように儒教で言います。いわゆる、すべての人間の行ないの根本になるのは親孝行だと、このように言うていますね。しかし、いかにそう言われても、親孝行ということが自己の存在に必然性を見出しえないならば、それは成り立たない。したがって、無理しなくてはならないということになります。これを成り立たしめるものは何であるかというと、「縁生」という存在の事実に対する頷きがなくてはならないわけです。だから、親孝行と、こういうふうに説いてあるけれども、この親孝行は、善導の領解を待つまでもなく、儒教が説いている親孝行ではないのです。仏陀が説いている親孝行なのです。

そうすると、やはり仏教が説いている親孝行というところには、やはりめざめた仏陀の目によって、存在の事実があらわにされたところに成り立つような親孝行という問題が、ここには出ているわけです。ただ、おまえ親に育てられたから親を大事にしなければいかんではないかという、そんなことでないのです。存在にかかわる問題として親孝行ということがここに出てくるわけです。それが胎・卵・湿・化という出生のあり方について言うわけですが、そのことは一応の説明として、その次の言葉がいちばん大事なのです。

父母の発見

「但し」と、このように押えて、

但し是れは相い因って而も生ずれば、即ち父母有り。既に父母有れば、即ち大恩有り。若し父無くんば、能生の因即ち闕《か》けなん。若し母無くんば、所生の縁即ち乖《そむ》きなん。若し二人倶に無くんば即ち託生の地を失いてん。要ず須く父母の縁具して方《まさ》に受身の処《ことわり》有るべし。既に身を受けんと欲するに、自らの業識を以て内因と為し、父母の精血を以て外縁と為して、因縁和合するが故にこの身有り。斯の義を以ての故に、父母の恩重し。(『全集九』九一頁)

と、これがここの中心問題です。これだけのことで「孝養父母」ということを語るわけです。親孝行という問題は、これは生命の問題である。その生命の問題をどう押えるかというと、

相い因って而も生ずれば、即ち父母有り。(『全集九』九一頁)

と、このように押えています。われわれの意識はどうなりますかね。われわれの意識はそのようには動かないでしょう。父母有ることによってわたしは生まれたと、こうではないですか。

父と母とがいたからしてわたしは生まれた、だから生まれたことについてはわたしには責任はない、勝手に産みよって、ということになるのではないですか。われわれは父母を先に設定するわけでしょう。父と母とを予定しておいて、そこから生まれてきたというのは、これは仮空の誕生です。

だいたい仏教には、唯識ということがありまして、客観的事実だというても、その客観的事実ということを許さないのです。見て語ったものはやはり客観的というかたちで観念だと、こういうのが仏教の道理であって、仏法というのは事実を事実として頷くことが最も大事なことであるわけです。

そうすると、われわれは、父と母とがいてわたしが生まれたと、こう言うわけですが、これは誕生の解釈にしかすぎないのです。生まれてみたら父と母とがいたという方が事実ではないですか。

だから、事実は生まれるということが先なのです。客観的事実は違います。客観的という、この頃のわれわれの発想から言う事実は違いますが、具体的事実はわたしの誕生が先なのです。先というよりも、わたしの誕生において父母が生まれるのであって、親によって子が生まれるというようなことはありえないのです。そういう意味では、つきつめて言えば、子の誕生と親の誕生とは同時だと、こういうわけですね。

子どもが先に生まれたのでもなければ、親が先に生まれたのでもなくて、親と子との誕生は同時なのです。子どもに先だって親という存在は絶対にないわけです。女は母親かというと、そうは決まらないし、男は父親かというても、そうは決まらない。可能性はあるか知れないが、ついに可能性は不発のまま終るということもあるわけでしょう。

そういう意味では、親がいてわたしが生まれたのでない。むしろ端的な感覚からいうならば、わたしの誕生において親ありということです。しかしわたしの誕生はわたしからというわけにもいかない。そこに「縁生」という事実への頷きということがあるわけです。「因縁和合」という事実がわたしという生命をここに誕生せしめた。その誕生の事実をもって、誕生の背景を見たら、そこに父母があったという驚きです。

われわれはおやじとおふくろを予定観念でもっているから驚かないのです。驚かないどころか、いやになるわけです。なぜかというと、おやじとおふくろに一辺も遇ったことがないからです。毎日四六時中、顔をつき合わせているけれども、親という他人に会っているだけであって、一度も生命をくぐった親に遇ったことがないわけです。「相い因って而も生ずれば、即ち父母有り」というこの善導の言葉は、驚きの表現です。

「相い因って」、つまり因縁和合してわたしが生まれてきたというのは、因縁不可思議である。不思議に相い因って、因縁の和合によってわたしという生命がここにある、と気づいてみたら、すなわち父母があったと、こういう発想ですね。これが事実に即した発想でしょう。

即ち父母有り。既に父母有れば、即ち大恩有り。(『全集九』九一頁)

これが仏法でいうところの孝養の原理です。だから、親が先にあって子どもは後にあって、親によって子どもが生まれたという意識からわたしが解放されない限り、親に御恩返しをするというわけにいかないのです。自分が頼んで産んでもらった覚えはないのですから、それは無理な相談なのです。

そうすると、勝手に産んでおいて「親孝行せよ、親孝行せよ」とはもってのほかだと、こういうことになってくるのは、一般の発想からいうと自然の発想でしょう。

しかし、「相い因って而も生ずれば、即ち父母有り。既に父母有れば、即ち大恩有り」というのとは、発想が全然違うでしょう。考え方が違うでしょう。だからしてそういう意味では、「一者孝養父母」というのは、仏法において語られた生命のめざめにおいて、生命をここにあらしめた世界に初めて父母を見出した。生命を誕生せしめた業縁を父と母に見出したという時初めて、生命の有難さがそのまま生命を誕生せしめた業縁への謝念として開けてくるわけです。

だからそういう意味では、親孝行ということは非常に問題の多いことでありまして、そういう一点がはっきりしませんと、家族制度が崩壊すると、家族会議をやるというようなことで、親孝行ということも崩壊せざるをえないわけです。

生命の事実

だからそういう意味では、自分の生命にほんとうに遇うということがなければ、親に遇うということもないのでしょう。だからそれは、逆の表現をとりますと、自分の生命にほんとうに遇うということは自立するということです。わたしが、親から生まれたという意識のなかにいる限り、わたしは親という他者における他律的存在としてしか生きられないわけです。

親から生まれたのであれば、金を送ってくれないと腹が立ちます。その時は、親ではなくて、金を送ってくるもとになっているわけです。いわば親という金庫になっているわけです。それはなぜかというと、金を送ってくれるものだというかたちで、他律的な自分が生きているわけですよ。くれるはずの金庫が開かないといって怒るわけです。それはやはり他律的なのです。

だから、他律的である限り、親というものはわからないわけです。親というものはいつも他律的であれば、自分にとっては親というものはいつでも自分をここにあらしめているものではなくして、自分が意識のなかで寄りかかっているものであるわけです。親が死んでしまうと自立できると考えるかもわからないが、これも無理な話なのです。親が死んでも自立しない。「なぜおやじは死んだのだろう。もしおやじが生きていたらこんな苦労しないのに」と言うて、無限に他律的にいきますね。その限りにおいて、死んだ親にまで憎しみがわいてくるわけです。「死者にムチ打つ」ということがありますが、そういうかたちで他律的なのです。

だからわたしは、そういう意味では、「獅子は千尋《じん》の谷底へ子どもを突き落とす」といいますね。動物学者に言わせると、あんなことはないそうですね。だけど、どうしてああいう言葉が出てきたかというと、そういうところに存在の根っこにある本能があるのだと思います。過保護という問題がありますが、過保護という問題はいちばん存在の根っこにあるものをマヒさせていると思います。やはり親というものには、生まれた子どもを千尋の谷底へ突き落とすというような深い本能の根があるのだと思います。

乳離れをしない人間をいつまでももっておりたいというのは、親という存在のエゴイズムです。そうではなくして、エゴを超えた因縁の世界というものは、子は子になり、親は親になる、子が子になった時、親が親になれると、こういう問題があるわけです。

もっと言えば、「子故に迷う親心」ということがありまして、子どもが子どもとならない限り親が親になれないという問題をかかえて生きているということがあるわけです。そこに、他律の存在、子どもが親から生まれたという意識から解放されない限り、子どもは決して自立できない。たとえおやじが死んでも、おふくろが死んでも、自立できない。自立できない限り、親に遇うことができない。こういう存在構造をもっているわけです。

そしてその根っこには、やはり千尋の谷底へ突き落とすという、百獣の王と称せられる動物を借りて譬喩しているもの、つまり自立を願うところに、生命が生命を誕生したということの尊厳があるわけです。そうでなければ、生命の尊厳ということはないわけです。

自分の所有物として無限にもっておりたいというのは親のエゴイズムですし、無限に親の乳房に食らいついて生きていこうというのが、子どものエゴイズムですし、それは両方とも自立しないわけです。

しかし、生命の事実は新しい生命を誕生するというところに生命の事実があるのでしょう。生命の連続性というものがあるのです。「相い因ってしかも生ずれば、云々」とあるように、わたしの生命がここにあると、その自己にめざめてみたら、すなわち母があった、父があった。この驚きは何か。自立の世界が実は人間の生命の根源にずしっと一貫していた。それは生命の願いというべきものである。そして、この願いは自立した人間が自立した人間を誕生せしめつつ、燃焼して、新しい生命に自己を全部投入していく。そこにこそ実は最も深い生命の連続性というものがあるわけです。完全に前の者がそこで自己を新しい生命のなかへ投入して、新しい生命が自立し、さらに新しい生命を誕生していく、これが生命の原理というものです。それは、生命が願となって、新しい生命のなかに成就することでしょう。

そうすると、自立して親孝行しようというのは、おべんちゃらを言うているわけです。「お隣りのお子さんは親孝行ですね」と言うのは、これはどこかおかしいのです。

そうではなくて、自立しないで親孝行しようというのは、自立した時初めて親に遇う、親に遇うた時初めて親の恩がわかる。親の恩がどこでわかるかというと、自己存在の自立という、その有難さを通して、その存在をここに生あらしめた縁に対する無限の謝念が親孝行というかたちをとらしめるのです。だから、親孝行というのは、表面に出たところは最も日常的であるけれども、根っこは最も深いのです。生命の根柢にまで根をはっているわけです。それをここで押えるわけです。

相い因って而も生ずれば、即ち父母有り。既に父母有れば、即ち大恩有り。（『全集九』九一頁）

と、このように、言うわけです。

両重因縁

このように押えておいて、

若し父無くんば、能生の因即ち闕《か》けなん。若し母無くんば、所生の縁即ち乖《そむ》きなん。若し二人倶に無くんば即ち託生の地を失いてん。要ず須《すべから》く父母の縁具して方に受身の処有るべし。

既に身を受けんと欲するに、自らの業識を以て内因と為し、父母の精血を以て外縁と為して、因縁和合するが故にこの身有り。斯の義を以ての故に、父母の恩重し。（『全集九』九一頁）

これは非常に感動の深い、格調の高い文章ですね。これは二重になっているわけです。「相い因ってしかも生ずれば、即ち父母有り。既に父母有れば、即ち大恩有り」と、こう言うておいて、そしてその事実を「若し父無くんば」というのですから、これは一つの驚きの表現ですね。もし父無くんば、能生の因が欠けたであろう。もし母無くんば、所生の縁がなくなったであろう。もし二人ともに無いならばわたしの誕生はなかったであろう、と押えるわけです。これが「大恩有り」ということの感情の中味です。

要《かなら》ず須く父母の縁具して方に受身の処有るべし。（『全集九』九一頁）

と言うていますが、これは「人身受け難し」という感動の内容が、こういう言葉で表わされているわけです。

しかし、それが実は自立においてあるのだということを次の言葉が示すわけでしょう。

既に身を受けんと欲するに、自らの業識を以て内因と為し、父母の精血を以て外縁と為す。（『全集九』九一頁）

ここでは因が自己になり、縁が父母になっているわけです。前のところでは、父が因であって、母が縁であって、父と母という因縁によって自己が生まれるのだと言うていましたね。だから、父が無ければ生まれなかったであろう、母が無ければ生まれなかったであろう、二人とも無かったならば生命はなかったであろうと、このように語っています。しかし、すでに生まれんとする時には父母を縁とするのである、こう言うているわけです。生まれんとする生命の内面的な、それこそ根源的な生の要求で押えるならば、生まれんとする者は自己なのです。いわば自己が父と母とを縁として、生まれんとして生まれてきたのだということです。

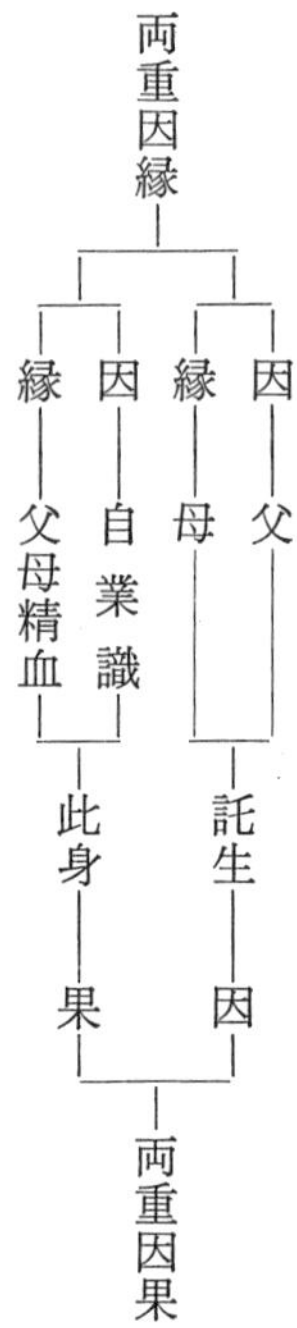

父と母とを因・縁として押えるところには、生命の、いわば所与性ということがあります。生命は絶対に与えられたものだという所与性です。ところが、既に生まれんと欲する時、自らの業識を因とし、父母の精血を以て縁とすると、こう言うたところには、生命の能動性ということがあるわけです。与えられた生命は選んだものだとの深い頷きです。いわば、与えられたという世界に責任を転嫁しない。選んだというところに自己主張をしない。与えられたものは選んだものだと、そういう生命の事実です。生命は与えられたものだ。しかし、与えられたということをもって生きるという生命は選んだ生命なのです。

ここに、「自らの業識」という言葉があります。「自らの業識」というのを解釈するとやっかいですけれども、たとえば『成唯識論』でいうと、阿羅耶識というようなものでしょう。生命の根源にある識です。生命の意識です。安田理深先生は、「阿羅耶識は生命識だ」と、こういうふうな言い方をしておられますね。

ともかく、そういう意味で、絶対の所与性を転じて、能動性をそこに見開いてくる、というところに、生命ということの具体性があるわけです。だから、このことがわからなければ、「父母の恩重し」ということは決して人間の上に成り立たないわけです。

そういう意味で、「一者孝養父母」と、このように説き出されてくる三福の教えの第一番目の教えが、あの王舎城の悲劇で、父母の縁が切れていくような、その絶望のなかから道を求めた韋提希に対して、絶望するような状況に身を置かなくてはならないところに欠如していたもの、それは何かというと、生命の事実への覚醒の欠如であることを教えているのです。子どもは親の言うことを聞くべきはずだという意識と、やはり親というものは子どもに何かをしてやるべきはずだという意識と、その意識と意識との葛藤が王舎城の悲劇というものを現出してくるわけでしょう。

そうすると、そういう問題のなかにかくれていたものを、「一者孝養父母」というかたちで仏陀はまず教える。その時は、ただ親孝行を教えているのではなくて、生命の事実を明らかにすることをもって「人身受け難し」という、その生命の受け難さを通して、そこに誕生の因縁としての父母を初めて見出せた。こういうことが教えられていくわけでしょう。

だから、わたしは親孝行という問題は、自立と謝念という言葉で押えるのです。自立のところに現われる謝念の感覚、それが孝養感だと思います。そういう意味では、孝養というのは感覚です。

生命感覚の表現です。だから、孝養感覚は私的意識というものを払うのです。したがって、「わたしの親だから孝行する」というのは、それはやはりエゴイズムです。

親鸞が「父母孝養のためとて、一返にても念仏もうしたること、いまだそうらわず」と、このように言うたのは、この問題なのです。生命の問題として孝養ということが押えられているわけです。だから、これは善導の驚くべき生命感覚の鋭さだというていいのかもわかりません。「親孝行せよ」という話をしていたとたんに、ああ、それは生命の問題だと、このように感じていく善導の生命感覚の鋭さだと感じます。

「親孝行せよ」と聞くと、ああ、それは修身の話だと、このように受け取っていくわれわれの感覚とはだいぶ違いますね。だからそういう意味では、自立ということを抜きにしたら謝念ということは成り立たないわけです。自立を抜きにした謝念は、どんなに頭を大地に擦りつけていても、依存である。依存は、ひっくり返していうならば、利用なのです。親父を利用するか、おふくろを利用するか、子どもを利用するか、とにかく生命の事実を依存という感覚で受けとめた時、利用以外にはできない。利用しようとすれば、利用できない生命の事実にぶつかって、利用できないものを逆怨《さかうら》みしていくしかない。これが問題の動きです。それをここではっきり押えてくるわけです。

故にこの身有り。斯の義を以ての故に、父母の恩重し。(『全集九』九二頁)

と、ここまで押えられて、初めて「父母の恩重し」という言葉が、非常に重みをもった言葉として明確にされてくるわけです。

生命の独存

次に、善導は長い物語をもって生命感覚を明らかにすべく、ここに引いてくるわけです。非常に感情のこもった物語です。それが三つあるのですが、その最初のところの物語はこのように言われています。

母懐胎已って十月を経て、行住坐臥常に苦悩を生ず。また産の時死の難を憂う。若し生じ已りぬれば、三年を経て恒常《こうしょう》に尿《し》に眠り尿に臥す。床被《ひろき》たる衣服、皆亦不浄なり。其の長大に及んで婦《め》を愛し児を親しみて、父母の処において反《および》て憎疾《そうしつ》を生じて、恩孝を行ぜざるは、即ち畜生と異なること無きなり。（『全集九』九二頁）

これが一つです。ここでは父母のことを言うているのだから、親父のことも言うてくれればいいのですが、母親のことしか出てこないですね。これはおもしろいものですね。親父はだいたい分が悪いわけです。初めのところでは、「父を因とす」というようなことを言うておいて、感情はそうではないのです。母親のことしか出てこないわけでしょう。

ここでどういうことを言おうとしているのかというと、母親は苦労したということを言うているわけです。単に産んでからの話ではないのです。いわゆる託生のその時から母というものの苦労がここにずーっと書いてあるわけでしょう。

十ケ月の間おなかのなかに保持していて、そして苦しんでいる。生まれる時には死の難を味わわなくてはならない。そして生まれてしまうと、三年間は大小便といっしょに寝て、床もともにし、着ている衣服も汚れたままを着ていなくてはならない。それだけ苦労したのに、大きくなったら女房をもらって、女房を愛して親を振りかえらない。こんどは子どもができた、ましてや親は邪魔になる。婆抜きなどという発想になってくる。こういうことですね。

こういう事実を事実として押えておいて、そこで何を言うているかというと、

恩孝を行ぜざるは、即ち畜生と異なること無きなり。(『全集九』九二頁)

という言葉でそれを押えているわけです。地獄・餓鬼・畜生という畜生ですが、畜生というのは、もともとは動物という意味ではありません。やがて人間以外の動物ということになってきますが、もともとは畜生という字から動物という言葉を引き出すわけにはいかないのです。

いわば、畜ということを内実とした生活です。畜ということを内容とした生きざまです。畜というのは何かというと、他律性です。

余談になりますが、私は大の犬好きでして、今でも数匹飼っています。そんなこともあって、先日十一年いた犬が死んでしまったのです。そんな犬を見ていてふっと思うのですが、わたしがよほど邪慳《じゃけん》にしない限り、わたしのところの犬は一生、食うことには困らないだろうとは思います。しかし、食うことには困らないだろうが、一生首輪をはずしてもらえないだろう、と、そういうことも気になることなのです。つまり、食うということは保証されているけれども、首輪をはめられるという、いわばその犬にとっての自立ということは、わたしにしっかりわたしてしまっているわけです。自立を譲りわたして、食うということは保証されて生きているわけです。言うてみれば、そ

れが畜ということです。すなわち他律性をもって生の中味にしている、それが畜生です。

だからして、畜生と選ぶ人間の自立とは何かというと、生命の自尊です。生命における自立の感情と、そして自立の感情の中味としての、絶対的所与の生への謝念、これを抜きにしたら人間が人間として生きることはできなくなるわけです。

畜生と選ぶ、という言い方は、いつでも人間を語る時に経典が用いる用法ですね。近いところでは、『涅槃経』の阿闍世獲信の物語の出てくる「信巻」のところにも、畜生に選んで人間の事実を慚愧の有無ということで語っています。ですから、畜生というのは他の動物という話ではないわけです。そうすると、この解釈で最初に置いた言葉は、実はそういう問題を善導は明らかにしようとしたわけなのでしょう。

生命の尊貴に頷く道

ところが、その次に非常に長い物語が一つ出てきます。そしてこの文に善導は非常に力を入れています。「又父母は世間の福田の極りなり」と言う言葉から始まる物語です。物語の内容はそれほど難しい内容ではありません。しかし、ここで善導がこの物語に非常な注意を払っているわけです。

まず最初には、父母というのは世間の福田の極りだ、仏というのはすなわちこれ出世間の福田の極りだと、こう押えて、しかるに仏在世の時、と、こういう書き出しがありますね。

そこでは、父母というのは世間における福田の極りだ、と、まず最初に言うています。福田というのは幸福を生産する田畑ということです。そういう意味で、仏陀というのは出世の福田の極りだと言うわけです。このように聞いただけで、普通われわれの意識の上にのぼることは、仏は出世の福田であり、父母は世間の福田なのだから、世間の福田というようなものは、出世の福田のなかでは問題にならなくなるだろうという考えではないかと思いますね。しかし、「しかるに」ということが、そこに一つ明瞭に問題を提起するわけです。しかるに出世の福田である仏陀が世間の福田である父母の恩の重さということを教えようとしているのが経典だと、こういうわけです。

物語は、ある年、大変な飢饉であって、人々が餓死していくような状態が続いた。そんな状態のなかで諸比丘が乞食《こつじき》に行くのだが、食を得てくることができない。比丘が皆帰ってきてから、釈尊が出かけていって三日間歩いたが、だれも与えてくれない。一人の比丘がそんな仏を見たところ、どうも飢えているというわけですね。そこで「お釈迦さま、ご飯はもうあがられましたか」というわけですよ。それに対してお釈迦さまは、「実は三日も食べていないのだ。だから飢えて力も出ない。おまえと話をする元気もない」という返事をするわけです。

それを聞いてその仏弟子は非常に悲しんで、あることを思いついた。何を思いついたかというと、衣を売ろうということです。衣を売ろうということは、ただ衣を売ろうというのではないのです。仏というものはいったい何なのかということを仏弟子が押えて言うているわけですね。衣を売るということはどういうことかというと、比丘が比丘であることを捨てるということです。

しかし、比丘が比丘であることを捨ててもいいような出来事だという問題を、そこで見つめているわけでしょう。仏陀が飢えているという事実を除くことが先決だというわけです。だからして、「今正しく是れ時なり」という頷きがあるわけですね。その頷きを通して衣を売るわけです。そして食事を捧げた。仏は十分御承知であるけれども、あえて次のようなことを問うたというわけです。どこからこの食事を得て来たかというわけです。その時にちゃんと仏陀は押えていますね。「三衣は即ち是れ三世諸仏の幢相《とうそう》なり。この衣《ころも》因縁、極めて尊く極めて重し、極めて恩あり」と言うています。

三衣は三世諸仏の幢相だというのですから、いわば、仏が仏であることの旗印だというわけです。仏が仏であることの証しであるところの三衣を売ってまでして仏陀に食を捧げるということは、その好心は領とする。有難いことだ。有難いことだけれども、わたしはその食物を食べることはできないと、仏陀は言うのです。

それに対してお弟子は、もし仏陀がその食物を食べられないというのなら、この世にその食事を食べることができるという資格のある人間がどこにおりますか、ということを問うのですね。仏陀は出世の福田の極まりなのですから、その仏陀がもったいなくて食べられないという食事を食べることのできる存在が、この地上におりましょうかと、こういうわけです。

ところが仏陀は、「いる」と言われるのですね。それはだれかというと、おまえの父と母だと言うのです。「おまえには父と母があるか」と、このように尋ねて、「あります」という返事に対して、「実はこの食事を食べることのできるのはおまえの父と母だ。なぜならば、おまえの父母はおまえを生んだ。だからして、おまえにとっては大恩がある」と、こういうふうに説いていきます。

それが全部仏陀の説法なのです。ということのなかにあるものは、出世の道というものは世間の道というものを、「出」というのですから、超えている。しかし、超えているということは、世間を軽視するということは全く似て非なる事柄なのです。超えるということは軽視するということではない。だからしてそういう意味では、出家だからというて世間の福田の極りを軽視する、ましてや世間の諸問題を軽視するということはありえないことなのです。

ところで、経文ですが、仏陀は「あなたのお父さんやお母さんは仏を信じる心があるか」と尋ねる。比丘が「ありません」と返事をすると、それならばこの食事をもって行け、そうすると必ず仏を信じるようになる。信じるようになったら最初に三帰戒を受けさせよ、と、こういうふうに説いていかれますね。

三帰依文では、
人身受け難し、今すでに受く。仏法聞き難し、今すでに聞く。

というていますように、「今すでに受く」ということが中身になって「仏法聞き難し、今すでに聞く」ということがあるわけです。生命有りということを前提としてというよりも、生命有りということを中身として、仏教に遇うということがあるというわけです。

そうすると、その中身となっている事実を、仏教に遇うということを通して軽視するということはありえないことなのです。こういうことがここでは押えられているわけです。

父母との再会

いうならば、仏に遇うた心というのは、言葉を換えて言えば、ほんとうに自己に遇うた心なのです。仏に遇うた心は生命に遇うた心なのですね。生命を無限に解釈していた自己が、解釈を超えて生命の事実に遇うた心なのです。生命の事実に遇うた心は、父母に再会した心なのです。解釈していた父母、他律的に他者として見ていた父母ではなくして、生命という事実の内実としてある父母に再会することです。

だから、めざめの世界に遇うことは生命の事実に遇うことです。生命の事実に遇うことは、生命の事実の只中で、いわゆる父母に再会することなのです。自立なくして謝念がないというのはそういうことですね。ところで、おもしろいのはそれから後ですね。再会してみると、こんどは父母を仏者にするのですよ。これは大きな問題ですね。

そういう意味では、われわれは一度も父母に遇うたことがない。毎日顔をつき合わせているけれども、遇うたことはないわけです。他人には遇うている。いわば形骸化された父母には会うているけれども、内実をもった父母には一度も遇うたことがないわけです。一度も父母に遇うたことがないというのは、一度も自分の生命の事実に遇うたことがないということです。生命の事実に一度も触れたことがない。だから、生命の事実の具体的内実であるところの因縁の事実、いわゆる父母に一度も遇うたことがない。

だから、仏陀に遇うということは生命の事実へのめざめなのです。仏に遇うたというわたしは、実は生命の事実に遇うたというわたしなのです。そして、生命の事実に遇うたというわたしは、初めて父母に遇うわたしなのです。

暁烏敏先生の歌に、

十億の人に十億の母有れど我母に勝る母あらめやも。

という有名な歌がありますね。あれは単なる感傷ではないのでしょう。仏者としての暁烏敏先生のなかから出てきた言葉ではないでしょうか。初めて母に遇うた人の言葉です。他人の母に遇うたのではない。そして自己の他なる存在としての母、いわゆる他人的存在としての母でもない。したがって、自己との生命のなかでの偶然関係でしか考えることのできない母ではないのです。十億の母があっても、その十億の母とわたしの母とは比べることができないのです。十億の人には十億の母がある、しかしその十億の母も我母に勝る母はないというた時には、「俺のおふくろは偉いぞ」と言うているわけではないのであって、仏教に遇うたことが生命の事実に遇うたことで、生命の事実に遇うたことが母に遇うたことだという感情が、あの歌のなかにはこもっているわけですね。

そうすると、ことが転ずるわけですよ。いわゆる、仏陀に遇い、生命に遇い、したがって父母に遇うた。そういうめざめた人は父母をして、また仏陀にするのです。善導の文でいうと、三世諸仏の幢相である衣を売り払ってまでして仏のところに持って来た、いわば自分が仏道を求めるということを、仏道の旗印を捨ててまでして仏を供養するということで示した、その食をそのまま父母に持って行けというわけです。ということは、仏に遇うた人間は父母に食物を捧げよというわけです。

ここで言おうとしていることは、そういうことでしょう。

ほんとうに母に遇った人が母に食物を捧げるのですよ。なにも養育の義務の話をしているのではないのです。そうではなくて、ほんとうに仏に遇うて生命にめざめて、父母に遇うた、そのめざめた人が父母に食を捧げると、その食を捧げられた父母が仏になるのです。めざめない人間が親を養育すると、親は餓鬼になるのです。これはまちがいないですね。ほんとうに仏に遇わない限り、親を満足させることはないわけです。人間というものは、そういう意味では無限に親を餓鬼にするわけです。そういう問題があります。ここにはそういうことが示されているわけでしょう。だから、めざめたわれをもって親に食を与える時、その親はまためざめた人となる。これは大事なことですね。

覚者といいますが、この「者」というのは、さきほどのいちばん最初の言葉で言えば、因縁所生ということです。「者」の事実は、因縁所生から一歩も離れていないわけです。ところが、それが「覚」であるというわけです。だから、めざめたる人ですね。人であることにおいては、因縁所生の事実以外の何ものでもない。しかし、めざめたる人である。

この時、実は、めざめたる人というところの「人」そのものは絶対の所与性です。めざめの中身は絶対の所与性です。かたじけないという実感ですね。めざめた人の事実、つまり因縁所生の事実は「かたじけなさよ」としていただくような事実であるわけです。それ以外に何もないのです。

ところが、その事実は因縁所生です。因縁所生は具体的には父母の発見です。父母との再会です。

再会を中身としてめざめるという事実が成り立っている。そういうかたちをとります。だから、父母に食べ物を捧げるといいますことは、父母という名の他人に捧げるのではないのです。自身なる生命の中身に捧げるわけです。自己の生命の具体性に捧げるわけです。

いわゆる母の日とか父の日に捧げるのではない。だいたい父の日、母の日というのは、わたしはあまり好きではないですね。母の日という日があれば、他の日は他人の日なのですか。そういうことになりますね。

事実は、行住座臥、母の日であるというのが生命の事実であるわけです。その母に捧げるわけです。そうすると、捧げられた母が仏になるというわけです。そのことを仏陀が実は印可しているわけです。まちがいないと印可しているわけです。

俗語にあるでしょう。「子故に迷う親心」とね。あれはうがった言葉だと思いますね。その通りだと思います。だとすると、迷う親はだれが作るのですか。子というものが「故に」という字で押えられて、迷っているのは「親心」だと言うわけでしょう。では迷う親心はだれが作るのかと言えば子どもでしょう。だから「故に」という理由をもって語られた、その子のめざめをもってしか、親心の迷いを解くことはできないという、その存在構造が語られていますね。生命の構造です。

とすると、めざめた子の捧食、つまり供養は、そのめざめた子の供養の故に、実は父母をしてめざましめる。父母をしてめざましめるということは、父母が子どもに依存する意識から、父母自身がまた自立するというわけです。独立者が独立者に遇う時、遇い得たものは、また独立者になる。

そこに、連続無窮に独立者が誕生していくという事実がある。それが連続無窮といわれる生命の連続性というものなのです。それがここで明確になっているわけでしょう。

そうしますと、仏陀はそのことを押えて、はっきりと「おまえには父母があるか」と問う。それに対して「ある」と比丘は答える。「それなら仏に捧げる心をもって父母に食を捧げよ」と、このようにまず言うておいて、「おまえの父母は仏を信じていたか」と問い、「全然、信心はありません」という答えを聞いて、そこで仏陀は、こんどは必ず信心が起こるに違いない。なぜかというと、おまえが持っていた食事を受けて、その父母は非常に喜ぶだろう。その喜ぶことを通して初めて父母はやがて仏を信じるようになる。そうしたら、まず三帰依を与えよと、このように教えて行きますね。その比丘はその教えを聞いて愍仰《みんごう》して去る、と、これだけのことで押えています。そして、

この義を以ての故に、大いに須く父母に孝養すべし。（『全集九』九四頁）

と、このように言うているわけです。

このように「一者孝養父母」という。三福として押えられてくる人間観の出発点のところに、善導が力のすべてを注ぎかけるようにして語っていくわけです。ですから、ここからすべてのことが展開していくということがあるわけなのでしょう。

父母への謝念

もう一つの物語は経文があるだけです。こんどは具体的に仏が比丘に教えたことで、仏自身が母

を供養したという話を最後に置いているわけです。

前の経文では、出世の福田の極まりである仏陀が、世間の福田である父母の恩というものの深さを教えたと言いました。ところがこの経文は、仏自身が仏を生んでくれた母親に悟りを開いた最初の説法をしたというわけです。

仏法者になった時、仏法者は母親より偉くなったのではなくて、仏法者になった時、初めて母親に何を捧ぐべきかが明確になるわけです。仏法者として生きている自己のなすべきことは何なのかと、そういうことがこの経文で明確にされているわけです。仏が仏に成った時、最初にその仏に成ったことの内実としての仏法を捧げたのが仏陀の母親であった。生後七日で別れた母に捧げたという経文をもって、だからして仏でさえも孝養している。ましていわんや仏の教えを聞こうとする凡夫、めざめようとする凡夫が父母の恩の深さと重さを知らないで放置しておいて、仏道を求めるということが成り立つかと、こういう押え方で孝養父母という問題を明らかにしていくわけであります。

訓育の恩

「孝養父母」に続いて、「奉事師長」ということについて、善導が領解を述べるわけです。しかしこれは、孝養父母の説明ほど詳しくはないわけです。

前の孝養父母のところでは、「生まれる」ということが問題になったわけです。しかし、奉事師長というところで何がこんどは中心の課題になるのかというと、「育」ということなのでしょう。字を見ても、「生」という字は「生まれる」という字ですけれども、「生まれる」と同時に「生きる」という字ですね。だから、「生まれる」という読み方と「生きる」という読み方とが同じ字で表わされているように、人間の生命の問題は「生」と「育」と、この二つの事柄でもって表わせば、それで基本的には十分なのでしょう。

そういう意味では、「奉事師長」ということは、単に先生を敬えというだけではなくして、奉事師長ということを通して、そこで生命の問題を、さらに「育」という問題のところで押えていくわけです。

そういう意味では、人間は生と育ということをもって自身となる。生まれるということと、そして育てられるという、その二つの事柄を内容として自己自身となっていくという存在ですね。だから、そこに「一者孝養父母」というのに続いて「奉事師長」という問題が取り上げられてくるわけなのでしょう。

その説明はそれほど問題はないのです。いわゆる礼節を教え示され、いろいろなことを学んでいくということが、その人自身の功徳を成就していくことになる。そして、その人自身を形成していく、そういう、

因行虧《か》くること無く、乃至仏に成るまでこれなお師の善友の力なり。（『全集九』九四頁）

と、こういうように押えています。この辺のところが、これからずっと引き続いて世・戒・行の三

福につながっていくのですけれども、いつでも問題になっているのは、仏に成るということなのです。単なる世間倫理・世間道徳の問題、いわゆる修身の問題をただ考えているのではなくして、仏に成る存在、いわゆる仏に成る人間において生とはいかなることか。仏に成る人間として育とは何か。そこに孝養父母・奉事師長ということが出てくるわけです。

だから、いかなる小さな事柄から乃至成仏までのすべて、人が生きていくということは「師の善友の力」である。「この大恩最も須く敬重すべ」しと、こういうふうに押えていくわけでしょう。

しかも、父母と、そして師と目上の者というのは名づけて「敬上の行」と為す。いわゆる孝養父母という父母に孝養するということと、師長に奉事するということを、目上の者を敬うところの実践、つまり敬上の行と名づくと、こういうふうに押えてくるわけです。

全生命への畏敬

三番目が、こんどは慈心不殺です。そうすると、前に「生」と「育」と言いましたけれども、育つということ、いわゆる訓育ということなどで生命ということが押えられてきますと、その生命ということは、自己の生命の尊貴への頷きであると同時に、すべての生命への畏敬でもあるわけですね。そこに慈心不殺という言葉が出てくるわけでしょう。

「慈心にして殺さず」というふうに書かれている三番目の文です。

「慈心不殺」と言うは、これ一切衆生皆命を以て本と為ることを明す。若し悪縁を見て、怖《おそ》れ走り蔵《かく》れ避るは、ただ命を護らんが為なり。『経』に云わく、「一切の諸の衆生、寿命を愛せずと云うこと無し。殺すことなかれ、杖《じょう》を行ずることなかれ。（『全集九』九五頁）

この次の読み方が、この本では少しやっかいな読み方をしています。

己れを怒るに喻《さとり》を為すべし。即ち証すと為すなり。（『全集九』九五頁）

これでも意味は通じないことはないのですけれども、またあとで話します。

慈心不殺という、慈しみの心をもって無駄に生きものの生命をとってはならない。その慈心不殺、殺生を戒めるということは、ただ殺すなというような外側からの訓戒ということではなくして、殺すなということの内容は、一切の衆生はみな生命をもって本とするという生命への頷き、生命の尊貴性、そのことに立って殺すなということが出てくるわけです。

だから、すべての生き物が具体的に、悪縁に遇えば怖《おそ》れ走り蔵《かく》れ避るという、そういう事実があるということは、卑怯とか未練とか、そういうようなことでかたずけるわけにいかない問題をもっているわけです。

この辺になってくると、現代の民主主義ですか、ヒューマニズムという問題の考え方のところでもう一度考え直さなくてはならないことがあるのではないでしょうか。生命を尊ぶと言うています。ところがわれわれの普通の意識というものは、時によりますと、蔵《かく》れ、あるいは走り避るという、そういうあり方を、一つの意識の上に、その事実をのせて、卑怯であるとか、未練であるとか、こういうふうな一つの価値判断で、それを決めていこうとするわけですね。ところが、果たしてそういうふうに言い得るかどうか、何がそれを言わしめているのか、という問題になると、それは非常に不明瞭なものなのです。

したがって、そういうことを言おうとする時に、いつも一つの基準を設けざるをえないわけでしょう。その基準が、その時その時代において、あるいはその状況において、いつでも変わっていくわけですね。生命を惜しむという卑怯ということがありますけれども、その卑怯ということを言わせている基準というのはいったい決定的に何なのだろうかというところは、非常に曖昧なものではないのですか。ところがまた、このことをもって人間のいろいろな社会的な問題というものの最後の決め手のようにもなって、この言葉が、人間のいわば尊厳性を傷つけることにもなるわけです。そういう意味で、仏教の倫理の基礎というものをはっきりさせていかなくてはならないのではないかと思うのです。

善導は、「殺すことなかれ、杖《じょう》を行ずることなかれ」、これだけの言葉で言うわけです。殺すな、殴るなというような表現は、ヒューマニズムという言葉のなかにもあるし、現代の民主主義というのは殺すな殴るなということを、一つの善の行為と、こういうふうにしています。殺さないこと、殴らないこと、いわゆる非暴力の問題ですね。暴力とか非暴力とかいうものの基準、あるいは戦争とかいう問題も、この辺から考えていかなくてはならないのではないのだろうかと思うのです。

どうも仏教は、いつもそういう問題を決めていく根拠が不明確でありすぎたのではないかということを思うのです。往往にして仏教がいろいろな考え方のなかで利用されたということがあると思うのです。

ところが、この「一者孝養父母」そして奉事師長・慈心不殺、この三つのことで『観無量寿経』が押えている事柄は、案外見逃してはならない非常に大事なものを含んでいると思うのです。特にこの慈心不殺というような言葉のところに特に善導が力点を置く。そして、そこにわざわざ善導は経典を引いているわけですね。その経文は『涅槃経』の文です。『涅槃経』の経文を引いて、生命を愛せざるものはない、したがって殺すことなかれ、杖《じょう》を行ずることなかれと言うています。つまり、仏説をもって語るわけです。そして、それを証しとして、つまり、生命の尊厳への頷きを基礎にして、殺すことなかれ、杖を行ずることなかれという、いわゆる殺生の問題と暴力の問題、このことの持っている非人間性、それをはっきり押えていこうとする。このことは大事なことを押えているのではないかと思うのです。

キリスト教の方にはキリスト教倫理というものがありますね。世間の倫理、いわゆる対人関係とか社会環境における人間と人間の交わりの問題というところで規制されてくる倫理ということを超えて、神の名のもとにおける倫理という、キリスト教倫理というものが非常に大きなウエイトをもって、キリスト教のなかでは位置づけられています。

ところが、仏教には仏教倫理というものはそれ程はっきりとしないのです。これは大きな問題だと思いますね。仏教では、仏教倫理というのがなぜなかったのかということを最近は思うのです。するとやはり仏教倫理というもののなかった、きわめて単純な理由は、出家という思想の固定化にあったのではないかと思うのです。出家というのは、ただ家を出るということではない。単に家を出るのではなくて、やはり世俗を出るということです。しかし、世俗を出たものが世俗に関わるということへの積極性を見出す方向というものが、きわめて希薄だったということがあると思うのです。それが実は、いつのまにか固定化した時に出家が世俗に関わる時には一つの断絶ができまして、その断絶を超えて関わろうとする時に、出家と世俗の関わり方というものはきわめて偶然的なものになってきたということがある、と、わたしは思うのです。そうすると、仏教倫理というようなことを、もしわれわれが真面目に考えていこうとする時には、そこにやはり浄土教というものの意味を、もう一度そういう面から確かめなくてはならなくなるのではないかと思うのです。そういう意味で、三福の行を説いている教えというものは、よほど注意していかなくてはならないのではないかと思うのです。その辺は一つ皆さんに考えてほしいことです。

さて、殺すことなかれ、杖《じょう》を行ずることなかれと、こう言うておいて、その後に、

己れを怒るに喩《さとり》を為すべし。（『全集九』九五頁）

と、このように書いていますが、「怒」という字は「恕」の方がいいのではないですか。加点本では、この「怒」という字を「イカル」と仮名をうっていますが、たとえば『真宗聖教全書』の方では、この時は「恕」という字になっています。これは己れにおこったことを推して他におよぶという意味です。そうすると、これは非常にわかり易いわけです。だから、

己れを恕《じょ》すをもって喩と為すべし。（『真聖全一』四九一頁）

と読めば、はっきりします。
たとえば、前に言った例でいうならば、卑怯者と相手を呼ぶ時に、卑怯者と呼ぶような自己自身の生命への愛着というものがいかなるものであるかを一つそこで確かめた上で、人の生命に対する愛着というものの意味を問うていかなくてはいけないのではないか。こういう自分自身の身の上に起こっている事柄をくぐって他におよぼしていくということによって、殺すことなかれ、杖を行ずることなかれということが、寿命を愛するものにとっての平等の、いわば人間の基本的な行為となっていく、と、こういうことでしょう。このような経文がある。これが一つの証しであると、こういうふうに押えていくわけです。

尊厳なる生命

その次は修十善業ですが、十善の業を修せよという教えです。
「修十善業」と言うは、これ十悪の中に、殺業最も悪なることを明す。故に之を列ねて初めに在く。十善の中には、長命最も善なり。故に之を以て相い対すなり。已下の九悪九善は、下の九品の中に至って、次に広く述すべし。これは世善を明す。（『全集九』九五頁）
と、ここでもやはり十善と教えられるところの業、十善業を修していけという教えを押えるわけです。前に慈心不殺ということが出たのですから、その慈心不殺は十善業のいちばん最初ですね。そうすると、慈心不殺だけとび出しているわけでしょう。

そうすると、後は十善業を修すというても、不殺ということが前にあるのですから、その次は九つであるわけですね。そのことに善導はわざわざ着目をしているわけです。そして、なぜそれを一つ独立させたのかということを押えて、十悪のなかで最も悪なるものは殺業だというわけです。ところで、十善のなかで最も善なるものは、長命、生命を全うするということだと、徹底して生命の尊貴というところに立つわけです。

だから、最初の孝養父母というところの確かめから奉事師長という事柄をぐって慈心不殺、修十善業というところまで徹底して、世善といわれるもの、つまり世福といわれるものの基準を、生命の尊貴という一点に押え切るわけです。これが善導の一つの着目なのでしょう。そうして、この着目こそが仏教倫理ということをわれわれがどこかで明らかにしようとする時の基本点だと思うのです。ともかく善導は世善ということの基礎を生命の尊貴のところへ置く、それ以外に何ら基準はないということです。

だいたい人間関係、人倫関係の基準というものはきわめて変動的なのですよ。時代によって違うし、社会によって違うし、イデオロギーによって違う。あるいはその贔屓《ひいき》によって違うし、無数の基準のもとに無数に違ってくるわけです。一つの行為の価値判断というものは必ずしも絶対的でないということがあります。そういうことが、仏教でいう世間、いわゆる人間における倫理の不安定性でもあるわけですし、倫理ということの一つの特徴でもあるわけです。そして、倫理は倫理の根拠を求めるということがあるわけです。そして、その根拠の確かめの上に倫理ということの不安定性を自己としているような倫理というものに安んずるような、そういう人間の生き方というものを明らかにしていこうという要求があるわけでしょう。

そうすると、世善ということの徹底を善導は生命というところに立って明らかにするわけです。しかもその生命ということを明らかにする時に、父母から生まれた生命というような独断的な解釈を払うのです。生まれたということが出発点ですから、生まれたということに先立って父母からという独断がある限り、倫理の価値観というものは不安定であらざるをえないわけです。事実は生まれたということの以前には何もないわけです。

しかし、生まれたという事実について、父母からという解釈を加えたとたんに、親と子というういちばん基本的な人間関係に、もうすでに人間の独断が入いるわけです。その独断を出発点として、生まれて生きていく間における人間の関わりの問題というものが、その独断をもとに置きながらくり返されてくる。そういうようなところをじっと見つめているわけでしょう。そして善導は、

相い因って而も生ずれば、即ち父母有り。既に父母有れば、即ち大恩有り。（『全集九』九一頁）

というかたちで、相い因って生ずる生命というものは因縁所生だという、そこに帰って、生命というものには何らそれに先立つところの基準というものを見出すことはできないと言うわけです。そして、「因縁和合して生有り」という生の頷きというものをくぐって、初めて世善といわれるものが成り立つ。だから、それを一貫して慈心不殺から修十善業に至るまで、この生命の尊貴という、深い意味での生命への頷きをもって世善の根拠をそこに見出していこうとしているというわけです。

そこで、十善業を修せよという教えは、その十悪のなかでは殺業が最も悪なるが故に選んで独立をさせている。そして、十善のなかでやはり生命を傷つけないということ、自他ともに生命を傷つけないことが最善である。善ということをいう基準は生命の尊貴にあるということにおいて、それに相対せしめているると、こういうふうに言うわけです。

そして、後の九品いわゆる九悪九善という、九つの悪、九つの善というものは、ここでは省略をしていく。それは後の方の十三観の終った後で九品の教えが説かれますが、その九品の教えは一貫して十善十悪の問題、いわゆる倫理の問題にかかわる人間の事柄として示されるのですから、そこに具さに説かれてくるのだと、こういうわけです。

特に今の慈心不殺と修十善業ということは、前の孝養父母・奉事師長が敬上の行であるならば、これは慈下の行、いわゆる生命ということの確かめのなかで生きとし生けるものにかかわっていく実践なのだと、こういうふうに押えていきます。

戒の意味

次は三福の行のなかの戒福ですが、ここにはそれほどのやっかいなことは書いてありません。この戒とは戒めです。戒めということは規則です。戒めということは、世間の戒めということではない。仏陀によって戒められる戒めです。そうすると、世善というものよりなぜ戒善の方が重んじられているのかということがここの問題点であろうと思います。そのことについては善導はこういうふうに言うているわけでしょう。

世善軽微《きょうみ》にして感報具《つぶ》さならず。（『全集九』九五頁）

という言葉で押えていますね。いわゆる孝養父母であるとか、奉事師長であるとか、慈心不殺であるとか、修十善業であるとか、いわゆる世間的な人間の営みのなかにおいて、善としてなす事柄が世善として説かれたのですが、その世善の不完全性というのはいったい何なのかということです。それは「感報具さならず」と押えています。その善をなすことは、何を感得するのかということが、世善そのものをもってしては不明瞭だというわけでしょう。

親孝行するということがいったいどういう報いを感得するのかということが明らかでない。案外、親孝行するといいますが、金欲しさに親孝行するということがありますね。やさしい手紙を家へ送ると、この次は金を余計にくれるのではないかという親孝行のしかたもありますね。その時の親孝行は、親孝行としてのかたちは同じです。しかし何を感報しているかというと、送金が少し多くなることを感報しているわけですよ。だから「具さならず」です。不明瞭なのです。やさしい心をもって親孝行をしているのかしらないけれども、行為そのもののもっているほんとうの意味、ほんとうの価値というものは、世福そのものだけでは不明瞭だというわけです。

そうすると、そこで世福というものが何を感報するのかということが不明瞭であるというところに、善といわれるけれども、その善は何をもって善とするかということは、そこでは決定できない。そういうことを善導はここで押えていくわけです。

そうすると、そこで戒福ということのもっている意味が出てくる。それは何かというと、

戒徳巍巍として、能く菩提の果を感ず。(『全集九』九五頁)

これですね。仏果を得るということです。だから、戒というのは窮屈だという話ではないのです。覚者が未覚なる凡夫になしてはならないと、このように規定することは、単なる世間の倫理ではない。そうではなくして、なしてはならないということの基準はどこにあるのかというと、仏果を得るためにそのことをなしてはならない。こういうことです。仏と成るためには、そのことをなしてはならない。だから、そういう意味では、これは大事な規定でしょう。

殺すことなかれ、これは皆言います。どんな思想でも、ある意味で殺すことなかれということは厳として言うわけですよ。しかしなぜ殺してはいけないのかということに対する決め手は決して明瞭ではないわけです。

ヒューマニズムというような思想にしましても、やはり生命の尊貴ということは基本になるわけです。しかし、そのことが徹底して明らかにならないわけです。明らかにならないところに具体的にはやはり諸問題が出てくるのでしょう。殺すことなかれという基準の上に立ち、同じことを行為の基礎におきながら、しかも殺すことなかれというヒューマニズムの思想のなかで、殺人が肯定されていくということさえありうるわけです。そこに一つ大事な問題があるのでしょう。

仏の戒めというものが、世善よりも上位におかれる。というのは、あくまでもめざめたる人、仏陀の戒めとして説かれる「殺すことなかれ」であるわけです。

五戒・八戒・十善戒といいますが、五戒というた時にも、最初は不殺生です。不殺生ということはあらゆる世間の倫理に連なる基本的な善の基準です。しかし、それが五戒として戒められた時には、単に生命をとってはいけないというだけではない。生命をとってはなぜいけないのかというと、生命をとるという存在として生きるということが、実は成仏という問題の障碍になるということです。そこに一つ明確な押えがあるわけです。そこに戒というものの重さがあるわけです。だから戒善というのは、

戒徳巍巍として、能く菩提の果を感ずることを明す。（『全集九』九五頁）

これが大事なことです。だから、戒善が世善の後にくるのはなぜかというと、世善における基礎の不明瞭さが戒善においいて明瞭になる。それは何かというと、人間が善をなすというのは、あくまでも人間が覚者となるという、その仏果を趣向する存在として、初めて善ということの基準が明瞭になる。これが戒福ということの大事な位置づけなのです。

生活の位置づけ

それから後は、いろいろな戒について示してあるわけです。まず最初には、仏法僧の三宝に帰依するというところから出発する。それは当然ですね。仏に帰依するというところから仏の戒めというものが始まるのですから、当然のことです。だから、三帰戒・五戒・八戒・十善戒・二百五十戒・五百戒・沙弥戒、あるいは菩薩の三聚戒・十無尽戒など。そういうのを具足衆戒というと言うて

います。

まず最初に三帰依というところから始まって、そして具さにはすべての戒を守っていくというところまで、戒というものの内容が非常に豊富にあるわけです。ただ戒の種類が豊富なだけでなくして、一つの戒にしても、それが少分戒であり、多分戒であり、全分戒であると、その一つの戒についてもやはり少・多・全という三つに種類が分かれてくる。

さらに戒は、ただ戒としてあるのでなく、戒を行ぜしむる、戒にしたがわせしむるためには、戒にしたがわせしむるような生活のあり方というものがそれに先立つ。それが不犯威儀です。威儀というのは行・住・座・臥の四威儀です。行住座臥の生活態度ですね。戒を守らしめるべき人間の生活態度、いわゆる「身口意業、行住坐臥に、能く一切の戒の与《ため》に、方便の威儀を作すことを明す」というわけです。

ともかくそういうふうに、身口意・行住座臥の生活というものをここでは一つ規定しています。どう規定するかというと、一切の戒のための方便としての生活と、こういうふうに押えているわけです。ただ生きているというわけではない。ただ食っているとか、ただ寝ているとか、そういう自然現象的生き方ということだけで押えていないわけです。生きていること、食べていること、あるいは片手を上へあげるさげるといったことすらも、行住座臥の四威儀すべてのことが戒の方便としてあるというわけです。仏果を趣向する人間の生活の基盤として、それが押えられている。こういうところに「不犯威儀」ということが押えられてくるわけです。

「軽重麁細、皆能く護持して」、その生活を正しくして、もし戒のためにならないような生き方をすれば、即座にそれを懺悔し、それを改めていくということがあるからして不犯威儀という教えがある。こういうふうに生活と戒を成り立たしめるような生活態度として行住座臥の四威儀というものを押え、その上に戒、いわゆる仏果を感報する存在、仏果を趣向する存在として人間という存在を決めていく。これが戒福の意味であるわけです。

戒から行への質転換

三福とは世・戒・行ですが、いずれも「福」ということで一貫している。つまり幸福を求める存在としての行為を規定するわけです。その人間規定というものを、経典は「彼の国に生まれんと欲する者」という「欲生」、つまり人間の根源的要求ということで、人間を規定したわけです。そして、「彼の国に生まれんと欲する」という、その根本意欲の表現として三福の行を修するということが示される。だから「修三福」、いわゆるその世・戒・行の三福というのは、人間における全行為をそこに尽くしているのだと、こういうふうに言うていいわけでしょう。その基底的な人間領解というものを、世福のところでは生命というところに集約して善導は明らかにしているわけです。善導が明らかにしているというよりも、経典がそれを指示して、その経典の指し示した言葉について善導が頷いたということです。

ところが、そのように人間の規定が明らかになっているということに目を開くことを通して、ではその人間の根源的な要求を成就するということになると、世福は十分かという問題をさらに立て直すわけです。そしてそこに、「感報具さならず」、つまり真に生命の尊貴ということが成就するということが明らかでない。だから、世善というものは模索の実践である。何を模索しているのかというと、生命の尊貴に頷くという、そのことへの模索の実践、それが世福といわれることの性格である。その模索性ということを「感報具さならず」と押えたわけです。

そうすると、感報を具備する実践とは何かということが戒福という善なのです。だから、戒福は自己限定なのでしょう。自己の行為の限定であります。しかし、その限定はなにゆえの限定かというと、生命の尊貴ということにめざめて生きる自己となるという、そういう感報を具備するための自己限定だと、こう言うていいわけです。そのことが「菩提の果を能感する」という言葉で示されたわけです。もう少し詳しく言えば、「戒徳巍巍として能く菩提の果を感ず」と、こう言います。「戒徳巍巍として能く菩提の果を感ずる」ということが、戒善ということがもっている意味なのです。これだけで戒福ということを明確にしていくわけです。どんな実践が行なわれるか、どういう規定をするかということよりも、自己規定の本意を明確化するということでしょう。

それは三帰戒から始まって無数の戒の名前がここに出てくる。その戒というものは総じていかなる意味をもつのかというと、功徳ということで押えるわけです。戒の功徳は巍巍、明瞭にいかなるものを志向してなされているのかというと、「菩提の果を能感する」。菩提の果を能感するということをはずしたならば、戒ということは無意味になるわけです。

「能く菩提の果を感ずる」ということが、「巍巍」でなくて「不巍巍」になる時、つまり不明瞭になる時、戒は人間の自己限定ではなくして他律的な規則に変わっていくわけです。ここに実は僧伽というもののもっている転落の危機もあるわけです。自らを限定して、そして仏果菩提を求めるという方向に、自己の人生を方向づけるということがあって、初めて戒は戒としての意味をもつ。仏戒としての意味をもつ。しかし、その「菩提の果を能感する」ということが不明瞭になった時、こんどは逆に戒ほどじゃまなものはなくなるわけです。

戒というのは、やはり限定です。限定であるということと、縛られるということは違うのです。縛るという一点のなかに自立を失ったら、縛られるということになりますね。そういう問題があります。

もし菩提の果を能感するということが不明瞭になるような、そういう質が戒行のなかに隠されているとすると、それはいったい何か。これは幸福を求める存在として人間を規定した時の具体的問題なのです。決して戒の実践というものについての客観的な判断の問題でないのです。具体的な問題なのです。なぜ具体的かというと、その戒を守ることによって自らがほんとうに生命の尊貴、至福に領くことができるか、あるいはその戒を守ることによってかえって人間が拘束された不自由な自己として生きていくということになるか。これはもう観念の問題ではないわけです。最も具体的な身に覚えのあることなのです。そういう問題が戒ということのなかには隠されているわけです。

仏教の一般的な言葉で言えば、戒福というのは小乗の道が説かれているのだというふうに、従来、理解されてきましたね。世福というのは世俗的人間の倫理実践が示されている。戒福というのは小乗の仏道を歩む人の実践が示されている、というふうに言われています。その「小乗の」というような言葉はどこから出てくるのかというと、初めから「小乗の」というような言葉が出てきたのではないのでしょう。戒を守ることが小乗だとは決まらないわけです。決っていない証拠には、ここに出てくる善導の領解を見てもわかりますように、「菩薩の三聚戒・十無尽戒等」と、こういうふうに出て、大乗の菩薩でも守るべき戒が説かれているわけです。そういう意味では、戒が説かれているからといって、それは小乗だというわけにいかない。

そうすると、なおかつそれが小乗だというふうに先輩が理解したことのなかに意味を見出すとすると、戒そのものが、自律性を失わしめるような質をそのなかに隠しているのではないかということを見通した時、初めていわゆる小乗から大乗へという修道的人間の転回というものが問題になるわけで、そこで言えることです。それが戒から行へという一つの転回なのです。

だから、三福といいますが、その三福というのは三種類の幸福を求める実践という意味ではないのです。いわゆる、親孝行している人もいるし、山へ入って修行している人もいるし、あるいはもっと違うかたちで仏果を求めている人もいるしという、三類の人間の類別の規定ではないのです。問題は、「福」という字が統摂している如く、唯一の人間の要求の成就の方向の上に世・戒・行ということが見出されているということです。

根源的要求の発掘

そうすると、三つめの行福というのは、大ざっぱに言えば、仏行でしょう。仏道です。戒も仏道に違いないけれども、「能く菩提の果を感ず」べく行じられている戒のなかに、もう一つ徹底して問うてみると、その戒ゆえに仏道を行ずることを疎外するような問題が内在しているということを見破った時、初めて仏道を成就する唯一無二の実践というものが、「行福」という言葉で示されてくるわけです。

つまり、「能く菩提の果を感ずる」はずの戒のなかに、もう一つ徹底して押えてみると、菩提の果を矮小化するという質を見た。その時、真に菩提の果を成就する道は何であるかと、新しい問いがそこから出るわけです。

そうすると、戒福と行福との関係はそういう関係になるわけでしょう。だから、そういう関係において、「発菩提心」という言葉から始まる、いわゆる大乗菩薩道ということがここでも問題になるわけです。だから、戒福から行福への転回というところを、こういうふうに善導は規定しているわけでしょう。「発菩提心と言うは」と、こう押えて、

これ衆生の欣心大に趣きて、浅く小因を発すべからざることを明す。(『全集九』九六頁)

と、こういうふうに言うているわけです。欣心とは何かと押えてみれば、欣求浄土の心でもありますし、あるいは言葉を換えれば、無上菩提を求める心でもあるわけです。ところが、もっと具体的にそれを押えるならば、人間の至福を求める心であるわけです。

衆生の真に幸福を求める心というものは、浅く小因を発すことにおいては成就しないという問題があるというわけです。だから、世福では感報が不備である。したがって、自己を限定する戒福によって「能く菩提の果を感ずる」ような道に身を置いた。しかし、なおかつその戒福のなかに「浅く小因を発す」という問題を見つけたわけです。小因とは小さな因です。「浅」という字と「小」という字との二つで仏果を得る因の性格を押えているわけです。

戒という自己限定は確かに人間を修道的存在として押えるものである。しかし、その修道性のなかに、人間の欣心、いわば根源的要求を完全に発現せしめるという必然性はないというわけです。人間の根源的要求の完全な発掘ということは、戒によっては成就しえない質を、戒はそれ自体はもっている。それが「浅い」という言葉と「小さい」という言葉で押えられている意味でしょう。だから、真に衆生の欣心を成就しようとするならば、「浅く小因を発す」ということでとどまるわけにいかない。そこに、小を転じて大に趣く、いわゆる「乗」という言葉をつけて言うならば、小乗の仏道を行ずる道を転じて大乗を求める存在になるということがなくてはならない。ここに初めて出発点にあるところの欣求の心というものの成就の道として、大乗菩薩の仏道が開示されてくると、こういう示し方です。

そういう意味で、善導は、

衆生の欣心大に趣きて、浅く小因を発すべからざることを明す。(『全集九』九六頁)

と、このように押えておいて、「広く弘心を発すに非ずよりは」ということで、「弘心」で押えたわけです。菩提心とは「弘い心」だ。弘い心というのは公の心ということです。私心でないということです。いわゆる全世界を自己とするような心を弘心というのでしょう。だから、「広く弘心を発すに非ずよりは、何ぞ能く菩提と相い会することを得ん」。だから、弘心を発さずして、私心のもとに戒行を実践していても、それが私心を破るものでないならば、菩提と相い会することはできないというわけです。

いわば、戒行も実は「広く弘心を発す」という公開性というものを閉鎖していく実践でしかなかった。このように気づいた時、「広く弘心を発す」ということがないならば、どうして仏果と相い会することができるか。成仏することが可能であろうか。このように気づいたところから、そこに「発菩提心」の実践ということが起るわけでしょう。

その「発菩提心」の実践ということを、善導は身・口・意の三業に当てて、これを示しています。身口意というのは、全生活ということです。だから、それからあとのところは、その身口意の三業に当てた「発菩提心」の実践のすがたを示していると見ることができます。

相と性

唯願わくは我が身、身虚空に同じく心法界に斉しく、衆生性を尽くして、我れ身業を以て、恭敬供養し礼拝して、来去を迎送し、運度して尽くさしめん。(『全集九』九六頁)

これが、身の行ないに現われた「発菩提心」のすがただと、こういうふうに押えています。だから、

「身虚空に同じく心法界に斉しく、衆生性を尽く」すと、こういうふうに言いますね。
いわば、一切のところに心の普遍性を得ると、そういうようなことでしょう。それはなぜかというと、「衆生性を尽くす」、尽くすというのは、知り尽くす、領き尽くす、つまり衆生の性を自己において領くというようなことですね。それによってどういう行業が具体的には行なわれるのかというと、「恭敬供養礼拝する」というわけです。だれを、というと、言葉で言うならば、救うべき人間を礼拝するというのです。

仏を礼拝して、そしてさてこれから救いに行こうというのではないのであって、救うべき人を礼拝するということです。救うべき人を礼拝するというのは、救うべき人のすがたを礼拝するのではなくして、「衆生の性」と、このように押えたように、すがたとして表現されている人間の性です。だから、その「衆生の性」というのが具体的な仏性です。よく仏性は法界に遍満するといいますが、その法界に遍満する仏性を拝むわけです。親鸞は、

仏性すなわち如来なり。この如来微塵世界にみちみちてまします、すなわち一切群生海の心にみちたまえるなり。(『真聖全二』六三〇頁)

こういうふうに言いますね。仏性は如来だ。その如来は十方微塵世界にみちみちている。どういうふうにみちみちているのかというと、それを押えて、「一切群生海の心にみちみちたまえるなり」。一切有情の心にみちみちたまえるのだ。だからこそ、「草木国土ことごとくみな成仏すととけり」と、このように言います。非常にはっきりしていますね。

そういう「衆生の性」ですね。だから、「衆生の性」というのは、いわば、少し言葉をつめて申しますと、衆生というすがたをもつものです。衆生はそういう意味では「相」です。衆多の生を受けるのを衆生というのですから、「相」でしょう。すがたです。相を通して性を拝む、これが菩提心の身にあらわれた実践だと、こう言うのです。いわゆる仏性を拝むのでしょう。

ところが、その仏性が衆生の相から抽象化されますと、やっかいなことになるのですよ。「一切衆生悉有仏性」という、いわば大乗仏教における人間観の根源的領解ということを中心として、仏教は何千年も論争ばかりやってきて、解決しなかったという歴史がありますね。仏性があるのになぜ迷っているかという問題から、いろいろな問題が起こってくるわけでしょう。

それは、相と性との混乱だと思うのです。いわゆる「衆生の性」のほかに仏の性というものを観念し抽象化した時、相と性との間の、ほんとうの意味での内的なつながりをわれわれは見つけることができなくなるのです。「あんな顔をしている人間が仏さんになれるか」というわけです。内的必然性というのはわからなくなるわけです。

そうすると、仏性と衆生の性とは、そこでは偶然の関係にしかならない。偶然性というものは縁によって変わるのです。「さるべき業縁のもよおせば、いかなるふるまいもす」るわけです。ところが、偶然性が必然であるかの如き錯誤に陥って、それを拝んでいる。性を拝まずして偶然を拝んでいる。それが、あたかも修道ということであるかの如き錯覚に陥っているということがあるわけですね。

衆生と仏とは切り離せないわけです。だから、どんな顔をしていようが、どんな姿をしていようが、その姿や顔や在り方というものは、実は「さるべき業縁のもよお」しなのです。その縁のもよおしに遇うて、それによって減ったり増えたりしないものを仏性というのです。いかなる縁のなかにも自己を置く。しかし、いかなる縁のなかでも自己を失わない。それが仏性です。

そうすると、広大無辺の心といわれるような「発菩提心」は、「衆生の性」というものを知り尽くし、そしてその性を供養恭敬し礼拝して、礼拝する心をもって衆生を救うというわけです。上から下へ救うのではない。下から上へ救うのです。最も底辺に身を置くことによってすべての人の救いをそこに発見するわけです。救うというよりも、救いを発見するのです。

もっと言葉を押えて言うならば、すべての人々の救われる法を発見するのです。その法によって自己の救いの成就も頷ける。それが自利利他成就ということでしょう。それが身の実践ということで示されている事柄です。

讃　仏

口業ということでこんどは、

又我れ口業を以て讃歎説法して、皆我が化を受けて、言の下に道を得ば尽くさしめん。

（『全集九』九六頁）

と、このように言うていますね。こういう時もやはり同じことで、同じ問題を口ということで言う

ているのです。説法の上に「讃歎」という字が置かれていますね。讃歎をぬきにして、

又我れ口業を以て説法して、皆我が化を受けて、言の下に道を得ば尽くさしめん。

と、このように言うのであれば、生意気だということになるでしょう。わたしの言葉のもとに道を発見する者がいるならば、みんな救ってやると、こう言うていません。「讃歎説法して」と言います。説法の性格が「讃歎」という言葉で押えられていますね。何の讃歎かというと、法の讃歎です。領解を容易にするために言うならば、真理を讃歎する言葉をもって真理を開示するわけです。言葉によって真実を開示するわけです。真理をほめるということが、そのまま真理を語ることになる。そういうところに、初めて真理によって人々が救われるということがあるわけです。

私心からの解放

次に意業ということでは、

又我れ意業を以て、入定観察して、身を法界に分かちて、機に応じて度して、一も尽くさずと云うことなからん。（『全集九』九六頁）

という。これが意業ですね。だから意業というのは、「入定観察」というように、心を一つにとどめると、こういうことです。心を一つにとどめるということはいったいどういうことかというと、真に自我中心的な、主我的な心から自己を解放するということです。

心をとどめる、「定」というものの働きは、言うならば自我の徹見です。それによってその自我

心というものから自己を解いていく、開示していくということが、

身を法界に分かちて、機に応じて度して、一も尽くさずと云うことなからん。(『全集九』九六頁)

というような、自他一如の世界を意業として受けとめているのです。

このように、身口意の三業ということで生活全体の上に「発菩提心」の表現、具体性というものが示されているわけです。

我れこの願いを発す、運運に増長してなお虚空の如く、処として遍せざることなく、行流無尽にして後際を徹窮《てつく》して、身に疲倦なく、心に厭足なからん。(『全集九』九六頁)

こういうふうに言うていますね。いわゆる、わたしにおける全生涯が「発菩提心」の表現となる。いうならば、行が願の表現となって願を行が開示していく。したがって、「身に疲倦なく、心に厭足なからん」と、こう言うわけです。やはりそういう世界だけが人間を成就する世界なのです。

対人関係で疲れるといいますが、われわれがいちばん疲れる場所は対人関係ではないですか。疲れた人はどう言うかというと、必ず「ああ、人間のいないところへ行きたい」と言いますね。山へ行きたい、自然のなかへ行きたいと言います。

なぜ疲れるのかというと、人をわたくしの意識のなかで操作しようとする心がわたし自身を疲れさせていくわけです。人がわたしを疲れさせるということはないわけなのでしょう。人をわたしの意識のなかで操作しようとする心からわたしを解きほぐす道が見つからなければ、わたしは無限に疲れざるをえないわけです。そして、人のいない世界に逃げていくよりほかに方法がなくなるとい

う問題があるわけです。「身に疲倦なく、心に厭足なからん」というわけにいきません。身は疲倦して疲れ果ててしまって、心はもう頽落のなかにどっぷりとつかってしまって、もうパチンコでもしていなくてはしかたがないということになっていく。そういう問題を超えていくわけです。

ところが、人と人との関係のなかではかくあらねばならないと、このように規定したとたんに、その規定が自己を無限に疲れさせる。そのところから自己を解放する、いわゆる「発菩提心」の心、「弘心」がそのまま生活全体に表現しつくされた時、初めて生きるということがそのまま菩提を成就する道を歩むということになる。こういう道が、実は「行福」ということのもっている本質的な事柄なのです。

生命の願い

だから、それを善導は、その次に押えています。

又「菩提」と言うは、即ち是れ仏果の名なり。又「心」と言うは、即ち是れ衆生の能求の心なり。(『全集九』九七頁)

と言うています。このようなことをわざわざ言わなくても決っている話でしょう。菩提心というのは、そういうものだということは知っているのです。しかし、わざわざ言うていますね。

菩提というのは仏果の名だ。心というのはその仏果を衆生が求める心だと、こう言うて押えています。菩提というのは人間の世界の名ではない。いわば人間の関心内の名ではない。そうすると、心というのは、仏果だからというて仏のところか、どこか人間とは全くかけ離れたところにあるのか、というとそうではなしに、菩提を求める心は人間関心の根底にある衆生の能求の心だと言うています。

そういう意味で、この「能」という字を善導はしばしば使いますね。前にも「能感」と言うていましたが、だいたいこの「能」という字を善導は非常に大事に使うています。やはり「所」という字に選んでいるのです。

たとえばその代表的なのを申しますと、あの「二河譬」のなかで、白道を解釈する時に、

衆生貧瞋煩悩中、能生清浄願往生心。(『全集九』一八四頁)

と、このように使っているでしょう。衆生の貧瞋煩悩のただ中に能生するのが願往生だと、こういうふうにあの字を使っていますね。

人間の生命は絶対に所与だと、こう言いましたでしょう。所与なる生命のなかに、ただ一つだけ「能」と言える心があるのです。所与なる生命のなかに起こってくる心は全部「所」なのです。ところが、所与なる生命を生きる存在のなかにただ一つだけ「能」と言える心がある。その心は何か。それを探すことがわれわれの唯一無二の課題なのです。

「わたしはいっしょうけんめいになって勉強しています」と、こう言うている場合、表現としては「能」のようだけれども、勉強せざるをえないような状況に押し出されているということが背後にあるわけですね。したがって、ほんとうの「能」にならないわけです。いうならば、無条件に、

上に何らの言葉もつけずに、「生きる」と、こういうような心ですね。何何だから生きるというた時には、「生きる」は能動性を語っているけれども、何何だからという理由は能動性を一挙にして受動性に転じてしまいます。「能」とは無条件に生きる。因縁によって生じた生命をわたしの生命として生きるというような心です。それを大菩提心というのです。

そうすると、「能」という字はどこへ向かって使われるかといいますと、人間において「能」という字は仏果に向かった時にしか使われないということです。仏果に向かわない限りの積極性は、全部その積極性の上に何らかの自己にとって偶然的な理由がひっついているのです。偶然的な理由がひっついている限りにおいて、いかに「急作急修、頭燃を灸うが如くすれども」、それはやはり受動なのです。だから疲れるわけですね。やらされたことは疲れます。「やっているのだ」と言って力んでもだめなのです。やはり疲れるのです。

いわゆる無条件にして生きるというような心が「能」です。それは何に向かった時に言えるのかというと、仏果に向かった時初めて言える。人間成就という方向にはっきりと方向が定まった時に、全行為が「能」という意味をもってくるのです。

わたしがわたしになるということを願う心、それをわたしのなかに見開いた時、わたしの性としての正体が、実はこの願いの具現のすがたとして能動性をもつ。仏果に向かった時初めてそれが言えるわけです。だから、

「菩提」と言うは、即ち是れ仏果の名なり。又「心」と言うは、即ち是れ衆生の能求の心なり。

と、何でもないことのようですけれども、非常に厳密に押えているわけです。だからしてこれを「発菩提心」と言うのだと押えるわけです。

生命への頷き

「四つには「深信因果」と言うは」と言うて、ここには二つ有りと、こういうふうに言うていま す。二つと言うていますが、あげているのは「世間の苦楽の因果」だけですね。

若し苦の因を作れば、即ち苦の果を感ず、若し楽の因を作せば即ち楽の果を感ず。印を以て泥を印すれば、印壊れて文成ずるがごとし。疑いを得ざれとなり。(『全集九』九七頁)

と、こう言うています。これが「深信因果」ということです。「深信」という言葉がある限り、「二種深信」という「深信」と質を異にしていないということは、まず明らかにしておいてほしいと思うのです。そして、その内容が「因果」という言葉で語られている。すると「深信」される「因果」というのは何かということですね。

われわれは因果の法則にしたがうと言う時の因果の法則というのは、「深信」される「因果」ではありませんね。やはり認識される因果です。因果の法則を認識すると、認識した人間が法則に縛られるということがあります。因果の法則というものを分別の心で認識すると、知ったが故に縛られるということがあります。

ところが、「深信」というのはそうではない。「深信」された「因果」は、客観的に認識された因果に選ぶわけです。そうすると、この因果とは何かというと、いうならば内的法則性です。人間の生命の内的法則性です。親鸞の言葉へかえして言うならば、「自然法爾《じねんほうに》」というのが内的法則性です。人間の手を加えないわけです。

自然というは、自は、おのずからという。行者のはからいにあらず、しからしむということばなり。然というは、しからしむということば、行者のはからいにあらず、（『全集二』二二〇頁）

こう言うでしょう。「行者のはからいにあらず」して「おのずから、しからしむ」という事実、それが因果の事実です。しかし、それは人間を縛る因果の法則ではないわけです。そして、この頷きだけが人間を完成するわけです。

『一念多念文意』という仮名聖教がありますが、その中で「自然」ということを解釈しているところに、親鸞はわざわざ「法則」という言葉を使っていますね。

自然にさまざまのさとりをすなわちひらく法則なり。法則というは、はじめて行者のはからいにあらず、もとより不可思議の利益にあずかること、自然のありさまともうすことをしらしむるを、法則とはいうなり。（『全集三』一三七頁）

と、こういうふうに言うています。「法則」という言葉をあそこで使っています。

ですから、法則でいいのですけれども、領解しやすいために内的法則性と言うたのです。内的というのは、生命の外観される法則性に選ぶということです。生命というのは、生理学的命という意味ではないのです。人間の生きるということの内的法則性です。人間の生きるということの法則性を外観して認識したとたんに、人間がその法則によって、がんじがらめにされてしまう。しかし、内に生命の法則性に目を開くということができた時、人間は無碍になりうるわけです。

そういう意味で、「深信」された「因果」という時の「深」というのは、言うまでもなく、分別することに選ぶわけです。分別するのを「浅」というわけです。そうすると、「深信知」というのは、分別することに選ぶ頷きですね。分別することに選ぶ頷きによって知られる事柄は、生命の内的法則性です。「深信因果」というのはそういうことでしょう。

そういう意味では、「発菩提心」ということによって初めて人間が真に内観ということを成就していくことができるわけです。内観によって頷かれた生命の事実、それを「深信因果」と、このように言うわけです。だから、それを「苦の因を作れば苦の果を得る」とは書いていません。「苦の因を作れば苦の果を感ずる」と書いていますね。善いことをすると、善い結果がやってくるというのは、外的法則性です。内的法則性に頷くということは、「善因を作れば楽果を感ずる」と、いわゆる感報する人間です。前の言葉で言えば、能感する人間になるわけでしょう。純粋な感情の世界で事実に頷く、そういう一つの能感する人間です。だから、善を作せば善の果を得るのではなくして、善を作せばほんとうの意味での幸福を感報することができる。悪を作せば苦を感報するというわけです。

「感」というところには、外に向かっての自己弁解も許されないし、外に向かっての責任回避も許されないわけです。かくあることはかく作してきたことだ、これ以外に何ものも言えないという問題ですね。その時、自分の行為についてほんとうの意味で責任的でありうるわけです。それが「深信因果」ということです。

ここで「深信因果」に二つ有ると、つまり世間の因果と出世間の因果とあると言いながら、善導は出世間の方は説かないで、世間の方だけ説いた。なぜかというと、それは、三福の行の出発点が世福に置かれて、世福のところに実は人間の根源的課題というものを見開いた善導にとっては、出世間の因果をあえて説く必要がなかったわけです。世間の因果ということが明瞭に深信されれば、その深信されたことが出世間の因果を開示するわけです。そういう意味であえて説かなかったのだろうと思います。

その次に譬えがあるのですが、これがどういうことか、よくわからないのですよ。

印を以て泥を印すれば、印壊れて文成ず。（『全集九』九七頁）

と言いますが、これは昔の印刷技術なのでしょう。それと同じようなもので、これは必然的である。だからして、その因果を深信すると、法則性というものは人間の分別によってとやかくと変わるものではない、そのことに疑いなからしめよと、こういうふうに推求しているわけでしょう。

頷きと願い

そして次は「読誦大乗」ですが、大乗の経典を読誦するということが出てくる。この「読誦大乗」についても善導は、ただ経典を読めという話ではなくて、経教は之を喩うるに鏡の如し、しばしば読みしばしば尋ぬれば、智慧を開発す、若し智慧の眼開けぬれば、即ちよく苦を厭いて涅槃等を欣楽することを明すなり。(『全集九』九七頁)

こういうふうに言うています。経典を読めというのはいったい何を言うているのかというと、経典を読めということは、まさに喩えて言うならば、鏡を見よというようなものだ。

しばしば読みしばしば尋ぬれば、智慧を開発す、(『全集九』九七頁)

いかなる智慧を開発するのかというと、その智慧の眼が開くならば、人間存在というのは苦を厭《いと》い涅槃を欣《ねが》うような存在となる。涅槃を趣向するということにおいて自己を成就するような、そういう存在になる。それが「読誦大乗」ということによって成り立つことだと押えるわけです。

次が「勧進行者」です。前のは「読誦大乗」というのですから、いうならば自利の行です。「勧進行者」は利他の行ですね。

「勧進行者」と言うは、これ苦法は毒の如し、悪法は刀の如し、三有に流転して、衆生を損害す、今既に善は明鏡の如し、法は甘露の如し、鏡は即ち正道を照らして以て真に帰し、甘露は即ち法雨を注いで竭《つか》るることなし、含霊《かんれい》をして潤いを受け、等しく法流に会せしめんと欲することを明す。この因縁の為の故に、須く相い勧むべし。(『全集九』九七頁)

こういうふうに言っていますね。そうするとこれは、「読誦大乗」を自利というならば、利他です。その自利と利他とは全く別なこととしては示されていないのであって、「勧進行者」は「読誦大乗」ということを受けついで書かれていますね。

いわゆる、経を読むことによって智慧を開発すると、こう言うた。その智慧を開発するということをそのままここへ受けてくるわけです。「苦法は毒の如し、悪法は刀の如し、三有に流転して、衆生を損害す」るものだというのが、智慧によって明らかにされてくることだ。「今既に善は明鏡の如し、法は甘露の如し、鏡は即ち正道を照らして真に帰し」、その甘露の法をもって、法雨を注ぐことによって生涯疲れることなく、いわば成就せしめていくのである。こういうふうにして、衆生、一切の生きとし生けるものを仏道の流れに入れしめようとする。この因縁の故に、相い勧むという利他の行が説かれてくるのである。だから、「発菩提心」を本にして、「深信因果」という法則性への頷きを示してくるのである。その「深信因果」という法則性の頷きが「読誦大乗」と「勧進行者」という自利利他の行ということで押えられてくるわけです。そして、

「如此三事」と言う已下は、摠じて上の行を結成す。（『全集九』九七頁）

これは、世・戒・行の三福というものを、ここに結成したのだと押えるわけであります。

六　引聖励凡

五従《リ》二「仏告韋提《ト》」一下至《ル》二「正因《ニ》」一已《ハ》来、明《ス》下其引《ノヒテ》二上来雖レ有《ト》二五句《ク》不同《ノ》一、広《ク》明《シ》二散善顕行縁《ヲ》一竟《ヌ》。

聖《ヲ》二励《ハケマスコトヲ》中凡《ホムヲ》上。但《タヽ》能《ク》決《アキラメ》二定注《ソトヽムレハ》一レ心《ヲ》必往《スユクコト》無《シ》レ疑《ヒ》。

（『全集九』九七頁）

汝今知不

「散善顕行縁」の最後を結ぶ一段ですが、経文で申しますと、

仏韋提希に告げたまわく。汝いま知るやいなや。この三種の業は、過去・未来・現在の三世諸仏の浄業の正因なり。（『真聖全一』五一頁）

という一句です。この「散善顕行縁」のところで、「汝いま知るやいなや」という言葉が二回出てきます。そのほかのところでは全然出てこないわけです。

これは、いわば謎のような言葉ですね。「おまえは知っているであろう」というのでもないし、「知っている」というのでもないし、「知らない」というのでもないわけです。しかし、そのような言葉が二面もこの「散善顕行縁」に出てくるわけです。

その一つは、「阿弥陀仏、ここを去ること遠からず」という時に、「汝いま知るやいなや」と言うています。いわば韋提希は善悪ということの彼岸に阿弥陀仏の世界を予測して、そこへ到る道を教えてくれと願うて定善を求める。そういう韋提希に向かって、仏陀は、

汝いま知るやいなや、阿弥陀仏ここを去ること遠からず。（『真聖全一』五〇頁）

と、このように言うわけです。そしてそこに、「阿弥陀仏遠からず」という「不遠」という言葉がある。その「不遠」ということですが、言わしめる場所はどこなのかというと、決して彼方のお浄土のどこかではないのです。「不遠」として生きている人間の現実のほかには、「不遠」と言わしめる場所はない。その意味では、

汝いま知るやいなや。この三種の業は、過去・未来・現在の三世諸仏の浄業の正因なり。

（『真聖全一』五一頁）

ということも同様です。つまり、仏が仏になられる場所はどこかというと、この善悪のただなかだ。この善悪のただなかに於いて阿弥陀仏に遇うということの成就をもって、仏は仏になったのだ、ということはおまえにはまだよくわからないだろうと、こういう言い方ですね。

そういうことで領解すれば、めざめればそのことによって人間が成就している、めざめずして終れば人間の生涯がついに流転に終る、というような一点がこの言葉、すなわち「汝いま知るやいなや」という言葉で押えられている。と同時に、したがって一切の衆生をその一点にめざましめずんばおかないという仏の慈悲心というものも、この一句に摂まっているわけです。

そして、「阿弥陀仏不遠」という、「不遠」の場所は、世・戒・行の三福を求めていく、つまり幸福を求める人間存在のただなかにしかないのだと、このように教えている。そして、「汝いま知るやいなや、阿弥陀仏、ここを去ること遠からず」、「汝いま知るやいなや、この三種の業は、過去・未来・現在の三世諸仏の浄業の正因なり」と言われる。いわゆる、仏はこの三種の業によって仏になったのだと、このように人間に勧める。そのことによって、現実の一歩の歩みを一点一画もわたくしせず、一点一画も無駄にしないで十全に成就する道として人間の生涯を尽くす、そういう領きをうながす。それはやがて、韋提希の願いを受けとめながら定善を説き、さらに散善九品の教えを説いて「具足十念、称南無阿弥陀仏」というところにおいて明瞭な事実として成就せしめていくわけです。

仏陀の心根

こういう意味で「散善顕行縁」の教えというのは、『観経』を解釈した諸学者たちには夢にも思わなかった問題の押え方なのです。この一点を押えたことによって、『観無量寿経』という経典が全く質を変えたわけです。いわば、「観」という言葉の内実が一転したわけです。仏道実践の生命であると言ってもいい「観」、内観ということの内実が、この「散善顕行の縁」という序分を見出したことによって一転したわけです。

「観」はあたかも人間が超人間的な存在になることの道であるかの如く、どこかで観念していた、その意識を払って「観」こそは人間が人間になる道だ。「観」こそはいかなる人間も平等に、人間が人間を成就する道だということを明らかにしていく教えの心根、仏陀の心根というものを押えていくわけです。

いわゆる、散善とはいかなる行であるかを顕わすところの縁由としての序分、このように押えて、この経典を領解していった善導の経典領解の眼の鋭さというものに触れていくことができると思うのです。この「散善顕行縁」をくぐって初めて、韋提希という一人の人間が善悪の彼岸を求めようとして願った定善、その定善の性格も決定されるわけです。だから、この決定がなければ、定善ということは他の多くの聖道の学者たちが理解した解釈の方が正しくなり、善導の解釈の方がまちがいになるわけです。善導の解釈が正しいということを言わしめるのは、「散善顕行縁」で押えられた人間観の上に立ってこそ、正しいと言えるわけです。

　人間とは何かということが押えられないで「観」とは何かを問うていくならば、それは聖道の諸師の考えた十六観の観法の解釈の方が正しいに決っているのです。ところが、人間とは何かと、このように押えた。その視点をもって、その人間を真に成就する「観」とは何かと、このように問うた時、諸師の「観」の押え方というものは抽象論にしかすぎなかったということが、逆に批判されてくる。こういうことになるのだろうと思います。

第九章　大悲所開の教

――定善示観縁――

はじめに

三序六縁のなかのいちばん最後の序分で、「定善示観縁」と、このように善導が呼んだところです。したがって、「序分義」の最後になるわけです。

六縁のなかで「散善顕行縁」と「定善示観縁」という二つの部分は、特に善導が力を注いで『観無量寿経』という経典の性格を明確にするために置いた序分だということは、これまでに何回もお話をしました。ところが、特に「散善顕行縁」という一段を善導が押えることによって初めて「定善示観縁」と、このように位置づけられた経文の意味が、非常に明瞭になったわけなのです。

いわゆる散善とは、「廃悪修善」といわれるように「悪を廃して善を修する」ということであるわけです。したがって、散乱麁動の心のままで悪を廃して善を修するという実践だと、このように説明されている散善という事柄を、ただ漠然と聞いておりますと、きわめて低次の実践のように受けとられるわけですね。いわば、きわめて平凡な人間の日常生活の行為の最低の基準になるようであります。

ところが善導は『観無量寿経』の経文を通して、人間の意識からみるならばきわめて低次な人間の実践のなかに、実は最も高い、そして最も深い人間そのものを解きほぐしていくような一つの謎が隠れているということを読み取ったわけです。いわば、人間が一つの予定された観念をもって、人間というものを見ていこうとする限りにおいて、散善というような実践は、決して高度の実践というわけにいかないのだろうと思うのです。やはり定善というような止観、そういう実践こそ、人間の意識からみれば、高度の実践になるわけでしょう。

ところが、逆に善導は、人間の意識からみると低次と思われているような、人間におけるきわめて日常的なところにまですがたを現わしている行為、その行為のなかに大切なものを見取っているわけです。いわば、人間とは何かという問題です。人間とはいったい何であり、人間とはいかなることを通していかに救われていくのかということです。

いわば、徹底した人間観に立脚したきわめて具体的な人間を明らかにしていくことによって、そのなかに人間の観念性を破って人間そのものを開き示していくような道が示されている。そういう、いわば、人間の意識が、時によりますと低次なものとして見過ごしていくような事柄のなかに、実は人間であることの秘密があると、そういうことを読み取ったわけです。

つまり、あの王舎城の悲劇といわれる、言ってみれば、人間が人間の常識のわくから破れて失格していくような出来事のなかに、実はもっと深い人間の根源的な問題というものを見開いていく、ということになったわけでしょう。それを明らかにするのが「散善顕行縁」であります。

自己を問う人間の誕生

その「散善顕行縁」と善導が位置づけた経説の一つのポイントは、あの悲劇に遇うて自らが一室に閉じ込められるという事件のただ中に身を置くこととなった韋提希自身が、仏陀によって示された「光台現国」という象徴的な出来事のなかから、阿弥陀仏の極楽国土に生まれんと願うわけです。そして、「我に思惟を教えたまえ、我に正受を教えたまえ」と、自分の救われていく方向というものを仏陀に対して、自らの言葉をもって問うた。

つまり、韋提希自身が自分の救いの方向を自らの言葉で求める、そういう韋提希がそこに誕生するわけですね。無方向なかたちで救いを模索していた韋提希が、その模索のなかに救いの方向性というものをすでに教えられて、教えられることを通して救いの方向に向かって自己を問うような、そういう存在になったというのが、この「散善顕行縁」の意味なのでしょう。いわば、人間が人間自身をほんとうに問うような存在になったというのが「教我思惟、教我正受」ということなのです。

そこでは、「我に」と、はっきり「我」と名告って、「教えたまえ」と、このように言うわけですね。だから、「我」と名告ったところに、いわば人間が人間をほんとうに問う存在になったということがあるわけです。問う存在になったということは、「教えたまえ」と答えを求める存在となった。「教えたまえ」と仏陀に求めたということです。「我」という人間の問題を覚者仏陀に求める。いわば、未覚なる人間が、未覚なる人間の問題を明らかに見つめて、見つめることを通して覚者に問う。そのように、問いの明らかになった人間、それが「我に教えたまえ」という言葉で示されているわけでしょう。そこに善導は非常に注意をしているのです。

いわゆる、韋提希自身が仏陀に向かって投げかけた問いの言葉に注意して、その「我に教えたまえ」という「教我」という言葉のなかに、実は仏陀において見開かれた人間と、人間が仏陀に求めていく自己開示の方向と、その出遇いのような場所を先取りして、「散善顕行縁」というところで善導は明らかにしていくわけですね。先取りしていくと言いましたが、それが「汝いま知るやいなや」という言葉なのです。

「おまえはわからない」と、このように仏陀が言うのであったならば、人間にとってはかかわりのないことなのでしょう。「おまえはすでにわかっている」と、こう言うのであったならば、それはまた仏陀において答える必要のないことであるわけですね。仏陀においてしか答えられないけれども、その答えられる内容はすでに人間において問われていることである。問いとして人間に先取りされている事柄なのです。答えとしてではなくて、問いとして人間に先取りされている人間の問題に対して、仏陀はすでに問いをもった人間であるということのなかに人間の成就というものを見取っていくわけでしょう。だから、「汝いま知るやいなや」という言葉は非常に含みのある言葉ですね。そこに人間解明の要素があるわけです。

だから、その「我に教えたまえ」と、「我」と自分で名告って、「教えたまえ」と「我」の問題を仏陀に問う、その問いに対して、いわゆる「即便微笑」して、開口一番、仏陀が答えた言葉が「汝いま知るやいなや」ということなのです。いわゆる、「汝」といって仏陀に呼ばれて、観念化を許さない現実を「いま」と押えて、その「汝」と「いま」という言葉の内容が「知るやいなや」という言葉で押えられている。しかもその「汝いま知るやいなや」という言葉が『観無量寿経』のなかでは、「散善顕行縁」と善導が言うた箇所だけに二ヶ所出てくるわけです。そうすると、二ヶ所同じところに出てくるということは、その二ヶ所の「汝いま知るやいなや」は深いかかわりをもっているということなのです。

阿弥陀の世界を求めて、「我に思惟を教えたまえ、我に正受を教えたまえ」と、このように韋提希は願ったわけです。阿弥陀に遇えるわたしにしてくださいと、こう願ったわけですね。いわば、有限であるということ全体が問題になって、無限に遇えるわたしにしてくださいと、これが「我に教えたまえ」ということの内容です。つまり、有限な存在が有限の延長上に無限を夢見る、その夢が破れた。その有限なる人間が有限であるということの全体が課題になって、有限の上に無限を夢見るのではなくして、夢からさめて無限に遇えるような有限にしてくださいと、そういう要請であるわけです。

仏の誕生

その要請、問いに対して仏陀は、「汝いま知るやいなや」と一言念を押しておいて、「汝」が求めている阿弥陀は「ここを去ること遠からず」、「不遠」という言葉で押えていったわけです。

だから、いわゆる、この阿弥陀の世界を求めた有限なる存在、韋提希の願いに対して、阿弥陀の世界を韋提自身の上に具現していくということを、唯一の課題としている経典が『観無量寿経』なのでしょう。

とすると、この経典の本旨は「阿弥陀仏、ここを去ること遠からず」というこの一言が、具体的に人間の上にいかにして成就するかということに尽きていくわけです。そのことを「散善顕行縁」というところでは、もう一ヶ所の「汝いま知るやいなや」という言葉で押えたわけです。いわば「阿弥陀仏、ここを去ること遠からず」という、そのことが具体的に人間の上に開かれてくる場所はどこなのかというと、その場所こそ三福を求めて、三福の行を実践していく人間の全行為なのだというわけです。だから、気づいてみたら、「阿弥陀仏、ここを去ること遠からず」ということを証しする唯一無二の場所として人間の全行為があると、こういう一つの着眼でしょうね。そういう着眼を「汝いま知るやいなや」というのですから、韋提希の問いを受けとめた仏陀が、韋提希の問いに端的に答えるに先立って、仏陀自身が、問いをもった人間の究極的な答えを、もうすでに読みとっているわけです。さらに言えば、答えへの道はもうすでに開かれた、という仏陀の喜びがそこにあるわけです。だからして仏陀は「即便微笑」するわけです。

人間が人間を問うようになった。そして、人間が人間を問うようになったということが、もうすでに人間が、真に覚者となる存在として自己の方向をもった、そのことが仏陀の喜びの内容なのです。だからそういう意味で、「散善顕行縁」という全体を、善導は「仏自開」・「仏自説」と、こう言うわけなのです。

ところが、これはあくまでも仏陀によって開かれたものであり、仏陀によって説き出されたものである。韋提希の要請に応えたものには違いないけれども、その「応えて」というのは、即事的に「応えて」ではない。韋提希の問いに即事的に答えようとするのではなくして、問いをもった存在としての韋提希に、仏陀は自ら答えを開く場所を見出している。そういう意味で、「仏自説」なのです。

いわば、人間韋提希自身からするならば、決して人間の「自問」ではないわけです。つまり人間のなかにある事柄ではないのです。人間に意識された問いに対して仏陀が答えたのではない。ただ問わなくてはおれなくなった存在に対して仏陀は、初めてほんとうに人間に答える世界。仏陀の言葉が人間にとどく世界が、人間の現実という場所に開かれたということへの、一つの感動があるわけです。

覚者の言葉が未覚なる人間を場として開かれるような、そういう事実がいま現前しつつある。それは仏陀にとっては、正に「即便微笑」です。「阿弥陀仏、去此不遠」ということを明らかにする場所こそ、全行為を収めた人間そのものであるわけです。

したがって、「阿弥陀仏、去此不遠」ということが開かれていく場所、それを機というのです。機としての人間というのは、人間が自意識のなかに持っている自己理解ではないわけです。いわば自意識の底を破ったような、自意識のとどかない、そういう人間存在そのものです。

それが三福の行として示されてきて、そういう人間の全存在ということでいうならば、「福」という言葉がそれを示すように、幸福を求める存在ということでしょう。また全行為ということでいうならば、「散善」、いわゆる善という言葉が語るように、そのためにあらゆる人間の行為は方向づけられているわけです。親孝行から始まって発菩提心までが福を求める行為として方向づけられている。そういう全行為・全存在としての人間を、仏陀は「汝いま知るやいなや」と、このようにわざわざ、もう一度言うて、この三つの業、実践というものは三世諸仏浄業の正因であると、こういうふうに教えるわけです。人間の全存在・全行為が、実は仏が仏になるための浄業の正因であったのだということです。

もし人間の全存在、人間の全行為を場所とせずして仏が仏になるというならば、そういう仏は仏とは言わないのでしょう。そういう仏は仏と言わなくて、「天」というのです。人間の行為の全部が一寸一画も仏陀となるべき場所でないものはないというような、そういう事柄を場所として、未覚なる存在が一転するというところに開かれる事柄でなければ仏というわけにいかないと思います。人間の夢がついに実を結んだというようなものであるなら、それを「天」というのでしょう。だから、生天の思想というのがありますね。天に生まれる思想です。

この生天の思想と成仏の思想と、この違いは明確にしておかなくてはならないことではないですか。生天思想と成仏とは全く違うものです。浄土教というのは、よく成仏が生天の思想のなかへ転落する危機をもつわけですよ。どうしてそういう危機をもつかというと、いちばん最初に『観経』が「三世諸仏浄業の正因だ」と押えられた人間の全存在・全行為、その場所から足を離した時、覚者の道を説く仏教のなかにおいて、浄土教というものは生天思想に転落するのです。そういう危機をもっているわけです。『観無量寿経』はその危機を払っていくわけです。

だから、『観無量寿経』で、浄土教を生天思想化したのではなくて、逆に生天思想化していくような人間の問題を、「仏自説」、いわば「仏かねてしろしめして」、「汝いま知るやいなや」と、このように最初に押えておきまして、「阿弥陀仏、ここを去ること遠からず」というわけです。そして、それはどこで「不遠」ということが言えるのかといえば、「三世諸仏浄業の正因」と押えられた人間存在そのもので言うわけです。それを「散善顕行縁」という一段として善導は押えてきたわけです。

そういう押え方をくぐって、いわば教えをそういうふうに押えたということと同時に、人間存在をそのように押えた。そのことをくぐって初めて、『観無量寿経』の正宗分で説かれる観法が明瞭になってくるわけです。

観の性格

ここで韋提希は「我に思惟を教えたまえ、我に正受を教えたまえ」と、このように尋ねているのですが、それにつきまして善導は非常に注意をしているわけです。

当時の多くの学者方は、思惟というのが散善であって、正受というのが観だと、こういうふうに理解したのでしょう。だから、人間の日常的な行為、そのものが一つの道となって、それをくぐって人間は観法を成就する、そういう存在になるのだと言うて、人間を向上的な方向で見ていこうとするわけですね。一つの理想主義的な人間観でしょう。

それを善導は徹底して批判するわけです。「思惟」も「正受」も「観」だ。韋提希は観以外のことは要求しない。だから、思惟が散善で正受が定善だというようなものの考え方は、人間という存在の質を知らないからだ、というのが善導の領解なのです。

思惟も正受もともに観だ。ただ、思惟というのは観であるけれども、観の成就を開くための方便としての観だ。その思惟をくぐって正受という観が成就する。だから、思惟も正受も観の内における事柄であって、それ以外のものではないと、このように思惟と正受を押えたわけです。ということは、韋提希は実は観をしか求めていないということです。いわば散善といわれるような、そういう世界には夢を見ることができないというところから出発しているわけでしょう。そういう意味では、韋提希は「観」以外求めていないということなのです。

ところが問題は、韋提希がそういう観以外に何ものも求めないという、そういう存在になった時に、そこに韋提希の要求に真に応えるような「観」というのはいったい何だろうかということです。その「観」の性格づけは決して明瞭でないわけです。だからして、「自性清浄仏心観」と言うてみたりするわけです。いわゆる、韋提希がどんな観を求めたかは韋提希自身もよくわからないけれども、多くの人々もわからないわけです。だから、観というと、どういうふうにでも解釈されていくわけです。

仏を観るということも自己を観るということだ、そして真に自己を見開いた時、そのことが仏なのだ、だから自己自身が自己自身をほんとうに見通すことが仏と成るということなのだと、簡単にいえばそういう解釈になっていくわけでしょう。ところが、そういう観が韋提希の求める観であるかどうか、そういう吟味はどこにもないわけです。

ところが、もうすでにその韋提希が求めた観というもの、そして韋提希に仏陀が教えようとする観というものは、そのような観念的なものではないということを明らかにするために、前に開示された「散善顕行縁」が位置づけられていたわけでしょう。

そうすると、そういう問いをもつ人間に答えようとする仏陀の説法の方向と、そしてその仏陀の意によって明らかにされた人間存在とが「散善顕行縁」で明らかになることをくぐって、実は韋提希が要請し、そしてその要請に応えて仏陀が明らかに説こうとする観法の性格は、もうすでにして明瞭ではないか、というのが善導の立場なのでしょう。だから、それを次のところで「定善示観縁」と、こういうふうに押えたわけです。だから、「散善顕行縁」を受けて、韋提希の請いに正しく応える「観」が定善という観なのです。したがって、定善とはいかなる観であるかということを示すべく正宗分の始まるに先立って、観法の性格を決定づけるものが、この「定善示観縁」なのだと、このように押えるわけです。

そのことが決定していなければ、どんな教法が説かれても、それは人間の観念のなかで操作されていってしまうわけです。だから、『観無量寿経』の序分について、何のためにこのように善導が長く序分を見てきたのかというと、人間を明らかにするということと同時に、その明らかになった人間の要請と、その要請に完全に応えるところの『観無量寿経』の正宗の説法とは何なのか、ということをすでに明らかにしている、すでに決定している、ということです。

そのことがはっきりしていませんと、経典はわけのわからないものになるわけですよ。だれのために説かれているのかもわかりませんし、何を説かれているのかもわからないということになるわけです。そういう意味では、この最後の「定善示観縁」が具体的には正宗分の性格を決定するものであるわけです。

韋提希の要請に端的に応えて「日想観」から始まる、正宗分の性格を決定しているのはこの序分の最後の「定善示観縁」なのですが、その決定をなさしめたものはそれまでの人間観と、そして人間に応えるべき仏陀の経説の性格づけであったわけです。

そうすると、正宗分に開説される定善、すなわち「観」とはいかなる観であるかということを前もって決定し、示していくべき置かれている一段というのが、「定善示観縁」ということの一段だと、こういうのが善導の領解なのです。

だから、この「定善示観縁」というのは、そういう意味では、「散善顕行縁」を待って開かれてきたというところに、これから経説される仏陀の説法に対する善導の主張が、もうすでにそこで明瞭になっているということなのでしょう。そういう意味での「定善示観縁」は、韋提希の要請に応えて正宗分に説かれる定善とは、いかなる観法であるかということを示すべく開かれた序分であるわけであり、それについて七つに分段を切って善導は領解をしていこうとするわけです。

一　勅聴許説

七就《ニツイテ》二定善示《シ》観縁中《ノニ》一即《チ》有《リ》二其七《ノツ》一。一従《リ》二「仏告阿難」一下至《ル》二「清浄業」《ニ》一已来《ハ》、正明《ス》二勅聴《チヨクチヤウノ》許《キヽユルシ》説《コヲ》一。此明《レス》下韋提前請《キニシヤウシ》レ願《スルコトヲ》三生《レムト》二極楽《ニ》一、又請《ス》二得生之行《ノヲ》一、如来已《ステニユルソ》許、今就《ツイテ》二此文《ノニ》一正欲《ルコトヲ》中開顕《セント》正受之方便《シユノヲ》上。此《レ》乃《チ》因一縁極一要《ノコクエウナリ》、利益処深《ロシ》、曠劫希《ニモマレナリキクコト》レ聞、如一今《マ》始《ハシメテ》説《トク》、為《ノ》二斯義《コノニ》一故《ス》、致《ス》レ使《ムルコトヲ》三如来捴命《ノミヤウセ》二二人一。言《フ》二「告阿難」《ト》一者《ハ》、我今欲《レオモフ》三開二説《セント》浄土之門《ノヲ》一、汝好《チヨク》伝一持《テンツタヘ》莫《チメナカレシムルコト》レ令二遺失《キシチセ》一。言《フ》二「告韋提」《ト》一者《ハ》、汝《ナンチハ》是請《レ》法之人《ノナリ》、我今欲《レ》レ説《フ》、汝好審《トチヨクアキラカニキヽ》聴、思量諦受《シタイシユメ》、莫《ナカレ》レ令二錯失《コトシヤクシチセ》一。言《フ》二「為未来世一切衆生」《キト》一者《ハ》、但《タヽシ》如来臨《ノソミ下コトハクエニ》二化一、偏《ヒトヘニ》為《ナリ》二常没《モツノシツム》衆生《ノ》一。今既等《ニヒトシク》布《シキテシイテ》二慈雲《シウンヲ》一、望《マウノソミ》三欲《ヨクス》普沾《クウルオサムコトヲ》二来潤《ニムヲ》一。言《フ》二「為煩悩賊害」《キソクト》一者《ハ》、此明下凡夫障重《ハサハリオモク》、妄愛迷深《マウアヒマトヒフカクメ》、不《ス》レ謂《オモハ》三三悪火坑《ノキヤウクラクメ》闇在《アルコトヲ》二人之足下《ノアシノシタニ》一、随レ縁《ニメ》起レ行《ヲ》、擬《キスルニ》レ作《ナサムト》二進道資《シンタウノシ》粮《ロウヲリヤウヲナンソ》一、何其六賊知《レソクチモンメ》一聞、競来《キヲイキタテ》侵《シオカシヲカシ》奪《タツシウハフンハウ》、今既失《ニウシナフ》二此《ノ》法財《ヲ》一、何得《ソウト云コトナキコトヲ》中無憂苦《ウク》上也。言二「説清浄業」《ト》一者《ハ》、此明《レス》下如来以《ノ》レ見《ヲ》二衆生罪《ノヲ》一故、為説《ニテ》二懺悔之方《ノヲ》一、欲《ホスルコトヲ》中令《シメ》下二相一続断除《ソクヲタンセ》上、畢一竟永《ヒチノナカクシメント》令中清浄《ナラ》上。又言《フ》二「清浄」《ト》一者《ハ》、依《ヨテ》二下観門《ノニ》一専一心念仏《ニシ》、注《ト、ムレハ》二想《オモヒヲ》西方一、念念罪除《ニツミノソコル》、故清浄《ニ》也《ナリ》。（『全集九』九八頁）

勅聴許説

『観経疏』の本文に入っていくわけですが、この第一のところで仏陀の説法の性格が決ってくる

わけです。その善導が第一段として切ったところの経文は、

仏阿難及び韋提希に告げたまわく。諦かに聴け諦かに聴け、善く之を思念せよ。如来いま、未来世の一切衆生の煩悩の賊の為に害せられん者の為に、清浄の業を説かん。

（『真聖全一』五一頁）

これだけの経文です。

ここでは仏陀が阿難と韋提希の二人を呼んで、そして「諦聴諦聴、善思念之」と、こういうふうに呼びかけていく。非常に注意深く呼びかけているわけですね。

諦かに聴け諦かに聴け、善く之を思念せよ。（『真聖全一』五一頁）

と、このように呼びかけて注意を促すわけです。「我に思惟を教えたまえ、我に正受を教えたまえ」と、このように問うた韋提希に対して、その問いの性格と、その問いが開かれ、応えられてくる場所とが、前の「散善顕行縁」で明らかになった。それによって、これから説かれる定善、いわゆる観法というものがいかなるものであるかをまず明らかに知っておいてほしい。どういう性格のものであるか明らかに知っておいてほしい、というのが仏陀の呼びかけですね。だから、「仏阿難及び韋提希に告げたまわく」と、言うように、阿難と韋提希の二人を呼んで、「諦かに聴け、善く之を思念せよ」と、このように言うわけです。

阿難と韋提希に「諦かに聴け諦かに聴け、善く之を思念せよ」と、耳をそばだてて聴いて忘れるなと、このように二人に言う。何を忘れるな、何を聴けと言うているかというと、

如来いま、未来世の一切衆生の煩悩の賊の為に害せられん者の為に、清浄の業を説かん。

（『真聖全一』五一頁）

ということ、このことを忘れるなと、こういうわけですね。内容はもうこれだけのことで決ってしまっているわけなのです。そのことについて善導はきわめて注意深く見ていくわけです。

そうすると、この一段というのはいったいどういうことを明らかにしようとするのかというと、「勅聴許説を明す」と、こう言うているように、明確に押えています。経典そのものが「仏阿難及び韋提希に告げたまわく。諦かに聴け諦かに聴け、善く之を思念せよ」と、こういうわけで、その内容を選んではいないわけです。ところが善導は、はっきりその内容を押えて「勅聴許説を明す」と言うわけです。

「勅聴」というのは、説くことを聴けと、こういうことですね。「許説」は説くことを許すということです。だから、ここでは分限がはっきりしているわけです。聴けと、このように呼びかけられる人と、説くことを許すと、こういうふうに呼びかけられる人と、二人いるわけです。

そうすると、聴けといって呼びかけられるのはだれかというと、「請法の人」韋提希です。説くことを許す、いわば説くために「諦かに聴け諦かに聴け、善く之を思念せよ」と、このように注意を促されているのは、「伝持の人」阿難です。だから、阿難と韋提希と二人を呼んだということに意味があると、こういうふうに言いまして、ここで押えていくわけです。こういうところが厳密なのです。

今までは、韋提希が問うて、仏陀が韋提希に答えていたという話でしょう。ところが、ここまできた時、仏陀は「諦かに聴け諦かに聴け、善く之を思念せよ」と、このように注意を促さなくてはならなかったのは、単に韋提希という一人の人間の問題、韋提希という個人的関心のなかに閉塞されていくような問題ではないのだということです。一人の人間の上に起こった出来事が、公の問題である。公のこととして開かれなくてはならない問題が、今ここに明らかになろうとしているのだ、だから「諦かに聴け諦かに聴け、善く之を思念せよ」と、こう言うたのだというふうに押えるわけです。

善導はそれを「勅聴許説を明す」と、このようにはっきりと押えた。いわば、二人呼んだということはたいへんなことだというわけです。三人呼ぼうが五人呼ぼうが、それは数の問題ではないかというのが、われわれの意識です。しかし、善導は二人呼んだということは、これはたいへんなことなのだというわけです。

起こった出来事は、韋提希という個人の上に起こったきわめて具体的な、したがって個人的関心のなかでとらえられていくような事柄だけれども、そのことが実は仏陀に問いを投げかけるわけです。つまり覚者に問わねばならない問題として明らかになった時、個人という具体的な人間を場所として、そこに開かれてくる仏陀の言葉は、もはや個人的関心に答えるものではなくなってくるわけです。それが、「勅聴」と「許説」と、こういうふうに、阿難と韋提希と二人を呼んだということへの善導の着眼なのです。だから、韋提には「勅聴」、阿難には「許説」と、こういうふうに押えていくわけです。

始説にして未聞

前に韋提が「我に思惟を教えたまえ、我に正受を教えたまえ」というようなことを願ったり、あるいは光台現国のなかで、自分は諸仏の世界を見せてもらったけれども、わたしはそのなかでも阿弥陀仏の極楽世界に生まれたいと思うと、こういうふうに自分で選んだりしたわけですね。だからして、もうすでに韋提希個人については、仏陀はある意味でもう答えを出す方向を示しているわけです。だからそのことを、「如来已に許して」と、こういうふうに押えていきますね。

韋提が前に極楽世界に生まれたいという願いをおこして、そしてまたどのようにして生まれることができるかという得生の行を要請してきた。それに対してもうすでに「如来は已に許して」いるわけです。「汝いま知るやいなや、阿弥陀仏、ここを去ること遠からず」というわけで、韋提希個人に関してはもうすでに説いてきているわけでしょう。だから、今さらここで言う必要はないようなことなのです。しかしながら、

今この文に就いて正しく正受の方便を開顕せんと欲することを明す。(『全集九』九八頁)

明瞭な押え方ですね。もうすでに韋提希は光台現国というそのなかから、阿弥陀仏の極楽世界に生まれようと願って、そしてそのために思惟と正受を教えてくださいと、こういうふうに行をも求めた。それに対して仏陀は、「汝いま知るやいなや」と、こういうふうにして答えてきている。だか

ら韋提希という個人については、すでに答えの場所は示されているわけですね。ところが、今ここへきてその答えの内容がいかなるものであるかを明らかにしているのだと、このように押えていくわけです。その答えの内容というのは、「正しく正受の方便を開顕せん」とすることだ、こういうふうに押えていきます。

ここで「今」と、このように押えて、正しくすでに許して説いているのだけれども、その説くべき事柄がいかなる性格のものであるかということを、今正にここに明らかにする。それはどういうことかというと、正受の方便を開顕せんとすることだと、このように善導は押えていますね。そして、そのことを説明して、

これ乃《すなわ》ち因縁の極要なり、利益処深し、曠劫にも聞くこと希なり、いま始めて説く、斯の義の為の故に、如来揔じて二人に命ぜしむることを致す。(『全集九』九八頁)

と言うています。つまり二人を呼んだというのは、そのような意味なのだというわけです。二人を呼んだのはただ呼んだのではない。韋提希の問いに対しては、もうすでにこの前のところで仏陀は語っている。しかし、語っている事柄がいかなる内容をもち、いかなる性質をもったものであるかということは、まだ明らかになっていなかった。ところが、この一段へきて仏陀は阿難と韋提希と二人を呼んだ。そして、「諦聴諦聴、善思念之」と仏陀が呼びかけた。いわば、仏陀が初めて積極的に呼びかけたわけです。

今まで仏陀は、消極的と思われる姿をとっておられたわけですね。韋提希が愚痴を言うている間

は黙っていたのです。そして、その沈黙のなかから、光台現国というきわめて、象徴的といえば象徴的だし、内実からいうならば具象的に、その具体的な諸仏の浄土を見ることによって、そこから積極的に韋提希が問いをもつ人間になった。問うべき存在になった。その問うべき存在になった時初めて仏陀はにっこりと笑って、そしてなおかつ積極的にものを言わずに、「汝いま知るやいなや」と言うてきたわけでしょう。

ところが、そういうふうに説いてくることを通して、実は何を説こうとするのか、だれに説こうとするのかということが明瞭になった。この時点において、仏陀は初めてほんとうの意味での積極的な仏陀になったわけです。いわば、仏陀が仏陀になったのです。仏陀がほんとうに個人的関心をはらって人間に語りかける仏陀になったのです。それが、「勅聴許説」といわれるように、「聴け」ということと、「説け」ということであるわけです。

そういう「聴け」と「説け」という二つの内容をもって呼びかけるような仏陀になった。だから二人を呼んだのだ、というのが善導の着眼なのです。だから、

如来摠じて二人に命ぜしむることを致す。（『全集九』九八頁）

と押えているわけです。

ではいったい、それはどういうことかというと、押えていえば、「正受の方便を開顕」するということだ。その「正受の方便」ということについては、一応解釈するならば、正受というのは観です。そうすると、これから説かれる定善十三観という観の方便としての意味をここで明らかにする

のだと、このように一応は解釈できるのでしょう。

ところが、それは一応の解釈であって、もっと押えて言うと、正受の方便というところに、実は正受のための方便ではなくして、正受、つまり観法こそ人間を本質的に開示する方便となる。正受こそ方便だと、こういう意味が出てくるわけですね。

そうすると、正受こそ方便だ。観こそ方便である。もっと押えて言うならば、その時にはもはや正受という意味は、単なる観というだけにとどまらずして、正に観成就体としての、やがて明らかにされてくる信心なのだというわけです。信心の方便として観が位置づけられてしまうわけです。それを明らかにすべく二人を呼んだというわけです。だから、呼んだ内容をこのように押えているでしょう。

これ乃ち因縁の極要なり、利益処深し、曠劫にも聞くこと希なり、いま始めて説く。

（『全集九』九八頁）

と言うています。これはたいへんなことを言うているわけでしょうね。どのように善導は押えたかといいますと、聞くこと希であるということと、いま始めて説くということと、二つで押えていくわけです。いわば、何回も聞いたとか、あるいはいつでも聞けたということではない、希に聞きうることであるという一点と、始めて説くということの二点で、その内容を押えていくわけです。

聞くということで言うならば、未聞の益であり、奇希の法なのです。未だかつて聞いたことのない教えなのです。人間が人間の意識のなかでは一度もそのことを思いおよぶことすらできなかったような教え、奇希の法です。

いわばここでは、未だかつて人間が聞くことのできなかった、しかしながらその言葉を聞くべく人間が生きてきた、その言葉がいま開かれようとするのだというわけです。その「聞くこと希」ということは、仏陀をして言わしむるならば、「始めて説く」ということなのです。いまだかつて説かなかったこと、今まで人間の無数の問いに対して仏陀は無数に答えようとした。しかし、人間に答えるという答えを仏陀自身も説くべく歩いてきたわけです。そこにこの『観無量寿経』には、仏陀の沈黙というものの深さがあるわけです。仏陀の沈黙の深さというのは、多くの言葉をもって語ってきた仏陀が、ただ一人の人間の存在の問いに向かって沈黙した、言葉を失ったというわけですね。

言葉を失ったということは、答えなくなったのではないのです。言葉を失ったということが、実は最も積極的に言葉を求めていることであり、最も積極的に言葉となるその時を待っていることなのです。その正に仏陀の「始めて説く」ということ、そしてその教えに遇うものにとっては「初めて聞く」ということ、正に時機純熟というのはそういうことでしょう。その時機純熟の説法が開かれようとする。「聞くこと希」であり、「始めて説」かれると、そういう説法が、実はこれから明らかになる正宗のところに説かれていく十三観の説法の本質である。だからして、わざわざ阿難と韋提希との二人を呼んで、そして「諦聴諦聴、善思念之」と、このように呼びかけたのだと、こういうわけです。

そういう意味では、聞く身にとっていうならば、初めて聞く教えであり、仏陀にとっていうならば、仏陀の出世本懐の教えですね。その教えというのは、具体的にはどういう内容をもっているのかといいますと、韋提希のためにというだけのことでもなければ、阿難のためにという言葉でも語られないものなのです。「未来世の一切衆生のために」という言葉で語られるような内容をもった教えです。だから、それがその次のところで一つ一つ押えられてくるわけです。

「告阿難」と言うは、我れ今浄土の門を開説せんと欲う、汝好く伝持して遺失せしむることなかれ。（『全集九』九八真）

と、こういう意味だと押えるわけです。阿難を呼んで阿難にこのように告げたというのは、今これから説こうとするのは、浄土の門を公開しようとするために「阿難よ」と、こう呼びかけたのだ。「阿難よ」と呼びかけたのは、阿難という一人の人間の関心に向かって呼びかけたのではない。文字通り伝持者、つまり仏法を未来世に伝えるべく生きている存在としての阿難、その阿難に「阿難よ」と呼びかけた。それは浄土の教えを公開せんがためなのだと、こういうわけですね。だから、遺失することなかれというわけです。

それでは韋提希に対しての呼びかけは何かというと、

汝は是れ請法の人なり、我れ今説かんと欲う、汝好く審らかに聴き、思量諦受して、錯失せしむることなかれ。（『全集九』九八頁）

と、こういうふうに呼びかけたのだと、こういうわけです。そこに、先ほどらい言うておりますけれども、単に二つの事柄というだけではないのでしょう。具体的には、韋提希という一人の人間の上に起こった具体的出来事です。その具体的出来事において、これから説かれる言葉もあるわけです。だから、具体的出来事をくぐらないで説かれる言葉は一般論なのです。一般論はみんなに通用するが、しかし、だれにも通用しないわけです。

一般論というのはみんなに通用するわけです。だれにでも最大公約数的に通用する。しかし、わたしの問題と、こう言うたとたんにその人には全然通用しなくなるのを一般論というわけです。ところが、個人の問題に個人的に答えるということになりますと、一見その個人の具体的な問題に答えているようにみえるけれども、実は問題を閉塞化しただけであって、問題を開いたということにならないと、そういう問題があるわけです。

ここではやはり韋提希の問題に答えているわけです。だから、「汝は請法の人」、つまり教えを請うた人間だ。だからこそ汝はよくこの教えを自らに頷いて、そして自己の問題が何であるかを明らかに知って、その上で自己の救いを明らかにしていかなくてはならないというわけです。法を求めたおまえはこの教えを聞くことによって法を個人化する人間になるのではなくして、個人の意識を払って、法のもとにほんとうの人となると、そういう存在にならなくてはならない、こういう呼びかけです。

阿難に対する呼びかけは、実はその教えこそ公開の教えだ。浄土の門を公開しようとする願いを成就すべく伝持者阿難に伝える。だからして、遺失する、いわば忘れることのないようにと、このように呼びかけたのだと、こういうふうに押えているわけです。だから、その二つというのは二人という意味ではないのでしょう。くどいようですが、重なって二つに押えたわけですね。では押えられた内容は何かというと、

「為未来世一切衆生」と言うは、ただし如来化に臨みたもうことは、偏えに常没の衆生の為なり。今既に等しく慈雲を布きて、普く来潤《らいにん》を沾《うるお》さんことを望欲す。（『全集九』九八頁）

これだけのことなのです。だから、説こうとする具体的教えの内容は何かというと、「為未来世一切衆生」といわれるように、「未来世一切衆生の為に」という言葉で語られているような内容であると、このようにいうわけです。

そうすると、未来世の一切衆生というのは、押えて言うとどういうことになりますかね。今の経文の後の方では「仏滅後の諸の衆生等」と押えられてきます。仏滅後の未来世の一切衆生というのは何か。実は仏陀の在世とか、仏陀の入滅の後というような時間の問題ではないわけです。仏滅後の一切衆生というのは、仏のいた時とか、いない時とか、そういう時間的な問題ではないわけなのでしょう。実は仏陀の教えから最も遠く存在している人間です。仏陀の教えから実は最も遠く存在しているということにおいて、仏陀に遇わなくてはならないような存在です。だから、その「未来世の一切衆生」という言葉が『観無量寿経』のなかを貫いていくわけです。そして、その未来世の一切衆生の内容を明らかにすることによって、「日想観」から始まる正宗分の性格が決ってくるわ

けです。

そうすると、未来世の一切衆生ということは、仏が死んでからの後の衆生という時間の上での問題ではない。仏といっしょに顔をつき合わせていた人間に選んで、仏が死んでしまって、後から生まれてきた人間という、それだけのことではないのです。そういう事柄ではないのです。いわば仏陀から最も遠き存在です。覚者から最も遠く生きている存在、もっと押えていくならば、覚者の世界から最も遠く生きているが故に、ついに苦悩の世界を一歩も出ることができない存在だと、こういう押え方です。だから、「未来世の一切衆生の為に」というのは、仏陀からいうならば、

如来化に臨みたもうことは、偏えに常没の衆生の為なり。今既に等しく慈雲を布きて、普く来潤を沾さんことを望欲す。（『全集九』九八頁）

と、こういうわけですね。だから、仏陀が「未来世の一切衆生」と言うのは、仏陀に近くある存在ではなくして、仏陀に最も遠くある存在、その仏陀に最も遠くある存在こそ、仏陀が最も教えを説こうとする存在であると、こういう押え方であるわけです。

「常没の衆生」というのは、「常に没し常に流転して出離の縁有ること無し」と、このように善導が言う意味です。

仏陀というのは、偏えに常没の衆生の為に教えを説く。だから、その「偏えに」といわれる「常没の衆生」こそ「未来世の一切衆生」であるわけです。

そうすると、その未来世の一切衆生と呼びかけられる存在とはどんな存在かというと、「為煩悩賊害者」だというわけです。いわゆる未来世一切衆生こそ仏陀によって「常没の衆生」と、こういうふうに呼びかけられた存在であり、その「常没の衆生」と、このように呼びかけられる存在は、経文で言うならば、「煩悩の賊のために害せらるる者」だと、そういうふうに押えてきます。

ところが、その「煩悩の賊のために害せらるる者」というのは、特別に悪逆非道な人間なのかというと、そうではないのです。「煩悩の賊のために」というのは、

これ凡夫は障り重く、妄愛迷い深くして、三悪の火坑《かきょう》闇くして人の足の下に在ることを謂わず、縁に随って行を起こして、進道の資粮《しりょう》を作さんと擬するに、何ぞ其れ六賊知聞して、競い来たって侵奪《したっ》し、今既にこの法財を失う、何ぞ憂苦無きことを得と云うことを明すなり。

（『全集九』九九頁）

こういうふうに押えています。そうすると、未来世の一切衆生とは、仏陀によって「常没の衆生」と、こう呼びかけられた存在だ。その「常没の衆生」というのは具体的にどういう存在かというと、煩悩の賊のために害せらるる存在だ。その煩悩の賊のために害せらるる存在というのは、悪い人間、何もしない人間、あるいはいらいらしている人間ということかというと、そうではない。逆なのです。道を求めている人間だと、こういうわけですね。どうしてかというと、

縁に随って行を起こして、進道の資粮を作さん。（『全集九』九九頁）

と、こう言うているでしょう。進道というのは道を求めて進んでいくということです。したがって、縁に随って実践をする事柄を、すべて仏道成就のための材料として歩んでいく人々です。だから、道を求める人なのです。決して道を求めない存在ではないのです。むしろ積極的に道を求めている存在なのです。とにかく、「煩悩の賊のために害せらるる」というような言葉で押えられるのはどういう人間かというと、その時その時の縁によって行を起こして、その行をもって道を成就していく資粮《しりよう》としていこうと、このように励んでいく人々です。意識的にも無意識的にもそういう質をもった存在として人間を押えたわけです。ところが、縁によって行を起こし、その行をもって進道の資粮と作そうとしていく存在が、たいへんなものを忘れているということがあるわけです。何を忘れているかというと、

凡夫は障り重く、妄愛迷い深くして、三悪の火坑闇くして人の足の下に在ることを謂わず、

（『全集九』九九頁）

これだけで押えているわけです。縁によって行を起こし、その行をもって進道、つまり仏道成就の資粮としようと、こうして努力をしている。その努力全部が一挙にしてゼロとなっていくような、そういう大地を生きているということを知らないでいる。いわば、貪・瞋・痴の三悪の火坑が足の下に在る。いわばその人間の立っている足の下が、三悪の火坑であるということを知らないというわけです。いわゆる、「障り重く妄愛迷い深くして」、足下が実は無底の底だということに気づかない。底なしの上を歩いているのだということに気づかずして、あたかも踏んばることのできる大地

のごとくに意識して、縁に随って行を起こし、その行をもって進道の資粮にしていこうとする人間である。したがって、その全部が一挙にゼロになってしまうような、いわゆる足場のないところを歩いているということに気づかない。そういう存在である。

だから、そういう存在を「凡夫」という一言で押えられているわけです。

凡夫は障り重く、妄愛迷い深くして、三悪の火坑闇くして人の足の下に在ることを謂わず、（『全集九』九九頁）

謂わないからして、縁に随って行を起こし、その行をもって進道の資粮と作さんと擬するわけです。

根源的苦悩

しかし残念ながら、

何ぞ其れ六賊知聞して、競い来たって侵奪し、今既にこの法財を失う、何ぞ憂苦無きことを得と云うことを明すなり。（『全集九』九九頁）

というわけです。だから、ここまできますと、「凡夫」と、このように言いますが、非常に厳密に押えられていますね。いわゆる凡夫というのは、ただ凡夫というているのではなくして、凡夫と言うことのなかには具体的内容があるわけです。凡夫のなかにある具体的内容を善導はここでどう押えているのかというと、二点で押えているわけです。一点は道を求める存在というかたちで押えています。縁に随って行を起こす。行を進道の資粮《しりょう》として仏道を成就しようとしているのだという一点を見失っていないわけなのです。しかし、もう一点、それは何かというと、足の下が実は無底であるということに気がつかない、三悪の火坑が足下にあるということに気づかないという二点で、「凡夫」を押えるわけです。だから、いわば道を求めるという方向をもちながら、しかも求める大地が無底だということに気づかない存在、それを「凡夫」と、このように押えたわけです。

そういう意味では、ただ苦しんでいるとか、ただ悩んでいるとか、ただつらいとか、そういうことで人間というものを押えないわけです。これが仏説の由序としての人間ですね。ただつらいから救ってくれとか、病気でえらいからして助けてくれという、そういう即事的なところで押えないわけです。どのように押えるかというと、法財が焼かれ、失われるというかたちで押えるわけです。

この法財を失う、何ぞ憂苦無きことを得と云うことを明すなり。（『全集九』九九頁）

どうして人間が苦しまないで生きていけようか。それは、苦しむのは苦しむべくして苦しんでいるのだ。その苦しむべくしてというのはどこで押えるのかというと、法財を失う存在として苦悩しているのだというわけですね。

いわゆる無限に道を求めて縁に随って行を起こし、進道の資粮としようとして、悪戦苦闘をしている。そこに一つの問題があるというのです。その辺に仏教の人間観があるわけですよ。あいつはだめだと、このように言わないのです。どんなにだめに見えても、そのだめであるというところに悪戦苦闘している世界があるわけです。

もう見込みがないと、こうは言わないわけです。見込みがないように見えるところに最も見込みのある場所があるわけです。それは何かというと、悪戦苦闘しているということです。残念ながらその悪戦苦闘が、仏陀の眼、仏しろしめす眼をもって見た時には、足の下に三悪の火坑が在ることを知らずして悪戦苦闘をしている。そこに大悲ということがあるわけです。

煩悩鄣眼雖不見　大悲无倦常照我（『全集一』九〇頁）

と言われますね。

そういう意味では、仏陀によって大悲される存在というのはいったいどのような存在なのかというと、道を求めない存在ではないのです。本質的に道を求めている存在なのです。本質的に道を求めているにもかかわらず、三悪の火坑が足下に在ることを知らない。だからして、「六賊知聞して」というわけです。六賊というのは、眼・耳・鼻・舌・身・意です。いろいろなものにぶつかっては、それにフラフラ、フラフラとめいってしまう。そうして、何を失っていくのかというと、法財を失うようにして生きている。その法財を失うことが苦悩のもとだというのです。

凡夫とは何か。法財を失うという苦悩を内実として生きている存在である。これが仏陀によって見開かれた人間なのです。仏陀が「諦かに聴け」と、このように呼びかけて、仏陀によって見開かれた人間です。そういう人間を徹底して開示していかなくてはならない。だからして、そういう意味では、そういう呼びかけは、やがてその凡夫を真の法財を得る存在にしなくてはならないわけです。そういう凡夫が救われるということはいったいどういうことかというと、いわゆる憂いと苦悩とをただ除くというわけにいかない。法財を失うところに苦悩の根源を見た時、そういう「未来世の一切衆生の為に」説かれる仏陀の説法というのは、その凡夫に法財を回復せしめるということでなくてはならないわけです。

ここで法財という言葉も、確かに譬喩として、財にたとえて法を語っているのですが、よく注意してみますと深い内容があるわけです。

たとえば、釈尊の出家という問題のところでは、『大無量寿経』にしたがって言えば、

老・病・死を見て、世の非常を語り、国と財と位とを棄て、山に入りて道を学ぶ。（『真聖全一』二頁）

と、こういうふうに言っていますね。あれは確かに仏陀という一人の人間の出家のすがたであるか知りませんけれども、あそこに人間という存在がひとつ押えられているわけでしょう。人間は常に財を求め、あるいは時としては帝王というような最高のものを求めようとしている。しかし、その求めている全体が、老・病・死を見たとたんに、実は何らの価値もないものだということに気づかざるをえないような存在ですね。求めて蓄積したものが、実は気づいてみたら自己をいちばん苦悩に追い込んでいたものだということです。

そうすると、この財というような言葉だとか、賊というような言葉は譬喩に違いない。善導はさかんにこういう譬喩を使われるのですが、ただ譬喩だというわけにいかないのではないのでしょうか。『大無量寿経』でも、

恵むに真実の利を以てせんと欲してなり。（『真聖全一』四頁）

というような時には、「利」ということを言いますね。そうすると、利とか財とか、こういう言葉はやはり、三福と言って前に示された、幸福を求める存在としての人間の意識構造にかかわってくる言葉なのでしょう。

財産とか金というような問題のところにわれわれは立っていないと言うが、それは言うだけであって、やはり意識構造のなかではそういうものを求めているわけでしょう。そうすると、そういうような具体的な言葉をここでは譬喩に使ってはいるけれども、ただ譬喩というわけにいかないと思うのです。譬喩に使いながら、それをもって人間の具体性が示されているわけです。

そして、そういう財を求め位を求めることが、実は逆に法財を失っていくという、そういう事実に気づかないということになる。したがって、「未来世の一切衆生」と仏陀によってしろしめされた存在は、押えて言えば、「常没の衆生」である。常没の衆生とは、ただ悩んでいるというわけにいかないのであって、煩悩の賊のために害せられているということだ。それを凡夫という。凡夫の苦悩とは、法財を失うところに苦悩の根源がある。苦悩とはすべて法財を失うというところにあるのだと、このように押えてきたわけです。

懺悔の方

そうしますと、その法財を失いつつある未来世の一切衆生、すなわち凡夫に説かれる道とは何かというと、「説清浄業」なのです。

如来衆生の罪を見そなわすを以ての故に、為に懺悔の方を説いて、相続せしめんと欲することを明す。

こう読んでもいいのでしょうけれども、

懺悔の方を説いて、相続をせしめ断除せしめんと欲することを明す。畢竟じて永く清浄ならしめんと欲することを明す。（『全集九』九九頁）

こういうふうに二重に読んでいくわけでしょう。そうすると、「衆生の罪」とは、前に言うた法財を失うということでしょう。その衆生の罪業性を如来が見そなわして、そして衆生に懺悔の方法を説こうとしている。その懺悔の方法が清浄の業だと、このようにまず押えられています。

それでは、その「懺悔の方」というのはいったいどういうふうにして説かれるのかというと、

相続をして断除せしめんと欲することを明す。（『全集九』九九頁）

と、まずひとつ押えてあって、それは懺悔の方法を通して一時は懺悔したけれども、あとは忘れてしまったというのではなくして、その懺悔の方法が人間の生涯を尽くすような懺悔の方法だというわけです。いわば、一生涯続けてその人間の法財を失うあり方を断除せしむるような、そういう方法であると、このように押えています。

そして、もう一つはそのことを、押えて言うならば、

畢竟じて永く清浄ならしめんと欲す。（『全集九』九九頁）

と言いますね。懺悔の方法ということは、一方においては一生法財を失うあり方を断除せしむるよ

うな方法である。それは同時にその人間の存在のすべてを清浄ならしめるような業として働く方法であると、こういうふうにここでは二重に読んでいきます。

さきほど申しましたように、普通に読めば、

相続して断除せしめ、畢竟じて永く清浄ならしめんと欲することを明す。

これでいいわけでしょう。相続して、間断なく、その法財を失うあり方を断除せしめ、そのことによって、ついに清浄業を成就する存在たらしめようという、そういう道を今説くのであると、これで意味は通じるのです。通じるのだけれども、ここの読み方でいうならば、念を押しているわけですね。一つは罪を断除せしむるという一点、一方は畢竟じて清浄業を成就せしむるという一点、この二点で仏陀によって説かれるものが懺悔の方だと、このように押えられてくるわけです。

その清浄ということについては、その次に、

又「清浄」と言うは、下の観門に依って専心に念仏し、想いを西方に注むれば、念念に罪除こる故に清浄なり。(『全集九』九九頁)

と押えています。清浄というのはいったい何かというと、これからあとに、正宗分で説かれてくる観法であり、やがてその観法は下品下生のところへまいりまして、あの「具足十念、称南無阿弥陀仏」という念仏にまで連なっていく教えなのだと、こういうふうに押えられてくるわけです。そうしますと、ここで懺悔の方法というのは、定善を成就するための方便としての懺悔という方法だというふうに一応は解釈されるわけでしょう。

しかし、それを押えていうならば、相続して断除せしむる方法であり、そして畢竟清浄ならしむる方法だとするならば、その懺悔の方法こそ、やがて正宗分をくぐって究極的には念仏に帰結していくような方法だということが、もうすでにここで予測されているわけです。

それについては、親鸞が『尊号真像銘文』のなかで、智栄という人の言葉を引いて解釈を加えています。この智栄という人が善導を讃嘆するために置いた言葉なのです。それは、

称仏六字、即嘆仏、即懺悔、即発願回向。一切善根荘厳浄土。(『全集三』九一頁)

という言葉です。「称仏六字」ですから、仏の六字を称することは、即ち仏を嘆じ、即ち懺悔し、即ち発願回向して、一切の善根をもって浄土を荘厳することであると、こういうふうに言うています。

「称仏六字」というのは、南無阿弥陀仏ですね。その南無阿弥陀仏というのは、即ち仏を嘆ずることであり、即ち懺悔であり、即ち発願回向であり、そしてそれは、一切の善根をもって浄土を荘厳するということだ、と、もとはといえばこういう文章です。

ところが、それについて親鸞は、

「称仏六字」というのは南無阿弥陀仏の六字をとなうるとなり。「即嘆仏」というは、すなわち南無阿弥陀仏をとなうるは、仏をほめたてまつるになると也、また「即懺悔」というは、南無阿弥陀仏をとなうるは、すなわち無始よりこのかたの罪業を懺悔するになるともうす也。(『全集三』九二頁)

と、こういうふうに釈しています。「称仏六字」とは、これは南無阿弥陀仏ということだ。その南無阿弥陀仏を「即嘆仏」と、こういうふうに言うている。「即」という字で南無阿弥陀仏は即ち嘆仏だと、こういうふうに言うているのは、南無阿弥陀仏をとなうるということがすなわち仏をほめたてまつるということになるのだと言うています。念仏をもって仏を讃嘆するのではなくして、念仏そのこと、南無阿弥陀仏そのことが仏を嘆ずる行になるのだと、こう言うているわけです。

そして、その次に、「即懺悔というは」というて、「即」という字を「即懺悔」と、こういうふうに読み下しまして、

「即懺悔」というは、南無阿弥陀仏をとなうるは、すなわち無始よりこのかたの罪業を懺悔するになるともうす也。(『全集三』九二頁)

と、このように言うています。ここでも「懺悔するなり」とは読んでいないですね。そうすると、「する」のではなくして、「なる」ということは、今の言葉に関していうなら、「相続して」ということでしょう。「する」ということは相続しないのです。しようと思った時だけはありますが、しようと思わないと、しないということになるのですから相続しないわけです。

いうなれば、南無阿弥陀仏において人間という存在が仏を嘆ずる存在になるのです。そして、南無阿弥陀仏において人間という存在が無始よりこのかたの罪業を懺悔する存在になるわけです。だからそういう意味で、ここで説かれ、やがて正宗分に説かれ、そして正宗分が帰結していく念仏というものが「懺悔の方」という言葉で善導によって押えられていることが、すでに最後の「具足十

念、称南無阿弥陀仏」というところまで貫通していることなのです。

そういう意味では、人間における唯一無二の清浄の業なのです。罪業のただなかに生き、罪業をもって生きている人間に開かれた唯一無二の清浄業とは、人間がなす業ではなくして、人間がなる業、いわゆる仏を嘆ずる存在となり、懺悔する存在となる。いわば南無阿弥陀仏が懺悔となり、南無阿弥陀仏が嘆仏となるわけです。汚濁のただなかに生きる凡夫、法財を失う人間のただなかに、法財を回復せしむる清浄の業、それを南無阿弥陀仏というのだと、こういうふうに善導は、もうすでにこの最初のところで押えていくわけです。

だから、このことを説くために仏陀は阿難と韋提希の二人を呼んで、「聴け」と言い、「説け」と、このように教えたと、こういうふうに押えていくわけです。これで、いわばこれから説かれてくる定善と、定善をくぐってさらに開かれてくる散善という正宗分の教えというものの性格を、すでに決定してしまったわけです。

そうすると、これからあと六つ分段が分かれてきますが、その六つは、一方においては仏陀の説かれる説法の清浄性を明らかにするということと、一方においては人間の罪業性を明らかにするという二点をもって、未来世の一切衆生、いわゆる煩悩の賊のために害せらるる者のために説かれる清浄の業というものが明らかになっていくわけです。

だから、その辺にもうすでにあの機法二種深信というようなことも見通されているわけです。人間における罪業の徹底した見開きと、その人間の上に開かれる救済の法の徹底したすがた、それがすでに序分のところで押えられてきている。そういう罪業の存在の上に人間を真に解放し、人間を真に成就せしむるような清浄の業としての観法が成就するとすると、その観法とはいったいどんな観法なのか、ということが、次のところで具体的にされていくわけです。

二　仏意にかなう問い

二従《リ》二「善哉《サイト云》」一已下、正明《ス》三夫人《ノ》問当《ノアタレルコトヲ》二聖意《イニ》一。　（『全集九』九九頁）

得心の微笑

善き哉、韋提希、快くこの事を問えり。（『真聖全一』五一頁）

これだけの経文です。これで一段を設けているわけです。これだけの経文を押えて、仏の本意にかなう問いであるというふうに押えていきますね。こういうところが善導の独自の押え方なのです。その「仏の本意にかなう」ということは、前の「散善顕行縁」のところで、もうすでに善導は言うているのです。「即便微笑」ということがあったでしょう。釈尊が韋提希のすがたを見、韋提希の問いを聞いて、「即便微笑」、すなわちにっこりと笑われた。あの「即便微笑」を解釈する時に善導はこういうふうに言うていますね。

仏の本心に称い、又弥陀の願の意を顕わす。（『全集九』八八頁）

と、こういうふうに解釈していました。仏陀の本心に称《かな》い、また弥陀の願の意を顕わすということが「即便微笑」という、仏陀の上に現われた微笑みなのだと、こういう解釈をしているでしょう。ところが、それは仏陀のすがたの上に現われたものです。一人の凡夫の愚痴のすがたのところへ霊《りょう》鷲《じゅ》山上の公開の説法の場所を没して出てきた釈尊のすがたの上に、微笑みというすがたが現われた。それについて善導は、それは仏の本心に称い、すなわち弥陀の願意を顕わしている。それは、そういう問いが韋提希の口をついて出たのが証しであると、こういうふうに解釈したわけです。そのことを仏陀自身の言葉で言うたのはここです。

すがたはすでに「散善顕行縁」のところで現われたわけですね。仏のすがたの上に現われたわけです。人間でもそうでしょう。言葉に先立って、すがたに現われるわけですよ。すがたに現われないというのは、どれほど楽しそうに話していましても、ほんとうはそれほど楽しくないのでしょう。そういう意味では、ほんとうに開かれたすがたのなかから、開かれた言葉が生まれるわけです。だから、「即便微笑」ということを通して、

仏、韋提希に告げたまわく。汝いま知るやいなや、阿弥陀仏、ここを去ること遠からず。
（『真聖全一』五〇頁）

と、このように仏陀は、韋提希の心のなかにはいまだ知られていないことを、先立って「このことだ」と言い当てて、語っていくわけです。だからそういう意味では、「即便微笑」のところから説かれる「散善顕行縁」の教えのところの説き方は、むしろ韋提希自身にそくして言えば、まだわか

らないことだと言うてもいいのでしょう。仏陀の方がわかっていることです。「おまえの問いたいことはこれなのだ」と、言い当てたというようなものです。

仏陀の独白

それまで仏陀にとってみれば、目の前にうっとうしい女性がいたわけでしょう。その女性を目の前にしながら黙っていたわけです。ところがその女性のなかから「教我思惟、教我正受」と、こういうふうな言葉が出たわけですね。そういう表現をとったかどうかではなしに、そういう言葉が出たわけです。その時の釈尊には相手の心を言い当てたという実感があるのでしょう。その言い当てたという実感のところから出てくる言葉は、もはや説教ではないのです。いわば独白なのです。

汝いま知るやいなや、阿弥陀仏、ここを去ること遠からず。(『真聖全一』五〇頁)

と言うのですが、こんな説教はないですよ。それが説教だとすると、これほどあやふやな説教はないですね。おまえはわかっているか、わかっていないのかわからないけれども、阿弥陀は、ここを去ること遠くないと、このように言うのです。近いと言えばはっきりするのですが、遠くないと言うのでしょう。それが、対象を向こうにおいた話であるならば、こんなあやふやな、こんな力にならない言葉はないと思うのです。

しかし、あれは、これから説かれてくる仏陀の教説に先立つ仏陀の独白だと、こう言うていいのではないかと思うのです。だから、「汝いま知るやいなや」という言葉が二度も出てくるわけですね。初めは「阿弥陀仏、ここを去ること遠からず」ということを言い、次には人間という存在のあり方をていねいに押えて、三福という言葉で表わしたように、幸福を要求する存在という単純な言葉で押えていく。それは、全体が仏陀の独白、つまり仏陀のモノローグだと、このように思うのです。

そういう「即便微笑」ということの内容は、釈尊が韋提希の意を言い当てたことの現われです。言い当てたということは、山から出てこずにはいられなかった自分自身に、仏陀が遇ったというようなものですね。山から出てこずにはいられなかった自分自身、いわば山の上で説法しているだけではどうにもならなかった仏陀自身が、そこで救われていくような教言です。だから、それはモノローグなのですよ。そういうものが「散善顕行縁」にあるわけです。「即便微笑」というのですから、あれは仏陀の喜びなのです。

ところが、韋提希の方は笑っていませんね。まだこれから聞かないと笑えないわけですよ。韋提希が笑うのは、いちばん最後に「廓然大悟、得無生忍」というて、いちばん最後までいかなければはっきりしないのです。しかし、韋提希が「廓然大悟」と、心が開かれるに先立って、開かれるべき韋提希をすでにして仏陀は見たというわけです。

閉ざされている韋提希のために、霊鷲山という説法の座を捨てた仏陀が、その韋提希のなかに開かれるべき韋提希をすでにして見たということです。開かれた韋提希でなくて、開かれるべき韋提希をすでにして見た時、見た仏陀自身は独白をしたわけでしょう。「汝いま知るやいなや、阿弥陀仏、ここを去ること遠からず」、このような独白をしたわけですね。

その独白をした事実を、善導はちゃんとキャッチしているわけです。ですから「即便微笑」というところに、仏陀の本心に称《かな》い、また弥陀の願の意を開顕するという事実がもうすでにして明らかになっていると、こういうふうに押えたのでしょう。

独白から言葉へ

いわゆる実感がすがたになって現われた。そのすがたが、韋提希に語るというよりもむしろ、仏陀自身が仏陀自身のなかで「これだ」と気づいたことを、自らのなかで反復するような言葉ですね。それが独白です。その独白を根底にして、初めて開かれるべき存在として見出した韋提希に、開けを明らかにしていく言葉が現われるわけです。そこに独白から言葉へという展開があるわけです。その独白から言葉へという展開の言葉が、

仏阿難及び韋提希に告げたまわく。諦かに聴け諦かに聴け、善く之を思念せよ。

（『真聖全一』五一頁）

というて、いわば大上段に、胸を張って言うていることなのでしょう。このことを聴けというわけです。自分は未来世の一切衆生の煩悩の賊のために害せらるる者のために清浄の業を説かんとするのだ、と、このように宣言しておいて、その宣言がそのまま、

善き哉、韋提希、快くこの事を問えり。（『真聖全一』五一頁）

と、こういう言葉になるわけですね。

いうならば、未来世の一切衆生で煩悩の賊によって苦しめられている全存在、すべての人間存在の前に今真実の教えを開示しようとするわたしになれたというわけです。仏陀に即して言うならばそういうことです。その喜びが、前には「即便微笑」というかたちをとって独白したのですが、ここでは明らかに問うた人自身をほめるというかたちをとったのです。快く問うたと、その問いを待っていたというようなものです。その問いがもし出てこなかったならば、人間は永遠に憂苦のなかに沈んでいく存在だというような問題なのです。

だから、「即便微笑」というすがたが言葉になる。それが「善き哉、韋提希、快くこの事を問えり」という言葉です。いわば、これは仏陀の出世本懐です。

ここで『大無量寿経』の序分が思われるわけです。『大無量寿経』の序分を拝読していますと、阿難尊者が座より立ち上がって、そして釈尊の上に日頃見たことのない光顔巍巍としたすがたを拝んで、そして、

唯然なり。大聖、我心に念言すらく、（『真聖全一』四頁）

と言うているでしょう。「わたしはわかった」と、阿難が自分で頷いて、仏陀の上にそのようなおすがたが現われたというのは、仏陀は心のなかに大きな変化が起こったのだろうというています。そして、五徳という五つの徳を次にあげていって、

去・来・現の仏、仏と仏と相い念じたまえり。今の仏も諸仏を念じたもうことなきことを得ん

や。（『真聖全一』四頁）

と言うています。つまりそれでなければ、なぜそのような明るい顔ができようか、というわけでしょう。あそこでは仏弟子阿難に、仏陀の心を語らせているのです。

仏と仏性との呼応

ここにはひとつの対応があるのでしょう。『観経』の方は逆なのです。聞くべき存在である韋提希の方はその闇さということをずーっと存在のなかで問いつめざるをえなかった存在ですね。父を禁ずる縁から厭苦・欣浄の縁まで、闇さを問うていかざるをえない存在として生きてきて、その闇さを問うてきた韋提希が、問うたということをくぐって仏陀の方を向くわけですね。

そういうすがたを見て、こんどは釈尊の方がその韋提希の心のなかに現われてきた、いわば仏陀が韋提希のなかに未来仏を見つけていくというわけです。そういう意味では、『大無量寿経』の出世本懐と『観無量寿経』の出世本懐は対応しているわけです。『観無量寿経』の方は、苦悩のなかに憂苦を超えようとする、いわば人間がただ苦しんでいるのではなしに、人間の苦悩とは何かというと、人間の苦悩は縁によって起こるけれども、苦悩が起こるということは、実は人間が苦悩という縁をくぐって何かを求めているという存在であることの証しなのだということですね。だから、ただ苦しんでいるというわけではないのでしょう。

愁憂とか憂苦というような言葉で押えてますのは、ただ縁がきてつらいとか、苦しいというだけではなしに、苦しむのはなぜかというと、苦しみこそ問いだというわけです。苦しみこそ人間存在における唯一無二の問いだ。その問いをもった存在として人間が明らかにされるわけです。だから、その苦しむというかたちのなかに問う存在を見ているわけです。いわば問われたる存在としての人間です。どういうかたちで問われるかというと、苦悩というかたちをもって問われたる存在なのです。

人間は、ただ楽しむということもないと思うのです。ただ楽しむということになると、楽しんだ後には必ず倍になって苦しまなくてはならなくなるのではないですか。何かの楽しみを求めて、より何かの楽しみに近づく、究極的な楽しみに近づく者でなければ、ほんとうの意味で楽しみということがいえない存在なのだろうと思うのです。

そういう意味では、苦悩も楽しみも、ともに何かを求めているということの現われなのでしょう。『観無量寿経』の方はそういう人間存在のなかから出てきた仏陀への問いかけ、それを聞いて仏陀自身が未来仏を発見したのだと言うていいと思うのです。

『大無量寿経』の方では表現が逆になっていて、仏弟子阿難が初めて仏陀に遇うたというかたちをとります。今まで釈尊には遇うていた。いわゆる釈尊という一人の師匠には遇うていたけれども、仏に遇ったことはなかったという阿難が、初めて仏に遇うた。正に現在仏に遇うたということです。

普通読んでおります康僧鎧《こうそうがい》の訳の『大無量寿経』では、

去・来・現の仏、仏と仏と相い念じたまえり。今の仏も諸仏を念じたもうことなきことを得ん

や。（『真聖全一』四頁）

と、こういうふうに阿難の言葉を通して言うています。そういう三世諸仏の仏仏相念の境界というものを『如来会』の経文で親鸞は押えています。『如来会』の経文では「大寂定・弥陀三昧」とあります。仏と仏とが相い念ずるということが三昧だと、このように押えているのです。

「仏仏相念」というと、仏と仏とが念じているというだけですけれども、三世の諸仏が相い念ずるという、その境界が実はほんとうの意味の三昧だというわけです。三昧は観です。止観です。その止観を「大寂定」というのでしょう。正依の経典の意味を的確に一言で押えたのが『如来会』である。それは「大寂定・弥陀三昧」に入ったことなのだと、こういうふうに押えています。

そうすると、そこでは明らかに阿難という仏弟子が大寂定・弥陀三昧に入られた仏陀、真に如来を見出して、その如来を見出した喜びを仏弟子の頷きのなかで語るというかたちをとっているのが『大無量寿経』です。

ところが、『観無量寿経』の方は、同じ出世本懐を語るのですけれども、出世本懐はもうすでに長い経典の物語をくぐっているわけです。それは、王宮へ没出したというところに、もうすでに出世本懐の出発点を善導は見ているわけです。そうすると、あれからいろいろな問題が起こってきたわけでしょう。そして、「即便微笑」をくぐって、

善き哉、韋提希、快くこの事を問えり。（『真聖全一』五一頁）

というところまで、経典のなかにおける長い物語をもって出世本懐が語られるわけです。その物語

のなかには長い人間の苦闘がある。その苦闘は全部、求道というレールの上に動いている苦闘なのです。その苦闘全部をつつんで、そこに仏の出世本懐というものが説かれている。これが『観無量寿経』です。

「善き哉、韋提希、快くこの事を問えり」という、その一言のなかに、初めて仏陀の出世本懐がここに明らかになろうとしていると見るわけです。いうならば、これから説かれてくる定善・散善の教えというものは仏陀の出世本懐の教えだということを、最初に決定してしまうわけです。その出世本懐の教えなればこそ、定善とか散善とかいう教えが、やがて最後には「具足十念、称南無阿弥陀仏」というところまで展開していくわけです。ここに『観無量寿経』の独自性があるわけです。いわば『観無量寿経』は出世本懐の物語が長いということです。

霊鷲山上で説法しておられた釈尊が「没して王宮に出でたもう」と、このように言うて始まる。その時仏陀をはっきりと「釈迦牟尼仏」と、このように押えていますね。「釈迦牟尼仏、身は紫金色にして」と、このように押えて、その釈迦牟尼仏について善導が、余仏に簡異する、つまり余仏と簡《えら》んで「釈迦牟尼仏」と、このようにここでは言うたのだと押えています。あそこからもう出世本懐の問題は始まっているのです。あそこから始まって、そして「我、宿何の罪ありてか」という愚痴も出世本懐のなかに入っているわけです。それから、光台現国も出世本懐のなかに起こってきた出来事です。その光台現国のなかから、別して自分の生まれるべき世界を選んで、「教我思惟、教我正受」と請うた。それも出世本懐の事柄のなかに入ってくる。それを見て仏陀は「即便微笑」

をし、そして独白をし、そして最後に「善き哉、韋提希、快くこの事を問えり」といって、言葉にまでなった。

いわば、そこへ身を運ばずにはいられなかった仏陀も、身を運んできたという事実が言葉にまでなったのです。身を運んできた事実が言葉にまでなった、その言葉を出発点として説かれるのが定善の教えなのです。だから、わずか、

善き哉、韋提希、快くこの事を問えり。（『真聖全一』五一頁）

という、これだけの経文の言葉なのですが、善導はそれで一段を設けているわけです。

三　仏　語

三従《リ》二「阿難汝当受持」一《チト云》下至《ル》二「宣《セン》説仏語」一《コニ》已‐来、阿難《ニ》一、受‐持《ノ》勿《ナク》レ忘《ワスル》、《コトク》広多人《ニンノ》処《ロニノ》、為《ニトイテ》説《ル》流行《セシムルコトヲ》上。

正明《ス》二勧持勧説《ヲ》一。此法《ノ》深《シム》要《エウナリ》。好須《ヨクスヘカラク》《ヘシ》二流布《ルフス》一。此明《ス》下言《フ》二「仏語」一者《トハ》、此明《レス》下如‐来曠《クワウ》‐劫已《ニステニ》除《イテ》二口過《ノトカヲ》一、随《テ》三

如来前《サキニハ》則《チ》摠告《ソツケテ》、令《シム》二安《アン》‐心聴‐受《チヤウシユセ》一、此文《ノ》則《ハ》別《チヘチノ》勅《ノ》二有《ル》言説《ニコム》一、一切聞《キク》者《ノ》自‐然生《ニコトヲ》中信《ヲ》上。（『全集九』九九頁）

生命に刻まれた言葉

その三段目のところの経文も、経文としてはきわめて短いものです。

阿難、汝当に受持して広く多衆の為に仏語を宣説すべし。（『真聖全一』五一頁）

という、これだけの経文です。ここで善導は何に注意したのかといいますと、注意した一つの眼目があるわけです。その眼目は「仏語」という一語なのです。阿難に対して「広く多衆の為に仏語を宣説すべし」というわけですから、宣説すべきものは何であるかということです。いわば、宣説されるべきものは人間語でないということです。たとえそれが釈尊であろうとも、釈尊という一人の人間の言葉ではない。仏語であるということです。

前に「阿難及び韋提希に告げたまわく」というた時に、阿難をなぜ呼んだのかということが、ここでは具体的に明らかになるわけです。阿難を呼んだのはほかではない、仏語を宣説せよということを言うために呼んだのだと、こういうことです。だから、そのことを明瞭にするために「勧持勧説を明す」と、こういうふうに言うわけです。この「持」という言葉は、やがて『観無量寿経』のいちばん最後へきますと、

汝好く是の語を持て。是の語を持てというは、即ち是れ無量寿仏の名を持てとなり。

（『真聖全一』六六頁）

という有名な言葉になりますね。だから、「持て」ということを勧めるのです。持って説けということを勧めるのです。いわゆる、思い出したら話せというのではないのです。「持」とは、寝てもさめてもそれを憶持して、ということです。だから、もし言葉をつけ加えるならば、ここでは憶持宣説を勧励するのです。だから、「汝好く是の語を持て」という時の「持て」も、持っておれというのではない、憶持しておれということです。

さらに言えば、憶持しておれとは、生命にしておれということです。その言葉を持っているのであれば、忘れるのです。人間という存在は、持ったものは必ず忘れるわけです。いくら力んで持っていても忘れるのです。ところが、生命になったものは忘れないわけです。『歎異抄』でいうならば、「耳の底に留まる所」ということです。「耳の底に留まる所」は、忘れようとしても忘れない言葉なのですよ。

覚えた言葉は、いくら忘れまいとしましても忘れるのです。だから、テープにとった言葉もこれは忘れるのです。ノートにとった言葉も忘れる。しかし耳の底に留まった言葉は、耳をふっても、頭をふっても、忘れませんね。そういう言葉でなければ救いにならないのです。そういう言葉だけが人間を救うのです。仏教というのはやはり言葉が救う教えです。特に浄土教は言葉が救う教えです。だから、「聞」の宗教というわけです。自己を救うような言葉に遇うということがなくては浄土教は成り立たないのです。

言葉が救う教えということは、正に仏によって憶持し宣説せよと勧められる阿難が必要なのですね。仏陀の言教を憶持し宣説する人が必要なのです。それこそ経典を今日の時代にまで、二千何百年、歴史のなかに伝統せしむる役割を果たした人、固有名詞でいえば阿難という名前がつきますけれども、普通名詞でいうならば人間でしょう。そういう意味で阿難は、特殊な一人ではなくて、やはり今日まで『観無量寿経』という経典を伝統してきた歴史の代表者です。経典をわたしのところまで伝統してきた歴史の代表者が仏陀の側近の弟子であるわけですよ。それが阿難です。だから、阿難を呼んだわけでしょう。そこに善導はきわだって注目をしていくわけです。だから、「仏語を宣説すべし」という、これだけの言葉に力点を置いたわけです。

人間の言葉を覚えて語れというのならば、何も問題はないわけです。偉大なすぐれた一人の人間の言葉を語れというのならば、わざわざ「仏、阿難及び韋提希に告げたまわく、諦聴諦聴、善思念之」などと言わなくてもいいのです。そこに「仏語」ということがあるわけです。だから、仏語という一語について善導はわざわざ注目をしていくわけでしょう。

この法深要なり。好く須らく流布すべし。（『全集九』九九頁）

こういうふうに初めに押えています。この法は深要である。だから、よく須らく憶持して流布せよというわけです。さらになぜこう言うのかというと、

如来前には則ち摠じて告げて、安心聴受せしむ。（『全集九』九九頁）

というわけです。前に「諦聴諦聴、善思念之」と、こういうふうに語った。言葉をつけ加えて言うならば、「諦聴諦聴、善思念之」と言うた言葉は、この文へくると、「則ち別して阿難に勅して」いる。そして、「受持して忘るることなかれ」と、こう言うていますね。

「憶」といいますが、その「憶」という字は「不忘」ということです。だから、「受持して忘るることなかれ」と、こう言うた時に、それは憶念住持ということです。

曽我量深先生が住職とは何かという話をなさったことがあります。住職というのは館《やかた》を住持している人間を住職というのではない。住職というのは教法住持職だと言われたことがあります。教法

住持職というのは、極端に言うと阿難に代表されるような内容をもつのでしょう。それこそ仏陀によって勧持勧説された存在であるわけです。

ところで、釈尊によって憶念住持せよと、こういうふうに言われた。ところが、憶念住持して多くの人の処において、為に人々にこれを説いて流行せしめよと、こういうふうに言うたと、このように押えておいて、わざわざここで、

「仏語」と言うは、これ如来曠劫に已に口の過を除いて、言説有るに随って、一切聞く者の自然に信を生ずることを明す。（『全集九』九九頁）

と、これだけの言葉をつけたですね。これは大事なことでしょう。なぜここでこれほど力点を置いたのかということです。定善というふうに説かれるこれからの正宗分の経説を、聖道の学匠が考えたような観念論的人間の上に開かれた観法だと理解していくのは、それはなぜそういうふうに経典を領解するのかというと、仏語を聞いていないからだと言うわけです。つまり人間語を聞いている。したがって経典を読んでいても、経典に仏語を聞いていないわけです。

一言との出遇い

その仏語とは何か。善導は仏語を説明しています。如来は曠劫にすでに口の過を除いているというわけです。口の過を除いているということは、人間の言葉でないということです。つまり有漏の言葉ではないのです。だから、その時には「仏語と言うは」と言うて、わざわざ「如来」と、こう

いうふうに言い直しています。

だから、その口の過を除いた如来の言葉、つまり口の過のない清浄の言葉、いわば如来如実の言を宣説せよと、こういう意味だ。だから、人間のすぐれた言葉ではなくして如来如実の言だ。真理が人間の言葉になったような言葉、その「如来如実言」を説けと、こういうふうに言うために阿難を呼んだのだというわけです。いわゆる出世本懐の言葉をこれからおまえに語るからそれを説けと、こういうわけです。

そうすると、如来如実言とはいったい何かというと、

自然に信を生ずることを明す。（『全集九』一〇〇頁）

と言うています。如来如実言の証しが明瞭にあるのです。如来如実言を聞いているか、人間の言葉を聞いているかの証明は、聞いている方にちゃんと現われるのです。如来如実言とは、自然に信を生ぜしむる「言葉」だというわけです。そういう意味では、明瞭ですね。一言聞けば「ああ、そうか」と言えるような言葉なのです。

親鸞は「正信偈」ではっきり言うているでしょう。「応信如来如実言」と、このように言いますね。他の言葉を信じるのではない、「応に如来如実の言を信ずべし」と、こういうふうに言います。ちゃんとあそこで押えているのです。

そうすると、如来如実の言は自然に信を生ぜしむるという用きをもっている。教えを聞いて努力して悪戦苦闘してというのではなくして、それこそ聞いた、一語に触れたことによって、人間が開

かれるというような言葉です。
金子大栄先生が宗教を定義してこういうふうに語っていますね。

宗教とは、生涯を託して悔ゆることのない、ただ一句の言葉との出遇いである。

と。これはすばらしい定義だとわたしは思うのです。宗教というのは、いろいろな定義のしかたがあるでしょうけれども、宗教とは生涯を託して後悔することのない、ただ一句の言葉に出遇うことだというわけです。たくさん聞かなくてもいいのです。たくさん聞かないとわからないというのは人間の言葉です。一言でいい。その一言が聞きたかった、という一言に遇うことが大切なのでしょう。

人間は言葉をもって生きている存在であるがために、多くの言葉を聞けば迷うのです。あまりものを知ると迷わざるをえないのです。言葉に眩惑されるということがあります。その言葉が全部、消えていってしまうようなただ一句。その一句こそ、やがて信を生ぜしむるような仏語なのです。その一句は何かというと、

汝好く是の語を持て。是の語を持てというは、即ち是れ無量寿仏の名を持てとなり。
(『真聖全一』六六頁)

と、最後に仏陀が決着づけていく言葉なのです。そうすると、それはすべての言葉が無意味に終わっていく世界、いわば人間における実存的な限界状況ですか、そういうところで、「具足十念、称南無阿弥陀仏」と、こういうふうになるわけです。『観経』の下々品で、

汝若し念ずること能わずんば、応に無量寿仏と称すべし。（『真聖全一』六五頁）

というのと、『歎異抄』でいうならば、

ただ念仏して、弥陀にたすけられまいらすべし。（『全集四』五頁）

という言葉とピタッと相応じていますね。

親鸞が法然との出遇いを自ら語る時の信の内容は何かというと、

親鸞におきては、ただ念仏して、弥陀にたすけられまいらすべしと、よきひとのおおせをかぶりて信ずるほかに、別の子細なきなり。（『全集四』五頁）

と言うていますね。その「別の子細な」いというのが「自然に信を生ずる」ということなのです。別の子細があって、一言を聞いて、それからわかって、というのではなしに、別の子細ないわけです。いわば、比叡山における二十年、生まれてから二十九年の闇が、ただの一言で晴れていく。それが「自然に信を生」ぜしむる言葉なのです。

そういう意味で、如来の言葉を宣説せよと、こういうふうにわざわざ阿難を呼んだのだ。だから、如来の言葉だけが、実はやがて未来世の一切衆生が煩悩の賊のために法賊を失って苦悩・憂苦している存在に、人間を回復せしむる言葉なのだ。いつでも、どこでも、だれの上にでも人間を回復せしむる言葉、それは如来如実言だ。自然に信を生ぜしむる言葉だと、こういうふうにここでは仏語を明瞭にしていくわけです。

こういう一つ一つの規定が「定善示観縁」のところで特に細かくなされていく。そこに「観」ということについての、仏教の学問がもっていた長い観念論というものが破られていくということがあるわけです。ともかく、これから正宗分に入っていくことのために、序分の人間の解明の底から聞きとられてくる観法とは何かを、明瞭にしようとして、一句一句の経文を大切に見ていこうとするわけです。

四　勧修得益

四従《リ》㆓「如来今者《コムシヤト云》」㆒下至《ル》㆓「得無生忍」㆒已来《ハ》、正《ク》明㆓勧修《クワンシユ》得益之相《ノヲ》㆒。此明《ハス》㆘如来欲《ルコトヲ》㆘為《ニ》㆓夫人及《ヒ》未来等《ノ》㆒、顕《ノ》㆓観方便《ヲ》㆒、注《ト、メテオモヒヲ》㆓想西方《ニ》㆒、捨《シヤステ》㆓厭《エムシイトウ》娑婆《ヲ》㆒、貪《トム》㆗欣《コムセシメムト》極楽《ヲ》㆖。言《フ》㆓「以《イ》仏力故《コト》」㆒已下、此明《ス》㆘衆生《ノ》業障《シヤウ》、触《フル、ニ》㆓目《メニ》㆒生盲《マウナレハ》、指《サソ》㆓掌《タナコ、ロヲ》㆒謂《オモフ》㆓遠《トオシト》㆒、他方《タ》隔《ヘタ、レルコトチクハクナレトモ》竹簀《ウスヤウ》即踰《コユ》㆓之千里《ヲ》㆒、豈況《アニムヤ》凡夫分外《フンノホカニノ》諸仏境内《ノキヤウナイニウカ、ハシメムト》闚㆓心《ヲ》㆒、自《ヨリハ》㆑非《ス》㆓聖力冥《ノミヤウニカスルニ》加㆒、彼《ノ》国何《ナニ、ヨテカ》由得《エムト云コトヲ》㆗覩《ミルコトヲ》㆖。言《フ》㆓「如執《ニヨシユ》明鏡《キヤウ》自見面像《メンサウト》」㆒已下、此明《ス》㆘夫人及《ヒ》衆生等、入観《ニウ》住《ノチユセシメ》㆓心《ヲ》㆒、凝《コラノ》㆓神《ヲ》㆒不《サレハ》㆑捨《ステ》、心境《キヤウ》相応悉《ソク》皆《ナケン》顕現《スルコトヲ》㆖。当《アタテ》㆓境現時《ノニ》㆒、如《コトシ》㆔似鏡《カ、ミノ》中《ニ》見《ニ》㆑物無《ヲナキカ》㆓異㆒也。言《フ》㆓「心歓喜故得忍《コト》」㆒者《ハ》、此明《ス》㆘阿弥陀仏国《ノ》清浄《ニノ》、光明忽《タチマチニ》現《ス》㆓眼前《マナコノニ》㆒、何《ナンソタヘム》勝㆓踊躍《ユヤク》㆒、因《ヨルカコノヨロコヒニ》㆓茲喜《ニ》㆒故、即得《コトヲ》㆗無生之忍《ノヲ》㆖。亦《マタハ》名《ク》㆓喜忍《キト》㆒、亦名《ク》㆓悟忍《コト》㆒。亦名《ク》㆓信忍《ト》㆒。此乃玄《チハルカニ》談《タンス》、未《タ》㆔標《ヘウセ》㆓得処《シヨヲ》㆒。欲《ホス》㆑令《シメムト》㆓夫人等《ヲ》㆒悕《ネカハ》㆓心此益《ニノヲ》㆒。勇猛《ユミヤウ》専《セン》精《シヤウニ》心想《ニフテミム》見時、方《マサニヘシ》応㆑悟《サトル》㆑忍《ヲ》。此多是十《ク》信中忍《ノノナリ》、非《ス》㆓解《ケ》行《イ》已上忍《ノニハ》㆒也。（『全集九』一〇〇頁）

凡夫の盲目性

この四段目にはたくさんの問題があるわけですが、経典そのものは、

如来いま、韋提希及び未来世の一切衆生を教えて、西方極楽世界を観ぜしめん。仏力を以ての故に、当に彼の清浄の国土を見ること、明鏡を執りて自ら面像を見るが如くなるを得べし。彼の国土の極妙の楽事を見れば、心歓喜するが故に、時に応じて即ち無生法忍を得ん。

（『真聖全一』五一頁）

と、こういう経文ですね。ここのところに、観と得忍という、大きな問題が出てくるわけです。それを明らかにする時に、まず、

正しく勧修得益の相を明す。（『全集九』一〇〇頁）

と押えています。観を修めるということを勧めて、利益を得るというすがたをここには明らかにしているのだというわけです。ところが、その押え方のところで、こういうふうな書き方をしますね。

夫人及び未来等の為に、観方便を顕わして、想いを西方に注めて、娑婆を捨厭し、極楽を貪欣せしめんと欲することを明す。（『全集九』一〇〇頁）

というのが、この一段の意味だと、こう言うています。観法を勧めて、その観法によって得るところの利益のすがたを明らかにすると、こういうのですが、勧められる観法はいかなる観法か。そしてその観法によって得るところの利益とはいかなる利益かということが、ここでまず最初に明らかにされていかなくてはならない、という問題をもつわけです。

それにしましても、ここで非常にやっかいな読み方をしているわけです。それは「以仏力故」というこの一言に注意しまして、

「以仏力故」と言う已下、これ衆生の業障、目に触るるに生盲なれば、掌を指して遠しと謂う、他方隔たれること竹簀《ちくはく》なれども即ち之を千里に踰《こ》ゆ、豈に況んや凡夫分の外にして諸仏の境内に心を闚わしめんと、聖力の冥加するに非ず自りんば、彼の国何に由ってか観ることを得んと言うことを明す。（『全集九』一〇〇頁）

と、こういうふうに振り仮名をつけていますね。普通はこんなふうには読まないのでしょう。普通の漢文の約束にしたがって読んでいくなら、こんなふうに読むのではないですか。

これ衆生の業障は、目に触るるに生盲なれば、掌を指して遠しと謂う、他方隔つること竹簀なれども即ち之を千里に踰ゆ。

と、このように普通は読んでいくのでしょう。

「他方を隔てる」、つまり此処《ここ》と向こうとを隔てているのがわずか竹簀だというのですから、きわめて薄いものだというわけです。竹簀というのは竹紙みたいなものですね。竹の中にある薄っぺらい皮です。あの竹簀のような薄い距離しか隔たってはいないという事実に目が開かないからして、それがもう千里の距離があるかのように考えるということです。

二つの譬喩を出して、業障によって生盲として生きる人間のあり方というものを押えているわけでしょう。掌を指してそれを遠いと謂う。言い換えて言うと、他方を隔たること竹簀の隔たりしか

ないにもかかわらず、それを見て千里の隔たりがあるかのような錯覚をおこす。これが生盲なる凡夫のすがただと、こういうふうに押えておいて、だとすると、

豈に況んや凡夫分外の諸仏の境内心に闚わんや、聖力の冥加するに非ずよりんば、彼の国何によってか観ることを得んということを明す。

これの方はわかり易いですね。凡夫は業の障りによって心が盲目になっている。生まれながらに目が見えないようなものだ。だからして、手のひらのところに乗っているものでさえも、それが非常に遠いように思ってしまう。一枚の竹紙を隔てるようなわずかな距離であるのに、それを千里の隔たりがあるかの如き錯覚をおこしてしまう、それが凡夫だ。

そういうようにいつでも錯覚しか持ち得ないような凡夫が、凡夫の境内ではなくして、凡夫の境界を超えた諸仏の境界の内を知ろうとするのにどうして知ることができるか。もし知ることができるとするならば、それこそ諸仏の加威力によらなくては知ることはできないであろう。これでいいわけですね。それでよくわかるわけでしょう。

ところが、この加点本ではやっかいな読み方をしていますね。しかし、その読み方のところに一つの意味を押えているわけでしょう。「衆生の業障、目に触るるに生盲なれば、掌を指して遠しと謂う、他方隔たれること竹簣なれども、即ち之を千里に踰ゆ」と言うています。「踰ゆという」と言わないで、「千里に踰ゆ」と、こう言うて、「豈に況んや凡夫分外の」でいいのですけれど、「凡夫分の外にして」と、こう言うていますね。さらに「凡夫分の外にして諸仏の境内に」と言うて、

「に」という字をふりまして、「諸仏の境内に心を鬮わしめんと」と、こういうふうに読んでいます。

非常にやっかいな読み方をしているようですけれども、ここで衆生というものをはっきり、業障による生盲と、このように押えているわけです。業の障りによって生まれつきの精神的盲目者であると言い切る。この押え方は非常に厳しい押え方です。

絶対他力なる観

われわれの普通の考え方でいうならば、人間の業の障りによって、と、こう言われる時、煩悩によって業をおこし、業によって苦を受ける、苦によって煩悩をおこす、煩悩によって業をおこす、業によって苦を受けると、こういうことを惑業苦といいますね。

そうすると、そういう事実は業の障りでしょう。だから業の障りを取り除けば、実は仏に成れる。大ざっぱに言うと、そのように考えるわけでしょう。業の障りは、もとは惑、つまり煩悩にある。だから、煩悩を断除していくならば、業の障りはなくなる。なくなれば人間は仏になる。きわめて図式的に言いますと、そういうことです。

非常に図式化してしまいましたけれども、図式化した論理が仏教の解脱の論理なのでしょう。やはり煩悩によって業をおこし、業によって苦を受けるのですから、苦が問題になるとすると、苦はなぜおこったかというと、業によっているのだ。その業はどういう業かというと、煩悩におおわれた業だ。とすると、苦を解決するのは煩悩を断除していけばいいのだということになります。もっとも、仏教学では難しい言葉で言うていますけれども、図式化するとそうなるわけです。

そうすると、これは業障というけれども、払えるものだという予想があるわけですよ。ところが善導は、業障にして生盲だと、こう言うのです。業の障りであるけれども、業の障りは存在の障りだ。業の障りとは生まれながらのものである。もとは目をあいていたものが、いつのまにやら煩悩に覆われるようになって目が見えなくなった、だから払っていけばまたものが見えるようになるというのではなくして、生まれながらの盲目だというのです。生まれながらの盲目ということの内実を業障と、こういう言葉で押えているのだというわけです。

だから、目がいつかはあくだろうという期待は、人間のなかには持てないというわけです。人間そのもののなかに人間の努力を通して目があけるであろうというような期待は持てない。そういう期待を持つことが限りなく人間の事実を忘れさせていく。人間の事実というものを忘却のかなたへ追いやっていくようなものだ。こういう一つの押え方です。

このように押えておいて、その生盲である凡夫が、凡夫の分の外であるところの諸仏の境遇の内面に、実は目を開くことができるというのです。

解脱という言葉を使いますならば、業障という言葉のなかに解脱の可能性を人間が見ているのなら、それは確かに凡夫の境界でない仏の境界、すなわち未覚者の境界でない覚者の境界の内を闚うことは困難ではあろう。けれども、「難中之難」ではあってもやはり難という域であって、不可という域ではない。だとすると、一パーセントでも可能性が残るならば、その可能性というものに自己を託して諸仏の境界の内を闚っていこうという努力の方向をもちますね。ところが、そういうものの考え方全体を憂苦、と、このように押えた。つまり自分の努力に可能性を持つのは、そういう人間の深い苦悩に対して脱自的なのだと、こういうわけです。

いわば仏の境界を、凡夫のなかの可能性の一厘ででも見ることは不可能だ。ところが、絶対に仏から遠い存在、絶対に仏から隔たった存在である生盲なる凡夫が、凡夫の分の外なる仏の境遇の内面を心に闚うことができると、こういうわけです。いわば絶対に仏から遠い存在が仏の内面を闚うことができるという観法でなければ、実は凡夫の救いにはならないというわけです。

凡夫から仏への掛け橋はない、その橋のないはずの凡夫が仏の境遇の内面を心に闚うことができる、これはどうして可能なのかと、こういう問題です。だから、その定善というような観法、仏の境界を人間が闚っていく、見ていくというような観法という意味は、実はその能力が人間の内部にあると予想する可能性に託して、仏の境界を闚っていくというような事柄ではない。絶対に不可能なことが人間の上に成就するということでなくては人間を救うところの観法にならないのだと、こういう一つの押え方です。

だから、読み方の上にそういう精神をくみとって「凡夫の分の外にしていて」と、このように言うわけです。「凡夫の分外の境界」というだけなら、一応の言い方でしょう。ところが、「凡夫の分の外にしていて」というのですから、絶対に凡夫の分のなかには一厘の可能性も残っていない、「凡夫の分の外にして」しかも諸仏の境の内面を凡夫の心に閲わしむるのであるというのです。構造という言葉で言えば、そういう構造をもった観法をここに明らかにしようとするわけでしょう。だとすると、そういう構造をもった観法は、

聖力の冥加するに非ずよりんば、彼の国何に由ってか覩ることを得んということを明す。

（『全集九』一〇〇頁）

と押える。すると、この一文がグーッと生きてくるわけでしょう。そういう境遇は、聖力つまり仏陀の冥加の力、それによらないならば、どうしてそういうことが人間の上に可能になろうかというわけです。

いわゆる絶対他力観ということを善導は強調するわけです。人間の努力というようなものが、そこでも役立つというような夢を見るのではない。絶望なのだ。その絶望のところに成就するような「観」、それでなければ、あの王舎城の悲劇という一つの事件をくぐって明らかにされた人間を救う「観」にはならない。これを言うためにこういうやっかいな読み方までして、その意味を明瞭にしていこうとするわけです。ともかくそれで観というものが凡夫の努力の延長上にないということは明瞭にされました。

ところが、そういう凡夫の努力の延長上にない、しかも凡夫の上に成就する「観」とはいったいどういう「観」なのかというと、「如執明鏡自見面像」という、「明らかなる鏡を執って自らの面像を見るが如し」というような「観」だというわけです。だから、それを解釈する時には、

夫人及び衆生等、入観して心を住せしめ、神を凝らして捨てざれば、心境相応して悉く皆顕現することを明す。（『全集九』一〇〇頁）

と、こう言うています。ここで中途半端ではないのですよ。「観」、つまり仏の境界を闚うことは絶対に不可能である生盲の上に、仏の境界が全面的に現われるというのです。業障を払っていけば、九分九厘だめでも、あとの一厘の可能性があるというのではないのです。生盲、生まれながら盲目なのだ。その生まれながらの盲目、闇しか知らない凡夫に、かげりのない仏の境界が全顕するというのです。こういうところに、これから説こうとする定善観の性格が規定されているわけです。

言葉を換えて、観《み》るということで言うならば、生盲であるからして、絶対に不可能なのです。にもかかわらず、そこに顕現する、つまり見られた境界は全面的だというのです。仏の一部分ではないのです。全く見ることのできない凡夫の上に仏の境界が全面的に顕現するというのです。それはあたかも鏡の中に物を映してみれば、物は鏡にそのまま映るが如く、そこには映ったものと映されたものとの相異がないというわけです。そういう了了分明とした観法が成就する、そういう観法でなくてはならないのであって、その観法は仏の加護によらずには不可能である、と、このように押えていくわけです。

このように、生盲の凡夫の上に仏の境界が悉くみな顕現する、それがこれから説かれるところの観法なのです。だからこそ、そこに現われるものが歓喜なのです。「信心歓喜」の歓喜です。だから、阿弥陀仏の国清浄にして、光明忽ちに眼の前に現ず、何ぞ踊躍勝《た》えん、茲の喜びに因るが故に、即ち無生の忍を得ることを明す。（『全集九』一〇〇頁）

と、こういうふうに言うています。

生まれながら盲目である凡夫の上に、仏の境界が全面的に顕現するという観法の成就であればこそ、どうして歓喜せざることができようかと、このような質の歓喜として押える。そしてその歓喜によって得るところの領きこそ、それが観法によって与えられた利益として、『観経』に説かれる無生法忍というものである。こういうふうに押えていきます。

観念と事実

そうしますと、この展開のなかで、実は無生法忍という言葉の持っている、仏教における通途の既存の観念というものが、もうすでに破られているわけです。いうならば、善導がいつも相手どっていた浄影寺慧遠は、無生法忍を得るというのは、菩薩の段階でいうと八地以上だと、こういうふうに規定しています。その位取りはいろいろ仏教の学問により違いますけれども、慧遠は八地以上の菩薩だと、こういうふうに韋提の得忍を規定しているのです。

ところが、善導はそれにまっこうから反対するわけです。八地以上の菩薩というようなところへ韋提希を置くのはおかしいということです。しかしながら、にもかかわらず韋提希の得られるのが無生忍だというならば、従来の仏教学に問題があるというわけです。そこで無生法忍は八地以上の菩薩が得るというふうな、いわば既存の仏教の学問の観念のなかで定着していた無生法忍の意味と位置というものを改めて確認し撤回させるわけですね。

いわゆる無生法忍というのは八地以上だと、このようにランク付けがされていた。そうすると、そのランク付けがされたところに決められていて、それ以外はたとえどんな言葉で言おうとも無生法忍でないというふうに決めていたのでしょう。そして、決めた方をものさしにして経典の方を測ろうとしたわけです。

善導に言わせれば、それは逆だというわけです。無生法忍の中味はだれも知らないのだろうというわけですね。そういうふうに決めたか知らないけれども、無生法忍の中味は何であるかだれも知らないのだろう。知らない人間が八地以上というところへ、高い位だというわけでランク付けをしたとしても、そんなものがあるかないかわからないではないか、というわけでしょう。乱暴な話ですけれども、そういうようなものです。

とすると、無生法忍が具体的に人間の救いになる、いわゆる涅槃を認知するような智慧が具体的に人間の上に成就するとすると、それはどういうことなのか。それは『観無量寿経』の無生法忍という問題のところで善導は、既存の仏教の学問が定着化させてきた無生法忍の固定観念、これを破って、内実を明確にしたわけです。そこに今のこの一段があるわけでしょう。

なぜかというと、無生法忍を八地以上の菩薩の位に置きますと、定善という観法は、凡夫にとっては縁もゆかりもないものになるわけです。だいたい、八地以上というのはどんなものなのか知りませんが、言うている人は知っているのでしょうかね。どこからが八地以上で、何が八地以上なのかということになると、わからないのではないですか。

求道に五十二段の段階がありまして、十信・十住・十行・十回向と上がっていって、十地にいって、十地の菩薩のなかで七地沈空の難を解いたところが八地だといいます。それは任運無功用の菩薩の位だと、こういいますね。「わかった」といいますが、だれもわかっていないのでしょう。わかっていれば、うろうろしないはずですよ。わかっていない証拠にいつまでたってもうろうろしているのです。ただそういうふうに語られていたというところで押えてくるだけです。

だからして、八地以上であるか八地以上でないかという、そのランク付けをどこへ決めるかというような問題は、どのように規定してもいいわけで、実は無生法忍ということが具体的に智慧として人間の上に働くか働かないかが問題なのです。そうすると、働くとするとそれは歓喜という言葉で語られるような働きでなくてはならないわけです。いわゆる踊躍歓喜です。

ほんとうに人間が開かれたという実感のないような無生法忍というものは、言葉だけであって内容がないということになりますね。そうすると、そういう実感を内容とした無生法忍、それはいったい何か。生盲なる存在の上に絶対不可能なはずの仏の境界が全面的に開かれるとはどういうことか。それは期待した如くに与えられたのではなしに、期待を全く超えて与えられた、与えられたものは求めたものとは全く異質のものであった。そこに歓喜ということが起きるわけです。

そうすると、歓喜としてそこに与えられてきた無生法忍というのは中味がはっきりしているわけです。無生法忍というのは、いろいろと難しい規定はありましたけれども、無生法忍の中味はそれほどはっきりしていなかった。ところが、善導にいたってそれが明瞭になったわけです。

亦は喜忍と名づく、亦悟忍と名づく、亦信忍と名づく。（『全集九』一〇〇頁）

と、こういうふうに言っています。無生法忍を得るということはどういうことかというと、喜びの智慧を得ることだ。喜びの智慧であるから、それは悟りの智慧だ、悟りの智慧というのは具体的にいうと信心の智慧であるというわけです。したがって、喜・悟・信という三つの言葉で無生法忍の中味を明確にしたわけです。

それは、ほんとうに開かれた人間です。その開かれたという、その喜び、それが「喜」でしょう。そして、開かれたというめざめ、それが「悟」です。その喜と悟とを内につつんだ頷き、それが信心という「信」です。だから無生法忍とは、その喜・悟・信の三忍を得ることなのだと、こういうふうに押えてくるわけです。

得忍

ところが、そこで一つ問題を立てています。

これ乃ち玄《はるか》に談ず、未だ得処を標せず。夫人等をして心にこの益を悕わしめんと欲す。勇猛専精に心に想うて見ん時、方に忍を悟るべし。（『全集九』一〇一頁）

と、こう言っていますね。経典で、「心歓喜するが故に、時に応じて無生法忍を得ん」と言うてはいるが、喜・悟・信という言葉で内容が明らかにされたような無生法忍がここで得られるのだというふうには、ここでは規定していない。だから、どこで得られるかはまだそこには書いてないと、こういうふうに善導はわざわざ注意しています。

ここでは玄《はるか》に談ずるのだ、したがってもっと先でそのことは談ぜられるのだ。ただここでそういうふうな教えが説かれているという意味は、やがて韋提希夫人をはじめとする未来世の一切衆生に、この益を得ようという、その願求の心を起こさしめようとするのだ。勇猛精進に観を成就しようとして、そういう方向を明らかに指し示して、忍を得るということをここでは規定しているのである。ここで忍を得るということではないのだと、こういうふうに言うわけです。

ここで一つ問題があるのです。この問題はいちばん最初の「玄義分」のところで、すでに問題にされていたわけですが、無生法忍をどこで得るかという、いわゆる韋提得忍という問題ですね。韋提希夫人という人は無生法忍をどこで得たのかという問題を非常に重要な問題として立てているわけです。多くの学者たちは、韋提希夫人が無生法忍を得ることができたのはどこかというと、『観無量寿経』の十六観の観法の教えが終って、下品下生の教えまで終った時だと言うています。つまり十六の観法の教えを聞いた韋提希および五百の侍女が、
心に歓喜を生じ、未曽有なりと歎ず。廓然として大悟し、無生忍を得たり。

（『真聖全一』六五頁）

こういうふうに『観無量寿経』に説いてあります。そうすると、「無生忍を得」ると、このように

書いてあるのですから、その時に得忍したのだというのです。

このように主張する人々と、もう一つは、ここの段階にやはり無生法忍ということがあるので、ここで韋提希は無生法忍を得るということがあったのだというわけです。そして、韋提希夫人を無生法忍を得るような人間としてここで規定する。そういう韋提希夫人は決して凡夫ではなくして、実は聖者であったのだ。聖者が凡夫のすがたを仮りにとって、われわれにこの苦悩を示したのだと、こういうふうな見方をとっていく。そういう二つの見解があるわけです。

そこには矛盾が出てくるわけですね。無生法忍というものを八地以上という高い位の菩薩しか得ることのできない智慧だと、このように規定しますと、韋提希夫人という人間を、『観経』のヒロインである韋提希夫人を凡夫だというわけにいかないわけです。これは矛盾していますね。ところが、もし韋提希をどうしても凡夫だというならば、無生法忍というものは得ることはできないということになる。そうすると、どちらか変えなくてはならない。どちらも成り立たせようとすると、なんとかここで一つ操作をしなくてはならない。

どのように操作するかというと、聖者が凡夫の姿をとったのだとするわけです。八地以上の菩薩というのは還相利他の徳を成就する菩薩です。だから、凡夫のすがたをとることのできる位です。衆生を救うために凡夫のすがたをとることができるというのが八地以上の菩薩です。

とすると、八地以上の菩薩なればこそ韋提希は凡夫だと、こういうふうに言える論理を必要とするわけです。そうすると、凡夫というのは、仮りのすがたとしての凡夫、芝居としての凡夫だというわけです。

それにまっこうから反対したのが善導でしょう。韋提希夫人は実業の凡夫だ。韋提希夫人は芝居をしている役者でない。現に今生きている人間だ。実業の凡夫にして、しかも無生法忍を得るということが、この経典の生命なのだと言うわけです。いわゆる、韋提希を中心とするあの王舎城の悲劇は業縁の事実であり、そして韋提希夫人は実業の凡夫だ。実業の凡夫なればこそ得ることができる無生法忍でなければ、無生法忍という意味も内容を失うというわけです。

この主張は、大きく言いますと、従来の仏教の学問全体に対する一つの否定でもあるわけです。否定といいますか、その内容を告発していくような問い方でもあるわけです。

それでは韋提希夫人はどこで、どのようなすがたで無生法忍を得たのかといいますと、善導の主張は「華座得忍」だというわけです。日想観から順に観法が進んでいきまして、華座観で、汝がために苦悩を除くの法を説こうと、このように釈尊がわざわざ改めて言いますね。そうしたとたんに、釈尊の言葉が消えて、空中に突如として弥陀・観音・勢至の三尊が現われた。それを拝んで韋提希夫人はひれ伏したという、一見神秘的な表現をとった出来事がそこに出てきますね。あそこで無生法忍を得たのだと、こういうふうに善導は言うのです。

これはほんとうに仏語を聞いている人でないと言えないことなのです。なぜかというと、華座観のところには無生法忍を得たなどという言葉は一語もないのです。無生法忍を得るとか、得たとかいう言葉があるのは、「定善示観縁」のこの部分と、いちばん最後の「廓然大悟、得無生忍」という二つのところにしかないのです。そうすると、経文の上に文字で書いてあるところで得たのでないのだと、このように善導は言うて、文字に現われていない華座観のところで韋提希は無生法忍を得たのだと、こういうふうに主張するわけです。それこそ仏語を聞いた韋提希にとって、華座観の教えが明らかに語りかけてくるわけです。そこには無生法忍という言葉はないけれども、無生法忍を得た内容があありうすがたとして顕現しているのだと、このように感得していくわけです。

そうしてみると、いちばん最後に「廓然大悟、得無生忍」というのは、その華座観で領いた得忍の事実を、改めて確認したのが最後の経典の結びなのだと、こういうふうに見ていくわけです。そういう問題があるものですから、わざわざここで善導は断わっているのです。

だから、「これ乃ち玄に談ず、未だ得処を標せず」と、得る処というものはまだここに明らかになっていない。はるか後に至ってこのことが具体的に説かれるのである。ここにわざわざ無生法忍を得るというようなことが示されるのは、韋提希夫人をはじめとする人々に、その無生法忍を求める心を起こさしめ、勇猛精進にして、その観にしたがって忍を悟ろうという心を起こさしめんがためであると、こういうふうに押えていくわけです。

信心の智慧

ところが、更にもう一つ念を押して、

これ多く是れ十信の中の忍なり、解行已上の忍には非ざるなり。（『全集九』一〇一頁）

と、このように言うています。善導の書き方は、仏教学の通途といいますか、仏教学の常識としてある菩薩の段階にしたがって言うているのです。十信という位から始まって、十住・十行・十回向・十地・等覚・妙覚・仏の位、こういうふうに凡夫から仏までの段階が決められているわけです。これは仏教の常識です。前ほどらい、言いますように、多くの『観経』の解釈者は、七地以上・八地の菩薩のところに無生法忍を得る位置を決めているわけです。

ところが善導は、そういう決め方の観念論というものを否定しているのです。いわゆる規定に準じて今言うところの無生法忍というのは、十信のなかで語られるような忍であって、解行已上の忍ではないと、こういうふうに言っている。このように言いますと、やはり解行已上の忍は高い位であって、十信のところで得る忍は低い位の忍だというふうに一見みえますね。こういう順番を決めておいて、決めたことを前提として、韋提希の得忍は解行已上の位の忍ではなくて、十信のところの忍をいうのだと、こういうふうに善導は言うているのです。だから、それをその言葉通りにとると、やはり韋提希が得たところの忍というのは、無生法忍というけれども、程度の低い無生法忍だろう、もう一つ高い無生法忍があるのだろうと、こういうふうになりそうです。しかし、そうではないのです。

善導が言いたかったのは、この「信」という言葉だけほしかったのです。十信以外は凡夫の位です。凡夫で道を求める位ですけれども、ただ位としての十信で得る忍ということではなくして、この「信」という一字がほしかったのです。信心によって得るところの忍ということを言いたかったわけです。

いわば善導の場合には、聖道の諸師を相手にしながら、『観経』を読んでいるのですから、それにのっとって話をしているわけです。しかしながら、善導が言いたい精神は、十信の位ということではなくて、いわば「信」の一字だけがほしかったのです。

そのことを明瞭に読み取ったのが親鸞なのです。これは親鸞までこないとそのことははっきりしない。親鸞のところへきますと、そのことが非常にはっきりします。たとえば、「正信偈」のなかで、

行者正しく金剛心を受けしめ、慶喜の一念相応して後韋提と等しく三忍を獲ん。即ち法性の常楽を証せしむといえり。(『全集一』九〇頁)

と、こういうふうに言うています。そうすると親鸞は、いわゆる「慶喜一念相応後」というのですから、信の一念のところで韋提と等しく三忍を獲る。三忍は喜・悟・信です。韋提と等しく三忍を獲る。したがって、「与韋提等獲三忍」というわけです。いわゆる韋提と同じく三忍を獲る、即ちその時に法性の常楽を証する身になる。このように言うわけです。

いわゆる忍という意味が、親鸞のところまできました時、なぜ善導は十信の位の忍だというようなことを言うたのかということの意味が、親鸞の頷きを通して明瞭になるのです。そうすると、「十」という字はいらないのであって、「信」という字だけが必要だったわけです。信の一念において成就するところの智慧、それを韋提希の無生法忍という。だから、『観無量寿経』に説かれる

無生法忍というのは信心の智慧だ。信心の智慧のことをいうのだ。このように言い切ったのが親鸞ですね。これはやはりこの「信」の一字があったから親鸞は見つけてきたのですよ。それと「聞其名号、信心歓喜」という、いわゆる願成就の文と、ピシッと一つにして親鸞は見取ってきたわけです。

それがもう少し詳しくなっているのが、『浄土文類聚鈔』です。『浄土文類聚鈔』のなかに「念仏正信偈」というのがあります。あの「念仏正信偈」のなかにこういうところがあります。

入涅槃門値真心　必獲於信喜悟忍

得難思議往生人　即証法性之常楽（『全集二』一四四頁）

という言葉があります。

涅槃の門に入るは真心に値うなり　必ず信・喜・悟の忍を獲れば　難思議往生を得る人なり

即ち法性の常楽を証す。

と、こういうふうに言うています。そうすると、ここではっきりしていますね。「涅槃の門に入る」というが、涅槃の門は何かというと、親鸞ははっきり信心だと言います。涅槃の門に入って真心を獲る。そうすると必ず「信・喜・悟」の忍を獲ると、こう言うています。善導の場合には「喜・悟・信」と、このように言うたでしょう。それを親鸞はわざわざひっくり返しまして、「信・喜・悟」と、このように言うています。

そうすると、ここで親鸞が強調しているのは、「信心歓喜」という、それが智慧の内容なのだということです。だから、必ず信・喜・悟の忍を獲る。その獲た人を難思議往生を得る人というと、こういうふうに押えて、即ち法性の常楽を証するのだと、こういうふうに明瞭にしています。

これは、親鸞にいたってはっきりしたことです。善導がなぜあそこでがんばって、十信の位の忍であって解行已上の忍ではないのだというようなことを言わなくてはならなかったのかという意味が、親鸞のところへきて初めてはっきりしたということです。

とすると、ここで一つ明瞭になりますことは、生盲である凡夫の上に悉くみな顕現するような仏の境界、そういう観法は、押えていきますと、信心という言葉で語られる事柄の内面なのだということです。その一点にまでつきつめられていくわけです。

五　是凡非聖

五従《リ》二「仏告韋提《ト云》」一下至《ル》二「令《リヤウニヨ》 汝得見《ニ》」一已来、正明《ス》下夫人是凡《ホムニメ》 非《ス》レ聖《ニ》、由《ヨルカ》レ非《サルニ》二聖《ニ》一故《ニ》、仰《アオイテオモムミレハ》 惟 聖一力冥《リキミヤウニ》 加《カメ》、彼国《ノ》雖《トモハルカナリト》レ遙 得《コトヲ》中 覩《ミルコトヲ》上。 此明《ス》下如一来恐《オソラクハ》 衆生置《オイテマトヒヲ》レ惑 謂《イヒテ》三 言夫人是聖《ハレ》 非《ニメスト》二凡《ニ》一、由《ヨルカオコスニ》レ起二疑《ヒヲ》一故《ニ》、即《チ》自《ラ》生《セムカウ》二怯一弱《ニヤクヲシカモ》《ヨハシ》一。 然 韋提現《ハ》是《ニ》菩薩《レ》、仮《ナリ》 示《カリニシメス》二凡身《ホムヲ》一、我等《ラ》罪人《ニ》、無《シ》レ由《ヨシ》二比《タクラヒ》 及《フニ》一、為《ノ》レ断《タンセムカ》二 此《ノ》疑《ヒヲ》一故《ニ》、言《コトヲ》中「汝《ニヨ》是凡夫《ト》」上也《ナリ》。言《フ》二「心想羸劣《ルイレツト》」一者《ハ》、由《ヨルカ》二是凡《レホムナルニ》一 故曽《ニカツテ》 無《シ》二大志《ノコヽロサシ》一 也。言《フ》二「未得《ミ》天眼《ト》」一者《ハ》、此明《レス》下夫人肉眼《ノニク》所《トコロノ》二 見《ル》一遠《オン》一近《コン》、不《ス》レ足《タラ》レ為《スルニ》二言《コトヲ》一、況《ハムヤ》浄土弥《イヨ〳〵》 遙《ハルカナリ》、云一何可《ソヘキト云コトヲ》中 見《ミル》上、言《フ》二「諸仏如来有《ウ》異《イ》方便《ト》」一已下《ハ》、此明《レス》下若依《シテ》レ心《ニ》所《ロノ》レ見《ル》国土《ノ》荘厳《ナラハ》 者、非《ス》二汝《ナンチホンノ》 凡 能《ク》普悉《クシチスルニ》一、帰《クヰスルコトヲ》中 功《クウヲ》 於仏《ニ》上也。

（『全集九』一〇一頁）

根拠なき断定

この五段目では、前の四段目のところで観法というものと利益の得忍ということになぜ力点を置いて説いてきたのかということが明らかにされるわけです。経文そのものは、

仏韋提希に告げたまわく。汝は是れ凡夫なり、心想羸劣にして、未だ天眼を得ざれば、遠く観ること能わず。諸仏如来に、異の方便有まして、汝をして見ることを得しむ。

（『真聖全一』五一頁）

という、これだけの経文です。仏が韋提希にこういうふうにおっしゃった。おまえは凡夫である。心の劣った者であって、未だ天眼を得ていない。だから遠く観ることはできないのだ。しかし幸いにも諸仏如来にはいろいろな手だて、方便があって、汝をして見せしむるのだと、こういうふうに説いてあるわけです。

だから、素直にこの経文に耳を傾ける耳さえあれば、韋提希を大権の聖者だなどと言う必要はないのです。いわゆるこの言葉が仏言なのですから、仏言を素直に聞く者であるならば、「汝は是れ凡夫」だと、こう言うているのですから、その凡夫は聖者だなどと言う必要はないのです。韋提希を聖者の位に位置づけたのは、経典の言葉に耳を傾けていなかったという明瞭な証しなのです。

経典にこのように明瞭に書いてあるのに、凡夫のことではない、聖者のことだと、人間が勝手に

言うているのですよ。そのことを善導はここで押えるのです。仏陀の言葉を素直に聞けば、いろいろな理屈は出てこないはずではないかというわけです。仏陀は、

汝は是れ凡夫なり、心想羸劣にして、未だ天眼を得ざれば、遠く観ること能わず。
（『真聖全一』五一頁）

と、わざわざこう言うていてくれるにもかかわらず、そういう言葉に耳を傾けないで、あれは凡夫でないのだと力もうとするところに人間の問題がある。その問題をここで解釈して、次のように言うわけでしょう。

夫人是れ凡にして聖に非ず、聖に非ざるに由るが故に、仰いで惟んみれば聖力冥に加して、彼の国遙かなりと雖も観ることを得る。（『全集九』一〇一頁）

ということを、ここでは明らかにしているのだと押えています。

韋提希夫人は実業の凡夫であって、聖者ではない。聖者ではないからこそ、仰いで惟んみれば仏の力によって阿弥陀の国は遙かであると雖もそれを観《み》ることができるのである。

これは前の問題を押えたのですね。もし韋提希夫人が凡夫でなくて聖者であったならば、仏の世界を見ることができなかっただろうというのです。普通の考え方とは逆ですね。聖者でなければ仏の境界は見ることができないというのが一般の領解だったのでしょう。だからして、韋提希夫人を聖者にしなくてはならなかったわけです。ところが、韋提希夫人は聖者でなくて凡夫だと、凡夫だということが仏の境界を見ることのできる唯一無二の条件だ、もしあえて条件と言うならば、そう

いうことです。凡夫であるから全面的に仏の世界を見ることができるのだというわけです。いわば聖者というようなところに観念化があるのです。観念化していく限り、仏の境界が全面的に現われるということはないのだと、このように押えていくわけです。

ところが、残念ながら人間のなかには妙な錯誤が起こるものだというのです。

これ如来恐らくは衆生惑いを置いて、（『全集九』一〇一頁）

いわゆる混乱状態を起こして、経典に説いてある韋提希夫人は、これは聖者であって凡夫ではないに違いないという疑いを起こす。自分で勝手に疑いを起こしておいて、自分の疑いによって、わたしはとてもだめだといって、しりごみをしてしまうというわけです。

疑いを起こすに由るが故に、即ち自ら怯弱を生ぜん。（『全集九』一〇一頁）

と、こういうわけです。韋提希夫人という人は、あれはほんとうは聖者なのだ、聖者でなければ無生法忍が得られるはずはないと、このように勝手に決めておいて、そういうふうに疑った心で自分を見てみると、とても聖者などと言えもしないし、聖者になる可能性もない。とてもこの教えはわたしには縁がないと、こういうふうに勝手に教えを規定していく。そのくせ、また一方においては、

然も韋提は現に是れ菩薩なり、仮りに凡身を示す、我ら罪人に、比《たぐら》び及ぶに由なし、（『全集九』一〇一頁）

こういうふうに思うと押える。いわば、自分で画いた絵で、その絵におびえて自分が躊躇逡巡しているようなものですね。仏陀の言葉、仏語をほんとうに聞けば、このような問題は出てこないので

すが、仏語を聞かないで経典の文字を見て勝手に決めてしまうわけです。

いわば、向上的と申しますか、もっと言葉を換えて言えば、理想主義的な人間観のところで、人間観というのを勝手に決めておいて、そして『観経』を読むと教えの通りに読めなくなり、教えの通りに聞けなくなるわけです。聞けなくなったということが、バチがあたることなのです。どういうバチがあたるかというと、凡夫でないといって決めて、凡夫でない聖者のために説かれた教えは自分にはとても及びもつかないとしりごみするのです。いわば韋提希は凡夫だと書いてあるが、あれはうそだろう。実はあれは聖者なのだ。自分のような罪業の深いものはだめだと、こういうふうに言うわけです。そういう疑いを破るがために仏はわざわざ言わなくてもいいことを言わなくてはならなかった。

もうすでに『観無量寿経』の序分の最初からそのことが明らかになっていたにもかかわらず、ここまできて「汝は是れ凡夫なり」と仏はわざわざ言わなくてはならなかったのだ。「汝は是れ凡夫なり」と、わざわざ言わなくても今までの王舎城の悲劇を通しての経文をじっと耳をすまして聞いていたならば、凡夫以外にあのようなことは起こりっこないことはわかるはずなのだというわけです。

しかし、それを芝居だと見ている人間がいる。だから、そのためにわざわざ「汝は是れ凡夫なり」と言い、その凡夫であるということをさらに押えて「心想羸劣」と言い、さらにもっと押えて「未得天眼」、未だ天眼を得ずと、このように一つ一つ押えていくのだというわけです。

このように一つ一つ押えていって、にもかかわらず、そういう人間のために、諸仏如来には諸々の方便があって、その方便によって全面的に阿弥陀の世界を見ることができると、こういうふうに説くのである。だから、これは全く凡夫のなかにおける可能性に託して説かれる観法ではなく、全面的に仏力によって成就する観法だということを明らかにするために、わざわざここまできて仏陀が、

汝は是れ凡夫なり、心想羸劣にして、未だ天眼を得ざれば、遠く観ること能わず。
(『真聖全一』五一頁)

というようなことを、念を押して言わなくてはならなかったのだ。そして、そういう凡夫の上に成就する観法は諸仏如来の諸々の方便によって成就するのである。このように説き示されているのだ、と、こういうふうに善導は押えていくわけです。

独断の破れ

こんなふうに見てまいりますと、ここで一つ最後に言うておきますと、人間の独断というものが破られているということです。いわゆる仏陀の言葉に遇いながら、遇ったという意識をもってする人間の独断というものが、ここで破られているのです。

仏の教えを聞いている、仏教を学んでいるという独断です。仏教を学んでいるという全体が、仏の言葉から遠くにいるということに気づかないという独断ですね。教説に対する独断は、同時に人

間存在そのものについての独断なのでしょう。仏陀の教説に対して人間がもつ独断は、独断するような人間存在そのものの独断でもあるわけです。だから、人間存在の独断が二つの面で出るのです。一つは憍慢、一つは卑下です。慢というのは独断なのです。邪見憍慢というのですから、見によって慢が起こるのです。

だから、「わたしはとてもだめだ」というのも慢だし、「わたしは大丈夫だ」というのも慢なのです。どちらも独断なのです。それをここではこういうふうに押えています。独断によって自己を卑下する方のあり方を、

自ら怯弱を生ぜん。然も韋提は現に是れ菩薩なり、仮りに凡身を示す、我ら罪人に、比び及ぶに由なし、(『全集九』一〇一頁)

と言うて、「この疑いを断ぜんがために」と、こう言うています。そこに卑下の独断というのがありますね。そして、もう少し終りのところに、

「諸仏如来有異方便」と言う已下は、これ若し心に依って見る所の国土の荘厳ならば、(『全集九』一〇一頁)

という言葉で押えています。こんなふうに読まなくてもいいわけで、

心に依って見るところの国土の荘厳は、汝凡の能く普く悉するに非ず。

と、こういうふうに言えばいいのですけれども、それをわざわざ明瞭にするために読み変えるわけでしょう。人間の心によって見ることのできるような国土の荘厳であるならば、と言うています。

浄土という世界がそういうものだというふうに意識して観法を成就しようとするならば、ということですね。浄土、仏、それを人間の心によって見ることのできる世界だというふうに意識して、観法を成就しようとするならば、それは汝凡夫の能く普く悉く見ることのできる世界ではないと、こういうわけです。

だから、自分はとても罪障が深くしてだめだというのも、独断の故に起こってきた事柄だし、心によって見ることができると、こういうふうに意識するのも独断の故に起こってきた心なのです。憍慢というかたちで起こってきた心で見るのも独断だし、卑下というかたちで自分をだめだと、こう言うのも独断だ。その卑下の独断と、憍慢の独断から人間を解放して、あるがままの人間の上に公なる事実の世界が開かれる、それが浄土の観法なのだと、こういうことをここでは明瞭にしようとするわけです。そのために「汝は是れ凡夫なり、心想羸劣にして未だ天眼を得ざれば、遠く観ること能わず、諸仏如来に異の方便有まして」浄土を観ることができると、こういうふうに念を押したのであると、こういうわけです。

六　牒恩起問

六従《リ》二「時韋提白仏」《ト云》一下至《ル》二「見彼国土」《ニ》一已来、明《ス》下　明《ス》下夫人領《リヤウ》二解《ケスルニ》仏意《ヲ》一、如《コトキ》二上光台《タイノ》所見《ノ》一、謂《オモヒキ》二是《レ》

其《ノ》夫人重《カサネテ》牒《テフメ》二前《ノ》恩《オンヲ》一、欲《スル》三生《キセムト》二起《ノ》後問《ヲ》一之意《ヲ》上。此　已《ニ》能向《クサキニ》見《ミツト》一、世尊開示《シ、》下始《ハシメテシヌ》知《ニ》是《レノ》仏方便之《ノ》恩《オムナリト》一、

若尒《シシカラ》者《ハ》仏今在《マセ》レ世《ニ》、衆生蒙《カムテ》レ念《ヲ》可《ヘシ》四レ使《シム》得《エ》三見《ミムコトヲ》二西方《ヲ》一、仏若《シ》涅槃《ハンシテ》下不《サラン》レ蒙《カフラ》二加《カ》一備《ヒヲ》一者《ノハ》、云《イカンソカ》一何得《ウト云コトヲ》中見《ミムコトヲ》上也。（『全集九』一〇二頁）

積極的受動

この辺の経文については、短く経説を切りながら善導が押えていくわけです。

時に韋提希、仏に白して言さく。世尊、我が如きは今、仏力を以ての故に、彼の国土を見たてまつる。（『真聖全一』五一頁）

という、これだけの経文ですが、これだけの経文について、善導はひとつ注意をしているわけです。善導が序分のなかでいちばん力を入れてきた一点、そしてまた親鸞もそれによって『観無量寿経』という経典に触れ、『観無量寿経』の和讃を作った力点が光台現国ということです。その光台現国のことを韋提希夫人は「汝は是れ凡夫なり、心想羸劣にして」という仏語を通して頷いていく。そういう韋提希の頷きをここでは明らかにしていこうというわけでしょう。だから、

汝は是れ凡夫なり、心想羸劣にして、未だ天眼を得ざれば、遠く観ること能わず。諸仏如来に異の方便有まして、汝をして見ることを得しむ。（『真聖全一』五一頁）

というこの仏陀の言葉を聞いて、その言葉にしたがって韋提希自身が自ら、

時に韋提希、仏に白して言さく。世尊、我が如きは今、仏力を以ての故に、彼の国土を見たてまつる。（『真聖全一』五一頁）

と、こういうふうに領いたというわけです。こういう仏陀の言葉と、それへの韋提希の領きとのなかに、実は非常に大きな問題が隠れているわけです。そのことを善導は、

　夫人重ねて前の恩を牒して、後の問いを生起せんと欲するの意を明す。（『全集九』一〇二頁）

と、こういうふうに言っています。「重ねて」ということは、前に言ってあったことであるわけですね。その前にあったこととは、光台現国の時に韋提希自身が自らの口を通して仏陀に、諸仏の世界もみな光明の世界であって尊いけれども、自分は極楽世界の阿弥陀仏の所に生まれようと願うと、こういうふうに言うています。

　そこですでに諸仏の世界を見せてもらった恩というものについて韋提希自身は領いて、そしてそれに感謝して、そしてそこから別選という、韋提希自身が阿弥陀の世界に生まれようということを自ら申し出るわけですね。そのことが前にあるわけですから、そのことの意味がここでさらに「重ねて」韋提希自身の心のなかに明らかにされたということです。

　前に一度お礼を言うて、そのなかから韋提希自身が自分の生まれる世界はここであると見定めて、そこへ生まれる道を問うたわけです。そこですでに韋提希は仏によって諸仏の世界を見せてもらったという一つの領きがあったわけです。ところがその領きがここまできますと、さらに領きのなかに韋提希自身が自ら忘れていた、あるいは自ら気がつかなかった一点が隠れていた。それについてここでは「重ねて」と言うわけです。だから、「重ねて前の恩を牒して」と、こういうわけです。

　「前の」というのは、光台現国で諸仏の世界を見せしめてもらい、その諸仏の世界のなかから阿

弥陀仏の浄土を願う存在となりえた、そのことがまたここで押えられてくるわけです。ところが、そういうふうに光台現国のところで諸仏の世界を見た。ところが、見たことが「汝は是れ凡夫なり、心想羸劣にして」という教説をくぐって改めて韋提希のなかに領かれてみると、見たことは、実は見せられた世界だったわけです。

こういうことは、真宗学をやっていますと、「見せられた」というとそれですんでいくように思うことがある。何でも受け身の表現をとれば、それでもうことは解決するように思っているのではないかと思うのです。しかし、そういうわけにはいかないと思いますね。

やはり「重ねて牒す」というところに「見た」という事実があるわけでしょう。「わたしは見た」と、こういうことをくぐらなければ、見せしめられたということは嘘になるわけです。嘘というのは、自分との間に間隔があいてしまうわけです。見たという、ほんとうに体に触れているような実感をくぐらなくして、見せしめられたと言う限り、見せしめられたということは押えてみると、自分には痛くも痒くもないというところで、ものを言うているということになるのではないですか。そういう意味では、身に覚えがあるという事実をくぐって、その覚えのある身の底に見せしめられたという世界がさらに領かれてくる。そこに「重ねて前の恩を牒して」というわけです。

わたしは光台に現われた諸仏の国を見、その諸仏の国のなかから特に阿弥陀の世界を選ぶ存在になった。そこには、見て成ったということがあるわけでしょう。その見て成ったということが、実はここまできて押えられてみると、見せしめられて、成らしめられていたのだということですね。

だから、見て成ったことでしょうけれど、「重ねて前の恩を牒して、後の問いを生起せんと欲するの意を明す」と、このように言うているわけです。

前の恩に領くということが、同時に後の問いを起こすというわけです。そういう本意が、韋提希自身が仏陀に向かって言うた言葉のなかに含まれているのだというわけです。韋提希自身、重ねて前の恩を牒し後の問いを起こそうとする本意が、この言葉のなかには秘められている。こういうふうに押えていくわけです。

それでは、後の問いというのはどういう問いなのかというと、大きな問いなのです。仏滅後の衆生はいったいどうなるだろうかという問いです。前の恩というところでは、自分の救いはこの方向にあるのだということを見出した時の自己ですね。自分の救いの方向はここにあったのだというのが、光台現国のなかから安楽世界を選ぶという韋提希の別選です。

ところが、その別選の深意というものが領かれてみると、韋提希という存在の救いの方向は、同時に内にさらに一つの大きな問いを持っているわけです。それは、未来世の一切衆生はどうなるか。仏滅後の一切衆生はどうなるかという問いを内に包んだような、そういう内容をもっているわけです。

いわば、一度も人間がそういう問いを内に持ったことがない、自分のことしか考えない人間、つまりエゴイズムのかたまりであった人間に、そのエゴイズムが破れて、エゴイズムの破れた底から自分の救いを求めるわけです。その方向に同時に未来世の一切衆生の救いを問うという問いを包んでいるということです。だから、「重ねて」という意味は非常に重要な一字なのであります。

如来の密意

前のあの光台現国のところを解釈する時、善導はこのように言うていますね。

これは如来の意密を彰わすなり。（『全集九』八六頁）

と言うています。いつも申しますように、重要な点になりますと、一見きわめて象徴的にしか説かれないというのが、特に『観無量寿経』の特徴だと思うのです。『観無量寿経』という経典はある意味では非常に具体的な経典なのです。あえて序分の一つ一つの出来事をとりましても、人間におけるきわめて具体的な事実をくぐっていくわけです。そうすると、定善といわれる十三観も、散善というかたちで善導が押えた九品の教えも、実はここにこうして生きている人間存在が、いかにして阿弥陀に遇うかという、きわめて具体的な事柄が説かれているわけですね。そういう意味では、『観無量寿経』という経典は非常に生々しいわけです。

ところが、そういうきわめて具体的な教えのなかで最も重要なところへくると、一つの象徴化が行なわれるわけです。その第一が光台現国でしょう。そしてもう一つ大きいのは華座観の空中住立でしょう。このように大きく言いますと、光台現国と空中住立という二つの、人間の常識から言うならば象徴としてしか領解することのできない教えがあるわけです。だから、その教えをどのように現実の存在として聞きとっているかということが、経典の意味を明らかにするキーポイントになるわけです。

その光台現国ですけれども、この光台現国について善導ははっきりと、これは如来の意密を彰わすのであると押えております。その如来の意密というのは如来の密意です。その如来の密意が現われるすがたが、あの「光台現国」のなかから阿弥陀仏の浄土を選ぶという事実のところにあるわけで、それを善導が解釈する時、

彼の所須に信《まか》せて心に随って自ら選ばしむ。（『全集九』八六頁）

と、こういうふうに解釈しましたですね。「彼の所須に信せて」というのです。「彼」というのは韋提希自身です。韋提希自身の願うところに随って、自ら選ばしむと、こういうふうに言う。これが意密だというわけです。

これは象徴的な説き方ですが、光台に現われた諸仏の国土を観見した韋提希が、その観見するなかから阿弥陀仏の浄土を選んだ。その阿弥陀仏の浄土を韋提希が選んだというその事実が、如来の意密を彰わしているのだと、このように押えていますね。だから、如来の意密を彰わすのですが、具体的には表に現われた事実です。「彼の所須に信せて」というのですから、韋提希自身の心の欲するがままに自ら韋提希が阿弥陀の世界へ生まれたいと選んだわけです。

この文は「選ばしむ」と、このように読みます。しかし仮名をつけてありますから、われわれは「選ばしむ」と読んでいますけれども、「選ばしむ」と読むのか読まないのかわかりませんね。そのように読まないのが普通でしょう。やはり「彼の所須に信せて心に随って自ら選ぶ」でしょう。

決して「選ばしむ」ではなくて「選んだ」のですよ。

ところが、選んだ事実を「選ばしむ」と読んだのは親鸞です。親鸞が、韋提希が選んだという事実を「選ばしむ」となぜ読んだのかというと、善導自身が如来の意密を彰わすのだと、このように押えたからです。ここから実は「観経和讃」は始まるわけでしょう。

恩徳広大釈迦如来　韋提夫人に勅してぞ
光台現国のそのなかに　安楽世界をえらばしむ。（『全集二』四六頁）

という和讃から始まっています。いわゆる、光台現国のなかから韋提希夫人が阿弥陀の世界を選んだ、その事実が広大な恩徳であると、このように頷いていく。その広大な恩徳への謝念をもちつつ、『観無量寿経』の序分の出来事というもので「観経和讃」は一貫されてくるわけです。

光台現国によって韋提希は諸仏の浄土を観見して阿弥陀の世界を選ぶ。そのように選べるような存在になったというその事実、その事実の根底に実は選ばしめられた自己というものがある。その選ばしめられたという自己を見出した時、同時にその自己は未来世の一切衆生の救いを問うような自己になっていた。こういうことです。だからして善導はここまできてわざわざ、

重ねて前の恩を牒して、後の問いを生起せんと欲するの意を明す。（『全集九』一〇二頁）

と、こういうふうに押えたわけでしょう。このあたりは大事な点を押えているわけです。

これ夫人仏意を領解するに、上の光台の所見の如き、是れ已に能く向に見つと謂《おも》いき。（『全集九』一〇二頁）

と、このように読んでいますね。この「已に」という字は、高田の専修寺本においては「己」という字になっているのです。「己れ」と読めば意味はもう一つはっきりしますね。

是れ己れに能く向に見つと謂いき。

この読み方だと、韋提希が自分で見たのだと、こういうふうに思っていた、というわけです。自分が諸仏の世界のなかに阿弥陀の世界を選ぶような存在になった、自分が見たのだと「謂《おも》いき」というわけです。この「謂いき」という字も、西本願寺に蔵せられている本によると、「謂いしも」と、こういうふうに振ってあるのです。こう読もうとする気持ちはよくわかりますね。

是れ己れに能く向に見つと謂いしも、世尊開示したもうに始めて是れ仏の方便の恩なりと知んぬ。

と、こういうふうに読むと、よくわかります。初めは自分が見たと思っていたけれども、ここまできて明らかにされてみたら、実は見せしめられたのであることを初めて知った。こういうふうに言うわけです。

自分が見たというその事実を否定するのではなくて、自分が見たという、その事実について、自分が見たという意識をもっていた。ところが、その意識が破れた時、その破れたなかから、「若し尓らば云々」という問題が出てくる。それは、仏今世に在ませば、衆生は仏の念力を蒙って西方の阿弥陀仏の世界を見ることができるであろう。しかし、もし仏が涅槃したもうた後には、いったいどのようにして西方の阿弥陀仏の世界を見ることができるであろうか、と、こういう問いがここから出てくるのだと、こう言うているわけです。だから、ここまできて始めて、光台現国をくぐっての「別選二請」という韋提別選の意味が、非常に明瞭になってくるわけです。

こういうふうにして、韋提希は諸仏の世界を見ることによって阿弥陀の世界を選んだ。阿弥陀の世界を選んだということは、同時に韋提希個人ということには終らないで、韋提希個人の底に、仏滅後の一切衆生がいかにして阿弥陀の世界を見ることができるであろうかという、深い悲しみをもって問わざるをえない存在になった。こういう存在の転換、それがここでは明瞭になっているわけでしょう。

七　夫人の悲心

七従《リ》二「若仏滅後《云》」一下至《ル》二「極楽世界《ニ》」一已‐来《ハ》、正明《ス》下夫人《ノ》悲心《ヒシム》為《ニスルコト》レ物《ノ》、同《ク》二己《オノレカ》往生《ニ》一、永《ナカク》逝《ユイテ》二娑婆《ヲ》一、長《ナカク》遊《アソハシメムト云コトヲ》中安楽《ニ》上。此明《ス》下如来期心《コシムノ》運度《ウント》《ハコフ》、徹《テツ》二窮《クノ》後《コ》際《サイヲ》一、而未《タ》《サルコトヲ》レ休《ヤマ》上。但《タヽシ》以《オモンミレハ》世代《ヨカハリ》時移《ウツテ》群《クム》‐情浅《セン》促《ソクナルカ》故《ニ》、使《シメ》下如来減《ケンシ》二永《キヤウ》生之《ノ》寿《イノチヲ》一、泯《ヒタヽケテ》二長劫《ヲ》一以類《テルイシ》二人年《ニンネンニ》一、摂《セフメ》二憍《ケウ》《オコル》慢《マンヲ》《アナツル》一以示《テシメシ》二無‐常《ヲ》一、化《ノ》二剛《カウ》強《カウヲ》《コハクコハシ》一同帰《クマキセ》中於《ニ》磨《マ》滅《メチ》上。故《ニ》云《フ》二「若仏滅後《コト》」一也。言《フ》二「諸衆生《ト》」一者《ハ》、此明《ス》下如来息《ヤメテ》レ化《ヲ》、衆生無《ナク》レ処《トコロ》二帰依《ニ》一。蠢‐蠢《シユン〱》周慞《シユシヤウメ》縦‐横《シユウワウニ》走《ハシルコトヲ》中於《ニ》六道上。言《フ》二「濁《チヨク》悪不善《ト》」一者《ハ》、此《レ》明《ス》二五濁《ヲ》一也。一者《ハ》劫濁、二者衆生濁、三者見濁、四者煩悩濁、五者命濁《ナリ》、言《フ》二劫濁《ト》一者《ハ》、然《シカモ》劫《ハ》実《シチニ》非《ス》二是《レ》濁《ニ》一。当《アタテ》二劫減《コウケンノ》時《ニ》一、諸悪加増《ソウス》也。言《フ》二衆生濁《ト》一者、劫若《シ》初《メテ》成《スレハ》、衆生純《シユン》《モハラ》善《ナリ》、劫若《シ》末《スエナル》時《ハ》、衆生《ノ》十悪弥《イヨ》〱盛《サカリナリ》也。言《フ》二見濁《ト》一者、自‐身《ノ》衆‐悪摠《ハスヘテ》変《ヘンメ》為《ス》二善《ト》一、他《タノ》上《ヘニ》無ニ非《キヲヒ》一見《ミテ》為《ス》レ不《アラスト》ニ是《ニ》一也。言《フ》ニ煩悩濁《ト》一者《ハ》、当今劫《タウコムコフ》末《マチノ》衆生、悪性難《ニメカタシ》レ親《シタシミ》。随《スイ》ニ対《タイノ》六根《コンニ》一、貪瞋競起《トムシムキヲヒオコル》也。言《フ》ニ命濁《ト》一者《ハ》、由《ヨテ》ニ前《キノ》見・悩《ナウノ》二濁《ニ》一、多行《クノ》ニ殺害《セツヲ》一、無《ナシ》ニ慈《シ》ニ恩養《オンヤウニ》一。既行《ニス》ニ断《タン》命之苦因《ノクノヲ》一、欲《オモハウケント》レ受ニ長年之果《ノヲ》一者《ハ》、何《ナニ》、由《ヨテカ》可《ヘキ》レ得《ウ》也。然《シカモ》濁者躰《ハタイ》非《ス》ニ是善《セニ》一。今略《マリヤクノ》指ニ五濁《ノ》義《ヲ》一竟《ヌ》。言《フ》ニ「五苦《ク》所逼《ヒツト》」一者《ハ》、八苦中《ノニ》、取《トテ》ニ生苦・老苦・病苦・死苦・愛別《アイヘチノ》苦《ヲ》一、此名《レク》ニ五苦《ト》一也《ナリ》。更《ニ》加《クハヘテ》ニ三苦《ヲ》一即成《チシヤウス》ニ八苦《ヲ》一、一者《ハ》五陰盛《オムシヤウク》苦、二者求《ク》不得苦、三者怨《ウラミ》憎《ソウ》会《エ》苦、摠《マウシテ》名《ク》ニ八苦《クト》一也。此《ノ》五濁・五苦・八苦等、通《ツウノ》ニ六道《ニ》一受《ウク》、未《タ》ミ有《ラ》ニ無者《ナキノ》一、常逼《ニヒツ》コ悩《ナウス》之《ヲ》一。若不《シサル》レ受《ウケ》ニ此苦《ノヲ》一者《ハ》、即非《チス》ニ凡数摂《ホムシユノセフニ》一也。言《フ》ニ「云一何当見《ウンカタウト》」一已下、此明《ス》下夫人挙《アケ》コ出苦機《スクキラ》一、此等罪《レラノ》業極《キワメテ》深《シ》、又不《ス》レ見《ミ》ニ仏《ヲ》一、不《スハ》レ蒙《カムラ》ニ劣《カ》備《ヒヲ》一、云一何見《ノカ》(ママ)中於彼国《ノヲ》上也。上一来雖《ニトモ》レ有《リト》ニ七句不同《ノ》一、広明《クス》ニ定善示《シ》観縁《ノヲ》一竟《ヌ》。

初《ハシメニ》明《シ》ニ証信序《シヨヲ》一、次明《ニシ》ニ化前序《ヲ》一、後明《ニス》ニ発起序《ヲ》一。上一来雖《ニトモ》レ有《ト》ニ三序《シヨノ》不同一、総《ソウメ》明《シ》ニ序分《ヲ》一竟《リヌ》。

（『全集九』一〇二頁）

尽未来際なる悲願

「定善示観縁」の最後の一段ですけれども、経文は、

若し仏滅後の諸の衆生等は、濁悪不善にして五苦に逼められん。云何にしてか当に阿弥陀仏の極楽世界を見たてまつるべし。（『真聖全一』五一頁）

これだけの経文ですね。直前の経文が、

時に韋提希、仏に白して言さく、世尊、我が如きは今、仏力を以ての故に、彼の国土を見たてまつる。（『真聖全一』五一頁）

と、こういうふうに領いておいて、

若し仏滅後の諸の衆生等は、濁悪不善にして五苦に逼められん。云何にしてか当に阿弥陀仏の極楽世界を見たてまつるべし。（『真聖全一』五一頁）

と、こういうふうに続いていくわけですけれども、その続いている経文を二つに分けているわけです。

前の領きの方に、韋提希の領きが韋提希自身の問題であると同時に、未来世の衆生、未来世の仏滅後の衆生の問題を問うような存在になったという、そういう意味をここに押えておいて、その問いの内容が次の経文のところに明らかにされていると、こういうふうに、一連の経文を二つに分けて意味を明らかにしていこうとしているわけです。このことが、

正しく夫人の悲心物の為にすること、己れが往生に同じく、永く娑婆を逝いて、長く安楽に遊ばしめんと云うことを明す。（『全集九』一〇二頁）

このように善導自身の解釈もていねいですけれども、善導の解釈についての振り仮名のつけ方が非常にていねいです。

いわば、仏滅後の衆生はどうしたらいいのかと、こういう問いを出した。この問いの意味がここで押えられて、こういう韋提希夫人の悲心、いわゆる一切衆生のためにする慈悲心というものは、己れの往生と同じく一切衆生はいかにして阿弥陀仏の世界に生まれることができるかという問題をもったというわけです。韋提希自身の問題を度外視してというのではないのです。己れの往生に同

じく、一切衆生の問題を問題にする韋提希の慈悲心というのは、一切衆生の問題を自己の問題としている。自己の往生の道を明らかにすることが、そのまま一切衆生の道を明らかにするということになっていく。こういう押え方です。

永く娑婆を逝いて、長く安楽に遊ばしむと云うことを明す。(『全集九』一〇二頁)

こういうふうに「しむ」という読み方をしますね。ところが読み方としては、

永く娑婆を逝いて、長く安楽に遊ぶことを明す。

と読むこともできます。いわば二重の読み方だと、こう言うていいですね。

「己れに同じく」というのですから、己れが往生するという、そのことに同じく、物のためにするという悲心というものの内容を押えているわけです。つまり凡夫である韋提希という一人の人間の上に、不思議にも成就している慈悲心を善導は「これ」と押え直して、

如来期心の運度、後際を徹窮《てっく》して、未だ休まざることを明す。(『全集九』一〇二頁)

と、「如来の期心」と押え直しています。期心というのは、期待する心、願う心ということですね。運度は運載化度ということですから、衆生を運んで衆生を救うということです。衆生救済の心です。如来が願う衆生救済の心というのは後際を徹窮する。いわば未来際を尽くすというわけです。ちょうど親鸞が『教行信証』のいちばん終りの後序の文の最後に、『安楽集』の言葉をもって、

前に生まれん者は後を導き、後に生まれん者は前を訪え。連続無窮にして、願わくは休止せざらしめんと欲す。無辺の生死海を尽くさんが為の故なりと。(『全集一』三八三頁)

と、こういうふうに押えています。あの「連続無窮にして、願わくは休止せざらしめんと欲す。無辺の生死海を尽くさんがための故に」ということがそのまま『教行信証』では、『教行信証』を書いている親鸞の願いをそこに披歴しているわけです。

ところが、親鸞の願いを披歴しているけれども、その親鸞の願いがそのまま「無辺の生死海を尽くす」という如来の願いの事実でもあるわけです。だから親鸞という一人の人が『教行信証』という一冊の書物を書いた。これは確かに歴史的事実です。歴史上にある出来事です。しかし、その六巻の書物を書くということが実は如来の期心の運度なのです。未来際を尽くそうという、後際を徹窮しようという如来の願心の表現としてある。こういうことになっているわけです。韋提の場合と親鸞の場合は同じ内容なのです。

つまり韋提希夫人が未来世の衆生のことを憂慮して、仏滅後の衆生はいかにして阿弥陀仏の世界を拝見し、阿弥陀仏の世界に生まれることができるかと問うたことは、そのまま韋提希自身がいかにして往生をすることができるかということと一つである。そのことをもう一つ押えていうと、実は如来の期心が後際を徹窮して、未だ休息しないということの表現なのだという押え方です。

仏の死

しかしここに一つ大事な問題を押えています。それはどういうことかといいますと、仏陀の入滅という問題です。仏が死ぬということです。その仏が死ぬという出来事について善導は非常に注目をしているわけです。衆生にとって仏陀が入滅するということはどういうことなのか。ただ体が無くなって、灰になった、舎利になったということではなくて、仏が死ぬということのなかに、どういう意義を感得するかということで問題が決ってくるわけです。だから、わざわざここでは善導は力を入れ、いっぺんに問題を解決していくわけです。

但し以みれば世代わり時移って群情浅促なるが故に、如来永生の寿を減じ、長劫を泯《ひた》けて以て人年に類じ、憍慢を摂して以て無常を示し、剛強を化して同じく磨滅に帰せしめたもう。故に「若仏滅後」と云うなり。（『全集九』一〇二頁）

経典では「若し仏滅後」と、こう言っている、それだけの言葉を押えて、仏がこの世からいなくなるということはいったいどういうことか、という問いを出すわけです。

後際を徹窮することが如来の衆生救済の願いであるわけですね。未来際を尽くすというのが如来の衆生救済の願いなのです。自分の生きている間だけという問題ではなくして、如来の願い、如来の期心とは、後際を徹窮して休まないということである。無辺の生死海を尽くすということである。にもかかわらず、無辺の生死海を尽くすという願いによって生きる如来が入滅するという事実がある。この世からいなくなるということがある。それはどういうことなのかというわけです。これは大きな問題です。

実は大きな問題というのは、その一点をどのように頷いたかということで、仏教が変わったのですよ。仏が死んだ。死ぬはずのない仏が八十年で死んだ。そのところから仏教は変わっていったわけです。

仏在《まし》まさぬ世にいる人間が、仏弟子として自己を確かめるということはいったいどういうことなのかという、その仏滅を起点にして、仏教というものが展開したわけです。仏がおいでになって、仏の言葉に随っていく、そういう時代ではなくて、仏が入滅したというところをぐって仏の永遠性をどのように感じとっていくかという一点ですね。だから、この一点が大乗仏教の一つの眼目なのです。

ところが、その大乗仏教のなかに実は問題が隠れているわけなのです。仏の入滅をくぐって、その入滅の事実のなかに「法身常住」、つまり常住なる法身を見出そうというところから大乗の仏教は起こってくるのです。ところが、その常住の法身ということをどういうふうにして、仏陀の入滅をくぐって見つけたか、というところに大きな問題があるわけです。

もし仏陀の入滅という事実を受けとる時、その受けとり方が観念的になるならば、法身というのも一つの理念に終るわけでしょう。理念は永遠なものだと、そういう方向に動いていくわけです。ところが、仏滅ということを具体的に頷きながら、その具体性のなかにとらわれるならば、声聞弟子として終るわけです。ただ仏から離れたという悲しさのままで沈んでいかなくてはならないのです。

いわゆる、仏陀が入滅した。仏陀が八十年で生命を終った。やはり人間の死ですから、人間の死をただ人間の死として悲しむならば、偉大なる先人が生命を終っていったというだけに止まる。そこに止まるならば、その偉大なる先人はやがて思い出のなかに生きる以外に生きようのない存在になるわけです。

しかし、その仏陀の入滅をぐって、永遠の仏陀、常住の法身というものを感じとっていく。その感じとり方がまた観念化するならば、そのとき永遠の法身というものは人間にとって一つの理念というものに変わっていってしまう。そうすると、仏陀の有限性をどのように頷くかということが、仏弟子にとって最も大きな問題となりますね。その問題がここでは押えられていくわけです。

「若仏滅後」と言うて、仏滅後の衆生のあり方を問うている韋提希の問いのなかに、仏滅という問題がある。その仏滅という問題を善導は押え直して、如来の願心は未来世の一切の衆生を救っていくというところにある。ただし以《おもん》みれば、世が代わって、時が移って衆生の心は浅促となるが故に、如来は永劫を生きる生命を自ら捨てて、人間の有限の生命に類同して、そして生命を終っていったのだと、こういう頷き方をするわけです。

生命を賭した教え

衆生を未来際を尽くして救済しようという願いにおいて誕生した仏陀、その仏陀が八十年という生涯を終っていったということは、ただ一人の人間が死んだということではない。終ったということが実は教えなのです。生命を終ったということが最も適切な、最も具体的な教えなのです。そういうことを押えているわけでしょう。

世が代わって時は移って、衆生の心が浅促になる、衆生の心が浅促になり、衆生の生命が繊塵になっていく。そのとき如来は永遠を生きる生命、その生命をあえて捨てて、人寿百歳の生命に類同せしめる。類同せしめることをもって衆生の憍慢を摂して無常を示し、剛強を化して同じく磨滅に帰せしむということが、如来の死ということの意味だということです。如来の死は単に永遠の観念として再生するのではなくして、文字通り仏陀の死が仏陀の死であることによって、我々に大きな教えを垂れているわけです。

人の死はわかるけれども、自分の死はわからないというでしょう。死については人間はみな一応は知っているわけです。ところが自分の死は出遇うたことがない。そういう意味では、他人の死は知っているが自分の死は知らないわけです。死について知らないということは、実は生についての傲慢さなのです。そうでしょう。清沢満之先生は、そういう問題をぐって、

生のみが我等にあらず、死も亦我等なり。我等は生死を並有するものなり。

そういうふうに人間の存在を押えておられますね。これはやはり死を知った心ですよ。死を知ることによって生に頷いた心です。

ところが、われわれの知り方というのは、「人間とは死ぬものだ」という知り方であって、自己の死ということを知ることがない、自己の死ということへの頷きがない、自己の死ということへの自覚がない、ということが、実は憍慢なのです。衆生の根本的な憍慢なのです。

そういう衆生の存在にかかわるような憍慢性というものを「めざましめて」と言わないで、「摂

して」と言うていますね。摂取してというわけです。そういう憍慢において生きている人間存在というものを摂取せんとして、もって無常を示すのだというわけです。ただ無常だという論理、または無常だという観念を教えるのではなしに、無常を示すのだということです。仏陀の死という事実を通して無常を示すわけです。

われわれは四六時中、無常のなかに生きているのではないですか。彼も死んだ、この人も死んだという日常のなかで生きていますが、その死は全部無常を知らされているようなものですね。身近な人が死んだというと少し無常感が深まってきますが、どこかで全然関係のない人が交通事故で死んでも少しも無常を感じないですね。しかし、平等に無常を知らせているわけでしょう。

そうすると、わたしの意識にかかわる接近度に正比例して無常というものの知らされ方の接近性があるわけです。ところが、それが単なる人間の死である限り、たとえ肉親が死んでもやはり無常感は感ずるかしらないけれど、無常を知るということはないわけです。たしかに肉親の死にあえば、その時は驚きます。ところが、十年も経つと忘れていくでしょう。そして思い出のなかで年忌法要をつとめていくと、こういうふうになっていくわけです。

やはり仏陀の死こそ、真に永遠なるものが永遠性を捨てたということがある。そのことによって単に無常の観念を知らしめるのではなくして、存在の無常にめざましめるのです。覚者の死は未覚者に存在の無常をめざましむる、こういうことをここで押えていくわけでしょう。

だから人間の生命に類同して仏陀が生命を捨ててくださった、ということが教えになる。その教えは何か。人間の存在にかかわる憍慢、その憍慢さによって生きる存在を摂取せんとして、そこに無常を開示したのである。そしてその憍慢なるが故に剛強に生きていこうとする衆生を化益せんとしているわけです。

前には「憍慢を摂して」と言い、その次にそれを押えて「剛強を化して」と言うていますね。「化して」というのは摂取の具体性です。如来が未来際を尽くす、いわば後際を徹窮するというのが如来の期心としての運度の心でしょう。未来際を尽くすというのが如来の願心としての衆生救済の事実なのです。

その永遠なる願いは永遠という観念ではないのであって、永遠なる願いは、具体的に永遠なる願いを実現していく、事実を刻々と人間の歴史の上に刻んでいくということがあるわけでしょう。それが仏陀の死というかたちをとって、死を知らない存在の憍慢を摂取し、死に無知であるというかたちで生きる人間の剛強さというものを化益する。いわば、仏陀が死んだということが、かえって仏陀の永遠の願心を表現するわけです。

仏陀がなぜ死んだか、永遠なる願いをもって生きる仏陀がなぜ死んだか。人間の最後の一人まで救うという願いを自己とした仏陀はなぜ有限で終ったのか。このように問うた時、有限で終ったという事実がかえって仏陀の願いの永遠性の証しなのだと、こういう領解ですね。これはたいへんな領解でしょう。ここに善導が浄土教の本質を、仏弟子の精神というところに確立しようとしたことの深い意味があると言えると思うのです。仏弟子でないとわからないのですよ。仏とかかわりのない者にはわからないことなのです。かというて、仏と自分とが特殊関係にある人間にもわからない問題なのです。たとえば、ある偉大な先生が死なれた時、先生と自分が特殊な関係にある間は、先生の死ということの意味はわからないのではないですか。かというて、先生という、ある偉大な宗教者を、一般の一人として見ている限り、また先生の死がわたしにとって意味をもたないわけです。

いわゆる先生とわたしとのかかわりが個人的であれば、先生の死を通してわれわれは永遠の生命というものをほんとうに教えられるということがない。しかしまた、逆に、先生を偉大な宗教者一般というような、そういう意識で知っている限り、先生の死はまた、自分に何ら教えを垂れてこない。こういう問題ですね。

そういう意味では、釈迦牟尼仏陀の死が仏弟子にとってどのように頷かれるようになったのか、ということが仏教の起点です。だから仏滅ということが仏教の起点なのです。仏が生命を終っていったということを、どのように頷いたかということが仏教の起点なのです。そこに、小乗の仏教に選んで大乗の仏教が起こったのですけれども、その大乗の仏教のなかに一つの大きな観念、大きな夢があったということを見破っていくところから、実は浄土教の位置が明らかになってくるわけです。それを善導は特に『観無量寿経』という経典を通して追求していくわけでしょう。

その一点は結局、仏弟子の心とは何かということに摂まっていくわけです。仏弟子の心とは何かということがこういうところに具体化してくるわけでしょう。だから、「若仏滅後」というような問題を持った韋提希の、仏滅という意味がここで押えられて、結局仏陀の死とはいったい何か。永遠に衆生を救おうという無限の願いをもって自己とする仏陀がなぜ死んだのか。願いの成就を休むことなく現行し、現実化していこうとする。その仏陀の願いが仏陀の死をもってどういう具体性をもつことになるのか。このように問うていった時、仏陀の死こそ、有限でありつつ有限を自覚しない存在に有限を知らしむるのだと、こういうことでしょう。これが「若仏滅後」ということについて力説している一点なのです。

無仏の時

「諸衆生と言うは」と、このように一つずつ押えていますが、

「諸衆生」と言うは、これ如来化を息めて、衆生帰依に処なく。蠢蠢周慞して縦横に六道に走ることを明す。(『全集九』一〇二頁)

と、こういうふうに言うています。諸の衆生というのは、仏の入滅という事実を通して、仏の摂化、教化にあずかることのできなくなったという、そういう生き方をしている衆生、そういう生き方にしか自己を見出すことのできない衆生、そういう衆生は帰依の場所を失って流転のなかに頽落していく以外ないであろう。そういう衆生の問題はどうなるのかというわけです。

だから、ここには無仏という問題がありますね。仏が生きていた。ところが、その仏が死んだ。仏がいなくなったということによって自分が何に依ったらいいのかわからなくなったという、無仏の時の衆生と、こういう問題です。無仏の時の衆生は流転のなかに頽落していった。帰依する処が

ない。こういうふうに押えてきます。

その次は、

「濁悪不善」と言うは、これ五濁を明すなり。（『全集九』一〇三頁）

と言っている。曇鸞は「五濁の世・無仏の時」と押えていますね。無仏・五濁を生きる衆生の問題が、仏に遇うた韋提希の問いになったのです。「五濁の世・無仏の時」を生きる衆生はいったいどうなるのかという問題が、仏に遇うことのできた韋提希の問題になったのです。

やっかいな言い方をするようですが、仏に遇わない存在に無仏の時があるはずはありません。仏に遇わない存在に五濁というような自覚があるはずがないのです。五濁とか無仏というのは、仏に遇うたということの逆証明というてもいいわけでしょう。だから、韋提希がそういう問題をもったという、その問題の中味がここで押えられるわけですが、実は仏に遇うことによって自己存在にめざめた人間にとって初めて問題になる問題、それが「五濁の世・無仏の時」を生きる衆生がいかにすべきであろうかという問題なのです。

仏滅ということを通して、その仏滅がもっている意義というものが、単に有限という観念を知らしめるのではなしに、有限なる自己を生きる存在に、分限の自覚を与える。そういう分限の自覚を与えられるような仏滅の頷きをくぐって、無仏・五濁の世を生きる存在の問題が問いとなって出てくる。そうでなければ、無仏とか五濁というようなことは一つの人間の感傷に終るわけです。

「この頃はもう世のなかが荒れた」という話と同じことになってしまいますね。それが仏ましまさぬ世であると押えられ、五濁の時であると押えられるということは、仏陀の教えを通して仏陀に遇うたものにおいて、初めて言えるような、存在と歴史の自覚です。こう言うていいのではないでしょうか。そういうことがここで一つカッチリ押えられていくわけです。

五濁の世

次には五濁ということが説明されていくわけです。

一つには劫濁、二つには衆生濁、三つには見濁、四つには煩悩濁、五つには命濁なり。（『全集九』一〇三頁）

劫濁とは時代が濁るということですね。劫濁は押えていうと、劫はこれは濁ではないのでしょう。時が汚れるということはないですね。この頃は汚れた時代だというでしょう。ところが「汚れた時代」と言いますが、汚れたというのは時代という時の問題ではないのです。

たとえば、昭和四十六年という時のなかに汚れというものがあるのではない。時というものの中身として汚れがあるわけではないのでしょう。昭和四十六年という時間のなかに世があるわけです。時が汚れるということはないわけです。汚れた時代に生まれたとか、つまらない時代に生まれたということはないのです。つまらない時代とか、つまる時代とか、時につまるとかつまらないとかはない。やはり時が包んでいる世というものがあるわけです。われわれの生命が刻んでいる時、その時ということの中身、内実が濁なのです。

世が濁なのであって、時そのものが濁ではない。そうでないと、人間における自覚というても、どうにもならないのですよ。救いということがなくなってしまうのです。時の本質までが濁だということになると、その時に生まれた人間はたとえ仏に遇っても救われないわけです。やはり時の質は濁でない。その時に生きる中身が濁なのです。だからその中身の濁が明らかになれば、その時はそのまま転じて清浄の時となる。時そのものは清でも濁でもないわけなのです。そういうことで一つ押えられています。

そしてまず第一に劫濁ということで押えられますが、念を押していうならば、劫というそのことは濁というわけにいかない。ただ時代が隔たるにしたがって諸悪が加増するということがあるから、劫をもって濁と、こう押えたのだと、こういうわけです。

そうすると、劫をもって濁と押えられた中身としては、それから後四つがあるわけです。衆生濁というのは何か。人間でもだんだん智慧が発達するにしたがって悪いことを考えますね。だから、まだ劫の若い頃、つまり劫の若い時代の衆生は専ら善であった。しかし劫が末になってくるにしたがって衆生の十悪がいよいよ盛んになってくるわけです。

その衆生濁ということの中身が、実は見濁と煩悩濁という二つで押えられるのです。見濁とはいったいどういうものか。見濁ということの押え方がおもしろいですね。

見濁と言うは、自身の衆悪は摠て変じて善と為す、他の上に非なきを見て是にあらずと為すなり。（『全集九』一〇三頁）

と、こう押えてあります。見濁というのは、今日の言葉で言うと、何ですかね。一つのイデオロギーでしょう。いわば、人間が決定した一つの見解です。見解というものは必ず「自身の衆悪は揔て変じて善と為す」わけです。自身の衆悪はないとは言うていないのです。わたしは何も悪いことをしていないとは言うていないのです。ところが、悪いことを変じて善だと主張するわけです。その主張が見濁なのです。見という言葉が持っている意味は、無意識ということではないのです。思想というのは無意識というわけにいかないのではないですか。無意識は思想にならないでしょう。思想になるということは意識されているということですね。そうすると、意識すると必ず自らの衆の悪はすべてそれを善に変化させて主張するわけです。その変化させるということが見濁の特色なのですね。自分の方を変化させると同時に、相手を承認しないというわけです。自分の方の衆悪を変じて善となしたとたんに、

他の上に非なきを見て是にあらずと為すなり。(『全集九』一〇三頁)

というわけです。ですから、自分の衆悪も、他人の非なきも、両方とも知っているわけです。たちが悪いですね。知らないでしたのではないのです。知らないでしているのなら、気づいたらあやまりますわね。あいつは悪党だというが、悪党だと思っていた人が、気づいてみたら悪党でなかったとしたら、「すまないことをした」と言って頭を下げますよ。五十年怨んでいたとしても、それが知らないで怨んでいたのなら、「すまないことをした」と、ほんとうに頭を下げて、それで終るわけです。

ところが、そうではないのです。自分の衆悪は衆悪と知っているわけです。知っているけれども悪は悪としてあやまらないわけです。変じてそれを善となして主張する。と同時に、他の人々の善を見て、それをこんどは悪だという。他の人々の上には非がないということを認めるわけにはいかない。是だということを許さない。知っているというところに見濁の特色があるわけです。したがって、

自身の衆悪は摠て変じて善と為す、他の上に非なきを見て是にあらずと為すなり。
（『全集九』一〇三頁）

と押えるわけです。これは非常に的確な押え方だと思いますね。そして煩悩濁と言うのは、

当今劫末の衆生、悪性にして親しみ難し。六根に随対して、貪瞋競い起こるなり。
（『全集九』一〇三頁）

と、こう言うています。煩悩濁はよくわかりますね。悪性にして親しみ難し、眼・耳・鼻・舌・身・意という六根に随って、見るものは欲しくなり、聞くものが気になる。そういう六根につき随って、貪瞋が競い起こってくる。そして、この見濁と煩悩濁とが一つになって現われてくるのが命濁というものなのです。

生命感覚の欠落

命濁とは何か。前の見濁と煩悩濁との二濁によってどういう現実を起こすかというと、

多く殺害を行じて、恩養に慈なし。（『全集九』一〇三頁）

こういう読み方をして押えていますね。読み方としてはずいぶん無理な読み方です。見濁と煩悩濁とによってどういう現実が起こるか。どういう生活が始まるかというと、「多く殺害を行じて、恩養に慈なし」と、このように言います。普通の読み方でいいますと、こういうふうに読むのではないですか。

慈しみて恩養することなし。（『真聖全一』四九六頁）

というのが普通の読み方でしょう。多くの殺害、人の生命を失わしめるようなことをする。自分が手を下すか下さないかはともかくとして、殺害ということが起こるような現実がそこに生起する。それを押えていうと、慈しんで恩養するということがないからだ。こういうふうに読む方が素直です。

なぜそういう殺害を行ずるのか。見濁と煩悩濁とによって、やはり自是他非の心と、そして執着の心によって、多く殺害を行ずというふうな現実が起こってくる。どうしてかというと、慈しんで恩養するという慈悲心が欠如してくるからだと、このように読むのが普通の読み方です。

ところが、この加点本の読み方は「恩養に慈なし」と読みますね。そして、恩養という言葉を独立させています。この読み方ですと、「恩養」というのは、恩をもって養うてくれた人々ということです。前の読み方だと、慈しみの心をもって恩養するということでしょう。前のでは、動詞になっています。ところが、ここでは恩養というのを、自分を養ってくれ、慈しんでくれた、そういう力、働きだと、こういうふうに読み変えていくわけですね。

ここで恩養というのは、父親の恩とか、母親の恩とかだけに止まらないわけです。自己がここに存在しているということと、存在している事実のなかに見出した生命の連帯というものについての慈愛の感覚の欠如です。マルセルの言葉を借りて言うと、「現代の不幸は人間の生命感覚の欠如だ」ということです。いわば、生命の事実についての慈愛の感覚の欠落、それを命濁というのだと押えるわけです。

そうすると、「多く殺害を行じて、恩養に慈なし」という読み方は、非常に的確な読み方だと思うのです。そして、「恩養に慈なし」ということで何が起るかというと、単に他人を殺すということが起るのではないのです。ここでは人が殺されるということが問題にされているのではないのです。いわゆる、「既に断命の苦の因を行ず、長年の果を受けんと欲わば、何に由ってか得べきや」という、これが問題なのです。

いわゆる、人殺しが多くなったという他人事でないのです。そういうことが実はほんとうの意味での「断命の苦の因の行」だというのです。いわゆる自分の生命を全うするという、そのことができなくなるということの意味だというのです。

ただ寿命が延びる、長生きということではない。ほんとうに生命を全うすることができなくなるというわけです。だから、「断命の苦」なのです。つまり生命を断じていくような苦の因を行じていくことになるのである。いわゆる人間の生命感覚が欠落する。そのことが自己自身の生命そのものを失わしめていく因を行じていくことになるのだというわけです。そういう現実生活のなかからいかにして長命を得ようとしても、その長命を得る必然性は、そこからは生まれてこないではないか。こういう問題ですね。そして、

然も濁は体は是善に非ず。今略して五濁の義を指し竟ぬ。(『全集九』一〇三頁)

と言うています。「五濁の義を解釈し竟ぬ」と言わないで、「五濁の義を指し竟ぬ」と言います。つまり、五濁の義というものを指教したということでしょう。

凡数の摂

その次が、

「五苦所逼」と言うは、八苦の中に、生苦・老苦・病苦・死苦・愛別の苦を取って、これ五苦と名づくなり。更に三苦を加えて即ち八苦を成ず、一つには五陰盛苦、二つには求不得苦、三つには怨憎会苦、揔じて八苦と名づくなり。(『全集九』一〇三頁)

ここの五苦・八苦の説明ですが、これはみなさんよく知っておられると思います。この後が大事なのです。

この五濁・五苦・八苦等、六道に通じて受く、未だ無き者有らず、常に之を逼悩す。若しこの苦を受けざる者は、即ち凡数の摂に非ずなり。(『全集九』一〇四頁)

と、このように言うています。五濁・五苦・八苦等は、六道流転のなかを生きる存在にとっては、

必然的に受くる事柄であると言うています。

そういう意味では、流転というのは観念ではなくして、流転というのは五濁・五苦・八苦というなかに苦しむということなのです。だからして、もしこの苦を受けないということならば、それは凡夫でない。凡数の摂に非ざるわけです。

いわば、もしこの苦を受けないということがあるならば、受けない境地はいかなる境地かというと、それは覚者の境地だというわけですね。覚者の境地以外の境に生きる存在はすべて五濁・五苦・八苦等に逼悩されるのだと、こういうふうに押えていくわけです。

この押え方は、単にそういう事実の説明ではなくて、実は五濁・五苦・八苦等に逼悩することを忘れるという人間がいるからですよ。苦しんでいないつもりで生きている人間が出てくるからです。苦しんでいないつもりで生きている人間が出てくるからして、自分は仏に成れるという夢を見るのでしょう。仏に成れるという夢を見るからして、韋提希夫人は凡夫ではなくて聖者が凡夫に化けたのだということになるのでしょう。

そういう経典の読み方をし出したのは、結局は「凡数の摂に非ざるなり」で、凡夫であるということを見失っているのだというわけです。凡夫でないのでないのです。凡夫であるということを見失っているのだと、こういう押え方ですね。だから、これは単に経典の説明であるだけではない。あるいは人間の現実の了解を示しているというだけではないのです。それを通して『観無量寿経』という経典の、特にこれから説かれてくる正宗分の読み方に対する観念論というものがどこから起こってくるか。それを「凡数の摂に非ざるなり」という一言で押えてしまったわけです。

さらに言えば、凡夫でない人ならばどのように解釈してもけっこうだというわけです。あなたが凡夫でないのならば、韋提希を大乗の聖者だと言おうが、何と言おうがかまわない。しかし、五濁・五苦・八苦等に逼められない存在はない。ただ、逼められていないつもりで生きているだけなのだと、こういうわけです。

親鸞が『入出二門偈』というのを書いていますが、そのなかでは、この「凡数の摂に非ざるなり」という言葉を逆に使っています。

釈迦諸仏は是れ真実慈悲の父母なり、種種の善巧方便をもって我等が無上の真実の信を発起せしめたもう。煩悩を具足せる凡夫人、仏願力に由って摂取を獲。斯の人は即ち凡数の摂に非ず。

(『全集二』一二五頁)

と、このように言うています。ここでは「凡数の摂に非ざるなり」という言葉が全く逆転して使われていますね。釈迦諸仏はこれ真実、慈悲の父母であって、種種の善巧方便をもってわれわれに無上の真実信心を発起せしめてくださっているのだ。煩悩を具足する凡夫人が仏の願力によって摂取される。その時その人は凡数の摂に非ざるのであると、こう言うのです。だから煩悩を具足する凡夫が、仏の願力によって摂取を獲る時、その摂取の光明中に生きる存在はもはや凡数の摂ではない。そうして、この人を「是」と押えて、

是れ人中の分陀利華なり、斯の信は最勝希有人なり、斯の信は妙好上上人なり、安楽土に到れ

ば必ず自然に即ち法性の常楽を証すとのたまえり。(『全集二』一二五頁)

前のところでは韋提希の得忍という問題がありましたけれども、親鸞の場合は韋提と同じく三忍を得ることによって、すなわち法性の常楽を証するのであると、こういうふうに言うたことと関わってくるわけです。実は煩悩を具足する凡夫が、釈迦諸仏の発遣の教えと、阿弥陀の願力の摂取のなかに生きる時、その人はもはや凡夫でありつつ凡数の摂にあらざる存在として位置づけられる。凡夫であることが変わるのではなくて、凡夫であるがままが、凡数の摂にあらざる存在となる。これを仏は人中の分陀利華とほめる。このように言うて、この信は最勝希有人、この信は妙好上上人と、こういうふうに言うています。

一般には信心というと人間の心のように考えますね。ところが親鸞は、この信心は最勝希有人である。この信心は妙好上上人であると、このように言うています。そうすると、信心ということは、一方においては煩悩を具足する凡夫であるということの頷きでありますし、一方においては仏の願力によって摂取を獲ということの頷きであるわけです。その信心の事実が実は「凡数の摂に非ず」ということを証ししていく。こういうことになっているわけです。

その「凡数の摂に非ず」ということは、ただ仏になったということではなくして、安楽土に到って必ず自然に即ち法性の常楽を証する存在として、その凡夫である生命を尽くしていくことができる。このようにして「凡数の摂に非ざるなり」という言葉を親鸞は『入出二門偈』で使っているわけです。

そうすると、この親鸞が使っている『入出二門偈』の「凡数の摂に非ざるなり」という言葉と、この善導が使っている「凡数の摂に非ざるなり」という言葉とは対照的なようでありますけれども、押えて言うとそれが一つのことになっていく。全く逆を言うていて、一つのことになっているわけです。

それはもう少しその辺から考えていきますと、善導は諸師が韋提希等を「大権の聖者」と、こう言うたのに対して「実業の凡夫」と言うた人ですね。ところが、親鸞はその「実業の凡夫」と善導によって言い切られた韋提希を中心とする、あの王舎城の悲劇の事実を芝居として見たのではなくて、その事実をそのまま「権化の仁」と受けとめていった。そのこととかかわっていくわけです。

凡夫が凡夫でないものになって仏に成るというのではなしに、凡夫が凡夫であることが実は仏の願力によって摂取を獲る。そのことにおいて凡数の摂に非ざる存在となるわけです。

清沢満之先生流に言うと「独尊子」です。

彼はけだし他力摂取の光明中に浴しつつあるものなり。

という言葉に呼応してくるわけです。

むすび

「云何当見」と言う已下、これ夫人苦機を挙げ出す、これ等の罪業極めて深し、又仏を見ず、加備を蒙らずんば、云何してか彼の国を見たてまつるべきと云うことを明すなり。上来に七句

の不同有りと雖も、広く「定善示観の縁」を明し竟ぬ。（『全集九』一〇四頁）

と、このように言うて「定善示観縁」を結ぶわけです。

凡夫であることを徹底して押えてきて、最後に韋提希が問うた問題というのは何かを押えるのです。ここに言われる苦機とは苦なる存在です。苦なる存在というものを明らかに示して、その苦なる存在は自ら仏を見ることができない。加備蒙らずしては彼の国を見ることができない。とすると、仏を見ることのできない存在、いわゆる五濁の世・無仏の時に生きる存在が、仏を見、浄土を仰ぐということはいかにして可能であろうか。そのことに答えて説き出されてくるのが定善という観法なのだ。だから、そういう問題をくぐらずして定善というものを読むならば定善は観念論になる。定善は一種の観念になってしまう。そうではなくして、定善が具体的に何を教えるのかというと、無仏・五濁を生きる苦機に対して、仏陀を見るとはいかなることなのかということを明らかにするのが、正宗分の最初に説かれる定善の本来の意味なのだ、というふうに押えていくわけです。そうして最後に、

初めに証信序を明し、次に化前序を明し、後に発起序を明す。上来に三序の不同有りと雖も総じて序分を明し竟ぬ。（『全集九』一〇四頁）

と、また念を押して、序分は実は他の『観経』解釈者のように、単なる証信序と発起序ではなくて、証信序と化前序と発起序という三序がある。証信序は「如是我聞」であり、その次の化前序で『観無量寿経』という経説が起こるに先立って一代仏教の位置が明らかにされている。その一代仏教を

背景とし、一代仏教の現実態として説き出される経説、『観無量寿経』を正しく引き出そうとする序分、それが発起序なのだ。このように言うて、序分が証信序・化前序・発起序という三序からできているということを最後にもう一度念を押して、「総じて序分を明し竟ぬ」と、このようにして序分義が終わるわけです。

序分にだいぶ長い時間がかかりましたけれども、こういう序分のていねいな領解が、これから出てくる正宗の正説というものを明らかにしていく決め手になってくるわけであります。

著者略歴

廣瀬　杲（ヒロセ　タカシ）

1924年京都市生まれ。大谷大学文学部卒業。大谷大学元学長。大谷大学名誉教授。文学博士。私塾聞光学舎主幹。2011年12月逝去。

著書　『宿業と大悲』『真宗救済論—宿業と大悲—』『歎異抄の諸問題』『歎異抄講話　高倉会館法話集　全４巻』『観経疏に学ぶ』『廣瀬杲講義集』『観経四帖疏講義　玄義分・序分義ＩⅡ』『観経四帖疏講義　定善義ＩⅡⅢ』『観経四帖疏講義　散善義ＩⅡⅢ』など多数。

新装版　観経疏に学ぶ　序分義2

一九八二年　四　月二〇日　初　版第一刷発行
二〇二三年　二　月二五日　新装版第一刷発行

著　者　廣瀬　杲
発行者　西村明高
発行所　株式会社　法藏館
京都市下京区正面通烏丸東入
郵便番号　六〇〇－八一五三
電話　〇七五－三四三－〇〇三〇（編集）
〇七五－三四三－五六五六（営業）

装幀　山崎　登
印刷・製本　亜細亜印刷株式会社

ISBN 978-4-8318-6593-9 C3015